高等学校经管类专业系列教材

企业战略管理
——案例与实践

主 编 张 鹏 李丽琴

副主编 张旭起 王 斌

西安电子科技大学出版社

内容简介

本书共四篇。第一篇为绪论，包括第一章战略管理概论；第二篇为战略环境分析，包括第二章企业外部环境分析、第三章企业内部环境分析、第四章企业使命与战略目标；第三篇为战略制定与选择分析，包括第五章公司层战略、第六章竞争战略、第七章企业并购与战略联盟、第八章国际化战略、第九章战略选择分析工具；第四篇为战略实施与控制，包括第十章企业战略实施与控制。

本书从应用型本科教学的实际需要出发，坚持理论与实践相结合，在体例上充分考虑到案例教学法和模拟演练的需要，在每章开篇均设有"引例"，正文中根据需要还穿插了"知识链接""案例赏析"等，并于章末设置了实践练习以突出应用型特色。

本书可作为高等学校经管类专业的企业战略管理课程教材，也可作为企业战略管理课程的培训用书或参考用书以及企业管理人员的学习用书。

图书在版编目(CIP)数据

企业战略管理：案例与实践 / 张鹏，李丽琴主编. —西安：西安电子科技大学出版社，2023.3
ISBN 978-7-5606-6717-1

Ⅰ. ①企…　Ⅱ. ①张…②李…　Ⅲ. ①企业战略—管理战略　Ⅳ. ①F272.1

中国版本图书馆 CIP 数据核字(2022)第 219832 号

策　　划　秦志峰
责任编辑　秦志峰
出版发行　西安电子科技大学出版社(西安市太白南路 2 号)
电　　话　(029) 88202421　88201467　　　　邮　　编　710071
网　　址　www.xduph.com　　　　　　　电子邮箱　xdupfxb001@163.com
经　　销　新华书店
印刷单位　咸阳华盛印务有限责任公司
版　　次　2023 年 3 月第 1 版　　2023 年 3 月第 1 次印刷
开　　本　787 毫米×1092 毫米　1/16　印张 14
字　　数　327 千字
印　　数　1～2000 册
定　　价　36.00 元
ISBN　978-7-5606-6717-1 / F
XDUP 7019001-1
如有印装问题可调换

前　言

　　随着市场竞争的加剧以及商业环境的动态性、复杂性、不确定性逐渐增强，战略管理已经逐步成为引导企业塑造竞争优势、走向持续健康发展的关键所在。在目前结构性转轨时期，中国企业正迈入战略管理时代。这对于具有五千年文化文明历史的中国来说是一种进步，也是改革开放以来中国企业自身成长和市场竞争环境协同演进的共同结果。

　　时代的进步和企业战略的发展，要求我们能够在总结中国企业管理实践的基础上有所创新。本书采用了"实践导向型"的编排思路，力图让学生从战略决策者的视角来分析并洞悉企业战略管理实践中的多样性。在对古今中外战略理论和企业实践进行深刻分析和总结的基础上，本书形成了自己独特的体系和特色。

　　(1) 新颖性。本书在梳理了国内外同类教材的基础上，根据潜在学习者的需求和思维的特点，最终选择按照企业运行管理功能编写相关内容。这种编排更适合中国学习者的思维习惯。

　　(2) 系统性。本书按照战略管理设计思路，突出各种战略的系统整合，使之成为能够指导企业整体运营的商业模式。为了便于初学者和企业人员应用战略理论分析实际问题，作者对相关的工具、方法和模型进行了系统梳理，尽可能地为读者提供多视角、多维度的解析。

　　(3) 针对性。本书特别强调战略管理在实践中的针对性，突出问题意识，力求"面上覆盖"的同时实现"点上说透"。

　　(4) 思辨性。本书对一些经典的观点和方法不是简单地接受和承认，而是注意探究其产生背景、适用范围和运用领域。

　　(5) 严谨性。本书秉承言之有理、持之有据、治学严谨的精神，注重一门核心课程应有的科学性和逻辑性。书中在介绍相关知识和方法时，除了重点阐述主要观点、关键结论和使用方法外，还言简意赅地介绍了相关的学科背景、理论渊源、经典著作、历史沿革和适用条件，注意揭示知识间的内在逻辑和关联。

　　本书分为四篇，共十章，每章先明确学习目标，然后以引例来引发读者思考，在正文中则通过"案例赏析""知识链接"来拓展读者的知识面。本书整体内容框架如下：

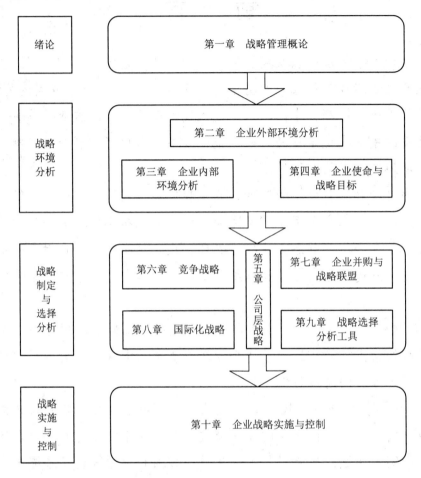

本书逻辑体系的构建是编者多年从事战略理论研究和教学的感悟。

本书由张鹏和李丽琴担任主编，张旭起和王斌担任副主编。全书的具体编写分工为：张鹏负责第一章至第七章的编写，张旭起负责第八章的编写，王斌负责第九章的编写，李丽琴负责第十章的编写。

因编者水平有限，本书不足之处在所难免，恳请广大读者提出宝贵的意见，在此致以诚挚的感谢。

编　者

2022 年 9 月

目　　录

第一篇　绪　　论

第二篇　战略环境分析

第三篇 战略制定与选择分析

第四篇　战略实施与控制

第一篇 绪 论

夫运筹策帷幄之中，决胜于千里之外。

——西汉《史记·高祖本纪》

在战略上，最漫长的迂回道路，常常又是达到目的的最短途径。

——利德尔·哈特

战略管理不是一个魔术盒，也不只是一套技术。战略管理是分析式思维，是对资源的有效配置。计划不只是一堆数字。战略管理中最为重要的问题是根本不能被数量化的。

——彼得·德鲁克

第一章 战略管理概论

 学习目标

(1) 正确理解企业战略的定义及特征。
(2) 正确理解企业战略管理的概念、本质、作用及过程。
(3) 了解企业战略管理理论的发展历程。
(4) 了解战略管理理论的代表性学派。

引例

诸葛亮与《隆中对》

公元 207 年，刘备三顾茅庐请诸葛亮。诸葛亮当时仅 27 岁，为刘备的诚意所感动，向刘备提出了被誉为"一对是千秋"，并影响一个历史朝代的《隆中对》。《隆中对》是我国历史上军事战略系统分析与决策(或对策)的典范。下面是《隆中对》的全文：

亮躬耕陇亩，好为《梁父吟》。身长八尺，每自比于管仲、乐毅，时人莫之许也。惟博陵崔州平、颍川徐庶元直与亮友善，谓为信然。

时先主屯新野。徐庶见先主，先主器之，谓先主曰："诸葛孔明者，卧龙也，将军岂愿见之乎？"先主曰："君与俱来。"庶曰："此人可就见，不可屈致也。将军宜枉驾顾之。"

由是先主遂诣亮，凡三往，乃见。因屏人曰："汉室倾颓，奸臣窃命，主上蒙尘。孤不度德量力，欲信大义于天下；而智术浅短，遂用猖蹶，至于今日。然志犹未已，君谓计将安出？"

亮答曰："自董卓以来，豪杰并起，跨州连郡者不可胜数。曹操比于袁绍，则名微而众寡。然操遂能克绍，以弱为强者，非惟天时，抑亦人谋也。今操已拥百万之众，挟天子以令诸侯，此诚不可与争锋。孙权据有江东，已历三世，国险而民附，贤能为之用，此可以为援而不可图也。荆州北据汉、沔，利尽南海，东连吴会，西通巴、蜀，此用武之国，而其主不能守，此殆天所以资将军，将军岂有意乎？益州险塞，沃野千里，天府之土，高祖因之以成帝业，今刘璋暗弱，张鲁在北，民殷国富而不知存恤，智能之士，思得明君。

将军既帝室之胄，信义著于四海，总揽英雄，思贤若渴，若跨有荆、益，保其岩阻，西和诸戎，南抚夷越，外结孙权，内修政理；待天下有变，则命一上将将荆州之军以向宛、洛，将军身率益州之众以出秦川，百姓有不箪食壶浆以迎将军者乎？诚如是，则大业可成，汉室可兴矣。"

先主曰："善！"于是与亮情好日密。

关羽、张飞等不悦，先主解之曰："孤之有孔明，犹鱼之有水也。愿诸君勿复言。"羽、飞乃止。

思考：什么是战略？战略的意义何在？诸葛亮提出了一个什么样的战略性决策？根据此案例说明战略分析、战略选择与战略实施三者的关系。

第一节 企业战略

一、战略的含义

(一) 早期对战略的定义

"战略"一词最早为军事方面的概念。在中国，"战略"一词历史久远，"战"指战争，"略"指谋略、施诈。春秋时期孙武的《孙子兵法》被认为是中国最早对战略进行全局筹划的著作。

自从人类社会有了战争，就逐渐形成了战略。"战略"一词在中国最早见于西晋初史学家司马彪所著《战略》一书，后屡见于《三国志》《廿一史战略考》等史籍中。在中国古代，曾使用兵略、谋略和方略等特定的术语表述战略。汉成帝于公元前 26 年命步兵校尉任宏校兵书，任宏将兵书分为兵权谋、兵形势、兵阴阳、兵技巧四类，其中兵权谋讲的就是战略。这些术语，其核心含义与现代战略在意义上有类似之处，但与战役法、战术区分不严格，有时还含有政治、外交谋略和战法之意，使用上也不统一。19 世纪末，中国开始用"战略"翻译西方的"strategy"一词。20 世纪 30 年代，毛泽东在《中国革命战争的战略问题》中指出："战略问题是研究战争全局的规律的东西。"毛泽东关于战略的论述，奠定了现代中国战略定义的基础。

(二) 现代对战略的定义

随着人类社会实践的发展，"战略"一词后来被人们广泛应用于军事之外的领域。到 20 世纪，战略一词开始被用于商业领域，20 世纪中后叶开始将其运用于商业化经营行为中的设计。虽然战略的商业化应用已有近百年的历史，然而在战略管理领域，目前商业化应用的企业战略的定义依然处于不断完善的状态中。以下重点介绍几位著名学者的观点。

1. 钱德勒对战略的定义

20 世纪 60 年代初期，美国著名管理学家钱德勒首次在商业管理中提出战略的概念，他认为战略是决定企业基本长期目标以及为实现这些目标所采取的行动和资源分配的行为。

2. 安德鲁斯对战略的定义

美国哈佛商学院教授安德鲁斯认为，企业的总体战略是一种决策模式，它决定和揭示企业的目的和目标，提出实现目的的重大方针和计划，确定企业应该从事的经营业务，明确企业的经济类型与人文组织类型，以及决定企业应对员工、顾客和社会作出的经济与非经济的贡献。

因此，从本质上讲，安德鲁斯的战略定义是通过一种模式，把企业的目的、方针、政策和经营活动有机地结合起来，使企业形成自己的特殊战略属性和竞争优势，将不确定的环境具体化，以便较容易地着手解决这些问题。

3. 魁因对战略的定义

美国管理学教授魁因认为，战略是一种模式或计划，它将一个组织的主要目的、政策与活动按照一定的顺序结合成一个紧密的整体。一个制定完善的战略有助于组织根据自己的优势、劣势和环境中的预期变化以及竞争对手可能采取的行动而合理地配置自己的资源。魁因认为战略应包括以下内容：

(1) 有效的战略包括三个基本因素，即可以达到的最主要的目的(或目标)，指导或约束经营活动的重要政策，可以在一定的条件下实现预定目标的主要活动程序或项目。确立一个组织的目标是战略制定过程中一个不可缺少的部分。

(2) 有效的战略是围绕着重要的战略概念与推动力而制定的。所谓战略推动力，是指企业在产品和市场这两个主要经营领域里所采取的战略活动方式。不同的战略概念与推动力，会使企业的战略产生不同的内聚力、均衡性和侧重点。

(3) 战略不仅要处理不可预见的事件，也要处理不可知的事件。战略的实质是建立一种强大而灵活的态势，为企业提供若干个可以实现自己目标的选择方案，以应付外部环境可能出现的例外情况，而无论外部力量可能导致哪些不可预见的事件发生。

(4) 大型组织里的管理层次较多，每一个有自己职权的层次都应有自己的战略。这种分战略必须在一定程度上或多或少地实现自我完善，并与其他的分战略相互沟通、相互支持。

总之，魁因对战略的定义与安德鲁斯对战略的定义有类似之处，都属于广义的战略定义。

4. 安索夫对战略的定义

美国著名战略学家安索夫的著作《企业战略论》的问世，标志着"战略"一词正式自军事领域广泛应用于各种商业活动中。安索夫把企业决策划分成战略决策、管理决策及业务决策三种类型，认为战略是企业为了适应外部环境，对目前所从事的和将来要从事的经营活动进行的总体决策，即战略是一条贯穿于企业活动与产品和市场之间的"连线"，涉及产品与市场范围、增长向量、竞争优势和协同作用四个方面。

安索夫指出，企业在制定战略时，有必要先确定自己的经营性质。有的企业是根据产品系列的特性确定经营性质，有的企业是根据构成产品系列的技术确定经营性质，还有的企业是根据所有的市场确定经营性质，如"机床公司""钢铁公司""电器公司"。企业不管怎样确定经营性质，目前的产品和市场与未来的产品和市场之间存在着一种内在的联系，安索夫称这种现象为"共同的经营主线"。通过分析企业的"共同的经营主线"，可以把握企业的方向，同时企业也可以正确运用这条主线，恰当地指导自己的内部管理。

企业如果将自己的经营性质定义得过宽，则会失去"共同的经营主线"，也就无法制定合适的战略。例如，一个自称"交通运输的企业"便找不到"共同的经营主线"。首先，这类企业的经营范围会愈来愈广泛，如市内交通、城市间交通、空中运输、水上运输等；其次，用户的范围相当广泛，如个人、家庭、企业、机关单位等；最后，产品范围也相当广泛，如汽车、火车、轮船、飞机等。这些变量可以形成无数个组合，产生出无数条"共同的经营主线"，使企业无所适从。

当然，企业也不能将自己的经营性质定义得过窄。当今许多企业实际上是在若干种不同的行业里从事生产经营活动。同时，行业的界限也随着科学技术的发展不断地变化，不断地产生出新的行业。今天，纳米技术、生物技术、基因工程、网络技术的应用，已催生出了许多新行业。所以，企业的战略必须一方面能够指导企业的生产经营活动，另一方面能够为企业的发展提供空间。

总之，安索夫对战略的定义与安德鲁斯和魁因的不同，属于一种狭义的定义。

5. 明茨伯格对战略的定义

加拿大麦吉尔大学管理学教授明茨伯格对战略的定义有着自己的独到之处。他指出，生产经营活动中，人们在不同的场合以不同的方式赋予战略不同的内涵，说明人们可能需要接受各种不同的战略定义。在这种观点的基础上，明茨伯格借鉴市场营销学中四要素的提法，提出企业战略是由五种规范的定义阐述的，即计划、计策、模式、定位和观念构成了企业的"5P"战略。这五种定义是从不同角度对战略这一概念加以阐述的。

(1) 战略是一种计划(Plan)，是指战略是一种有意识、有预计、有组织的行动程序。从战略对行动具有纲领性指导作用这一角度来考虑，战略需要充分体现出其预见性和意志性特征；作为对企业资源的统筹安排，战略需要体现其组织性特征，并按照一定的顺序(可以是时间序、空间序或逻辑序等)，将企业的主要目标、方针政策和经营活动结合成一个缜密的整体。战略是解决一个企业如何从现在的状态达到将来位置的问题。战略主要为企业提供发展方向和途径，包括一系列处理某种特定情况的方针政策，属于企业"行动之前的概念"(预见性)。任何企业的经营活动，都必须按照企业的战略方针进行活动，使各部门、各环节步调统一、运行有序、协同合作，齐力实现企业的战略目标(意志性和组织性)。

战略具有两个本质属性：战略是在企业发生经营活动之前制定的，以备人们使用；战略是作为一种计划写进企业正式文件中的，当然不排除有些不公开的、只为少数人了解的战略。

(2) 战略是一种计策(Ploy)，是指战略不仅仅是行动之前的计划，还可以在特定的环境下成为行动过程中的手段和策略，一种在竞争博弈中威胁和战胜竞争对手的工具。例如，得知竞争对手想要扩大生产能力时，企业便提出自己的战略——扩大厂房面积和生产能力。由于该企业资金雄厚、产品质量优异，竞争对手自知无力竞争，便会放弃扩大生产能力的设想。然而，一旦对手放弃了原计划，企业却并不一定要将扩大厂房面积和生产能力的战略付诸实施。因此，这种战略只能称为一种威胁竞争对手的计策。

(3) 战略是一种模式(Pattern)，是指战略可以体现为企业一系列的具体行动和现实结果，而不仅仅是行动前的计划或手段，也就是说，无论企业是否事先制定了战略，只要有具体的经营行为，就有事实上的战略。

例如，福特汽车公司总裁亨利·福特要求将"T形"福特汽车漆成黑色的行为，就可以理解为一种战略。企业行为模式是在历史中形成的，因此，在制定战略过程中就必须了解企业的发展史，在选择战略时要充分考虑并尊重企业原有的行为模式，因为它会在很大程度上决定企业未来战略的选择和战略实施的有效性。若要改变企业的行为模式，首先必须充分认识到推行这种变革的难度。

明茨伯格认为，战略作为计划或模式的两种定义，是相互独立的。实践中，计划往往没有实施，而模式却可能在事先并未计划的情况下形成。因此，战略可能是人类行为的结果，而不是设计的结果。因此，定义为"计划"的战略是设计的战略，而定义为"模式"的战略是已实现的战略；战略实际上是一种从计划向实现流动的结果。那些不能实现的战略在战略设计结束之后，通过一个单独的渠道消失，脱离准备实施战略的渠道，而准备实施的战略与自发的战略则通过各自的渠道，流向已实现的战略。这是一种动态的战略观点，它将整个战略看成是一种"行为流"的运动过程。

(4) 战略是一种定位(Position)，是指战略是一个组织在其所处环境中的位置，对企业而言，就是确定自己在市场中的位置。企业战略涉及的领域很广，可以包括产品生产过程、顾客与市场、企业的社会责任与自我利益等任何经营活动及行为。但最重要的是，制定战略时应充分考虑到外部环境，尤其是行业竞争结构对企业行为和效益的影响，确定自己在行业中的地位和达到该地位所应采取的各种措施。把战略看成一种定位，就是要通过企业资源的正确配置，形成有力的竞争优势。

(5) 战略是一种观念(Perspective)，是指战略表达了企业对客观世界固有的认知方式，体现了企业对环境的价值取向和组织中人们对客观世界固有的看法，进而反映出企业战略决策者的价值观念。企业战略决策者在对企业外部环境及企业内部环境进行分析后作出的主观判断就是战略。因此，战略是主观而不是客观的产物。当企业战略决策者的主观判断符合企业内外部环境的实际情况时，所制定的战略就是正确的；反之，当其主观判断不符合环境现实时，所制定的企业战略就是错误的。

战略是一种观念的定义，强调了战略的抽象性。其实质在于，同价值观、文化和理想等精神内容为组织成员所共有一样，战略观念要通过组织成员的期望和行为而形成共享，个人的期望和行为是通过集体的期望和行为反映出来的。因此，研究一个组织的战略，要了解和掌握该组织的期望如何在成员间分享，以及如何在共同一致的基础上采取行动。

6. 德鲁克对战略的定义

著名管理学家德鲁克认为，战略是决定组织将要干什么以及如何干的问题。战略的基本问题不仅阐明了企业存在的理由和基础，同时也为其实现目标提供了思维、方法和途径方面的指导。

以上所列举的战略观点不足以覆盖所有的研究成果。应当指出，每一种理论都有其独到之处，都能给我们一些启示。

总而言之，战略是带有全局性、长远性和根本性的重大谋划与对策，它反映了组织在一个较长时间内所要达到的目标和实现这些目标的主要措施、部署、步骤的设想，并着眼于组织长期目标和宗旨的实现。

二、企业战略的含义、特征

(一) 企业战略的含义

企业战略是指企业根据其外部环境及企业内部资源和能力状况，为求得企业生存和长期稳定的发展，为不断地获得新的竞争优势，对企业发展目标、达成目标的途径和手段的总体谋划。企业战略各环节之间的逻辑关系如图 1-1 所示。

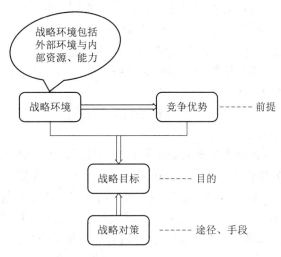

图 1-1　企业战略各环节之间的逻辑关系

(二) 企业战略的特征

企业战略是设立愿景目标并对实现目标的轨迹进行的总体性、指导性谋划，属于宏观管理范畴。它具有以下主要特征：

(1) 指导性。企业战略界定了企业的经营方向、远景目标，明确了企业的经营方针和行动指南，并筹划了实现目标的发展轨迹及指导性的措施、对策，在企业经营管理活动中起导向作用。

(2) 全局性。企业战略立足于未来，通过对国际与国内的政治、经济、文化及行业等经营环境的深入分析，结合自身资源，站在系统管理的高度，对企业的远景发展轨迹进行全面的规划。

(3) 长远性。企业战略重点关注的是企业未来相对较长时间内的总体发展问题，追求短期效益与长期发展的协调统一，着眼于企业的长期发展。一个只关注短期效益的企业，往往缺乏战略规划，会影响企业的长远发展。经验表明，企业战略通常会着眼于未来 3～5 年乃至更长远的发展目标。

(4) 竞争性。竞争是市场经济不可回避的现实，也正是因为有了竞争，才确立了"战略"在企业经营管理活动中的主导地位。面对竞争，制定企业战略时需要对企业内外部环境进行分析，明确自身的资源优势，通过设计适体的经营模式，形成特色经营，增强企业的对抗性和竞争力，从而推动企业长远、健康地发展。

(5) 系统性。企业若想要长远发展，必须确立并围绕愿景目标，设立阶段目标及各阶段目标实现的经营策略，以构成一个环环相扣的战略目标体系。同时，根据组织关系，企业战略需由公司层战略、事业层战略、职能层战略三个层级构成。

(6) 风险性。企业战略是对未来发展的规划，然而环境总是动态变化的、不确定的和难以预测的，人类的战略管理能力总是有限的。因此，任何企业战略的实施都伴随有各种风险。随着市场竞争和市场环境动荡性的加剧，一方面，战略管理的重要性日益凸显；另一方面，战略管理的风险防控难度也在增加。

(7) 适应性。企业战略不应脱离现实可行的环境因素，企业所制定的战略应是企业内外部条件之间相互适应的结果。此外，企业战略还要与公司治理、组织结构、控制模式、企业文化等相适应，从而使企业具有更好的适应环境的能力。

(8) 稳定性。企业战略一经制定，必然会经历一个持续、长远的奋斗过程，除根据市场变化进行必要的调整外，通常不能朝令夕改，应具有长期的稳定性。只有这样，企业才能沿着比较确定的方向，构建企业的管理系统和运营系统，配置所需要的资源，以及培育所需要的能力，工作效率也才能提高。

(9) 现实性。尽管企业战略瞄准的是企业未来的发展，但是企业战略必须建立在现有的主观因素和客观条件的基础之上，一切从现有起点出发。一个好的战略不仅要考虑企业内外部环境的动态变化，还要考虑企业当前的优势与劣势，通过利用优势和克服劣势，或者通过合适的战略举措改变劣势等，达到利用环境机会、迎接环境挑战的战略效果。

(10) 创新性。企业战略的创新性源于企业内外部环境的发展变化及市场竞争的需要，守旧、缺乏特色的企业战略是无法适应时代发展和市场竞争的。

三、企业战略的层次

企业战略可分为三个主要的层次，即公司层战略(Corporate Strategy)、事业层战略(Business Strategy)和职能层战略(Functional Strategy)，如图 1-2 所示。

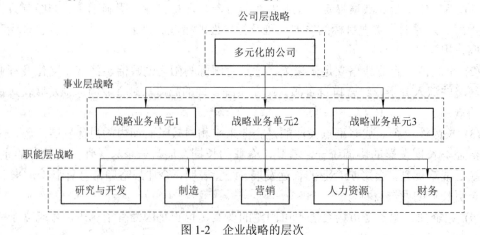

图 1-2　企业战略的层次

1. 公司层战略

公司层战略是组织为了实现其使命或目标而为整个组织制定的总体战略，是企业最高层次的战略措施，也称决策层战略；它是企业总体的指导性战略，决定企业经营方针、投资规模、经营方向和愿景目标等战略要素，是战略的核心。公司层战略的主要分析内容有公司总体战略和公司业务组合矩阵。

(1) 公司总体战略。公司总体战略从宏观上确定了企业总体发展的基本态势、方向和范围。根据企业的总体发展态势，公司总体战略一般分为增长型战略、维持型战略和紧缩型战略。

(2) 公司业务组合矩阵。制定公司层战略最流行的方法之一是公司业务组合矩阵，这一方法是由波士顿咨询集团(Boston Consulting Group, BCG)于 20 世纪 70 年代初期开发的，所以又称为波士顿矩阵。

2. 事业层战略

事业层战略也称经营战略、事业单位战略，是在公司总体战略的指导下，经营管理某一个战略业务单元的战略，是公司总体战略下的子战略。该战略是企业针对独立核算的业务单元或相对独立的业务单元，遵照决策层的战略指导思想，通过竞争环境分析，侧重市场与产品，对自身生存和发展轨迹进行的长远谋划。

3. 职能层战略

职能层战略是为了贯彻、实施和支持公司层战略与事业层战略而在企业特定的职能管理领域制定的战略。职能层战略是企业各职能部门，遵照决策层的战略指导思想，结合事业层战略，侧重分工协作，对本部门的长远目标、资源调配等战略支持保障体系进行的总体性谋划。职能层战略一般可分为营销战略、人力资源战略、财务战略、制造战略和研究与开发战略等。

第二节　企业战略管理

一、企业战略管理的概念及本质

企业战略管理(以下正文中所提到的战略管理即企业战略管理)是指企业为了长期生存和发展，依据确定的企业使命，在充分分析企业外部环境和内部条件的基础上，确定和选择达到目标的有效战略，并将战略付诸实施及对战略实施的过程进行控制和评价的一个动态管理过程。

企业战略管理的本质如下：

(1) 战略管理理论是整合性管理理论，是企业最高层次的管理理论。

从管理理论的层次来看，战略管理理论属于最高层次的管理理论。自 20 世纪初期泰勒创立科学管理以来，管理理论有了极大的发展；尤其是第二次世界大战后，管理理论的大发展进入了管理"丛林时代"，各种管理学说不断涌现。按照内容涉及的范围和影响的程度，管理理论可分成三个不同的层次。

① 管理基础理论。该理论是管理中带有共性的基础理论、基本原则和基本技术。它主要包括管理数学、管理经济学、管理心理学、管理学原理、管理组织学以及管理思想史等。

② 职能管理理论。管理是企业全部资源的二次使用，职能管理的最终目的是将管理基础与特定的管理职能相结合，以提高组织职能部门的效率。职能管理主要包括制造管理、市场营销管理、财务管理、人力资源管理、研究与开发管理等。

③ 战略管理理论。该理论在管理理论的最高层次，它不仅以管理基础理论和职能管理理论为基础，还融合了政治学、法学、社会学、经济学等方面的知识。

战略管理理论是管理理论中顶级的、整合性的管理理论，只有掌握了战略管理理论，企业管理人员才能有效地处理涉及企业整体性的管理问题。

(2) 战略管理是企业高层管理人员最重要的活动和技能。

美国学者罗伯特·卡茨将企业管理工作对管理者的能力要求划分为三个方面，即技术能力(操作能力)、人际能力(社会关系能力)和概念能力(战略思维能力)。

① 技术能力。技术能力也称操作能力，这种能力与一个人所做的具体工作有关，是一个人运用一定的技术来完成某项组织任务的能力，包括方法、程序和技术等。

② 人际能力。这种能力涉及管理者和与之接触的人们之间的人际关系，是一个人与他人共事、共同完成工作任务的能力，包括领导、激励、排解纠纷和培养协作精神等。

③ 概念能力。这种能力包括将企业看作一个整体，洞察企业与外部环境之间的关系，以及处理整个企业各个部分应如何互相配合、协调发展的能力。

对于企业不同管理层次的管理人员而言，上述三种能力的要求是不相同的。一般来说，低层管理者所需要的能力主要是技术能力和人际能力，中层管理者管理的有效性主要依赖于人际能力和概念能力，而高层管理者最需要的能力是概念能力，这是保证他们工作有效性的最重要因素。因此，对于企业高层管理者来说，最重要的活动是制定战略和进行战略管理，以保证企业整体运营的有效性。

(3) 战略管理的目的在于使企业持续而有效地适应变化，实现可持续发展。

战略管理过程基于这样一种认识：企业应连续不断地关注内部和外部事件及其发展趋势，以便在必要时及时做出调整。企业是社会这个大系统中一个不可分割的、具有开放性的组成部分，它的存在和发展在很大程度上受其外部环境因素的影响。企业对外部环境的变化速度与复杂程度越来越关注，为了生存，企业必须做到敏捷地识别和适应变化。

有人说，"当今环境的一个突出特点是，唯一不变的就是变化。"对此，人们都有同感。成功的企业能够有效地适应变化，不断地调整其战略、组织机构、产品与营销策略，从而经受住冲击，在残酷的竞争中得以兴旺发达。

为适应环境的变化，企业必须回答以下关键的战略问题：我们要成为什么样的企业？我们是否处于合适的业务领域？我们是否应该改变经营内容？哪些新竞争者正在进入我们的行业？我们应采取何种战略？我们的用户正在发生何种变化？新技术是否会将我们淘汰？……

二、企业战略管理的作用

企业战略管理的作用是由其本质特征决定的。企业战略管理作为一种企业管理方式或思想，其主要作用如下：

(1) 谋划企业整体的发展。这是由战略管理的全局性所决定的。企业是一个由若干相互联系、相互作用的局部构成的整体，但整体性问题绝不是局部性问题的简单加总，它与局部性问题具有本质的区别。企业发展面临很多整体性问题，如对环境重大变化的反应，对资源的开发、利用与整合，对生产要素和经营活动的平衡，对各种基本关系的理顺，等等。企业战略管理解决的是企业整体发展的谋划问题，起着统率局部的作用。

(2) 筹划企业的长远发展。这是由战略管理的长远性所决定的。为了谋求企业的长远发展，企业要面对很多问题，如企业发展目标、产品与技术创新、品牌与信誉、人力资源规划和企业文化建设等，这些问题并不是短期发展问题的加总，与短期发展问题具有本质的区别。企业战略管理关注的就是企业的长远利益，着眼于企业未来的发展。

(3) 指导企业的发展方向。这是由战略管理的指导性所决定的。企业战略规定了企业在一定时期内的基本发展目标，是企业发展的宏伟蓝图。加强战略管理，有利于引领企业未来的发展方向，指导企业的一切经营管理活动，并指引和激励全体员工为实现企业美好蓝图而努力工作。

(4) 提高企业的应变能力。这是由战略管理的应变性所决定的。企业加强战略管理，不仅可以防止财务危机，还可以帮助企业提高对外部威胁的认识，增加对竞争者战略的了解，提高员工的生产效率，给本来混乱的企业带来秩序和纪律，恢复员工对现行战略的信心；并且可以通过对企业自身所处外部环境的全面的考察和分析，预测未来的变化，从而在此基础上确定自身发展的方向，做出全局性的谋划，使企业内部条件更好地适应外部环境的变化，以增强企业的应变能力和市场竞争能力。

三、企业战略管理的过程

一个规范的、全面的企业战略管理过程可大体分为三个阶段：战略分析、战略选择及评价和战略实施与控制，如图 1-3 所示。

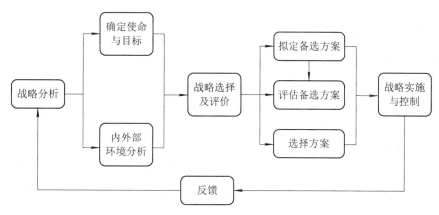

图 1-3　企业战略管理过程

(一) 战略分析

战略分析是企业战略管理的首要步骤，战略分析的目的是评析影响企业目前和今后发展的关键因素，并确定在战略选择步骤中的具体影响因素。就企业来讲，它包括如下两方面内容。

1. 战略环境分析

企业的生存离不开周围环境的影响，企业在制定战略的时候需要找到能对未来发展起决定性作用的环境因素，对其进行分析、评价，并预测这些环境因素未来发展的趋势，以及这些趋势可能对企业造成的影响。

战略环境主要包括外部环境和内部环境。在同样的使命、愿景和目标条件下，如果环境因素不同，最适宜的战略行动就会不同。

(1) 外部环境。进行外部环境分析是为了适时地寻找和发现有利于企业发展的机会，以及对企业来说存在的威胁，做到"知彼"，以便在制定和选择战略时能够利用外部环境所提供的机会，避开对企业的威胁因素。企业的外部环境包括存在于企业外部的各种变量，它们最终表现为机会和威胁，这些变量在短期内不受企业的控制，构成了企业存在的基础。这些外部环境变量中有些是一般性因素或趋势，它们构成了总体社会环境；还有一些是特殊因素，它们形成了企业特定的任务环境，即产业环境。

(2) 内部环境。分析内部环境的目的是发现企业所具备的优势或弱点，以便在制定和实施战略时能扬长避短、发挥优势，有效地利用企业自身的各种资源。企业的内部环境包括存在于企业内部的各种变量，它们最终表现为优势和劣势，这些变量在短期内一般可以由企业控制，构成了企业开展工作的基础。内部环境一般指企业所拥有的资源和能力，其中能力主要包括人力资源能力、财务能力、营销能力和研发能力等。

2. 企业使命、愿景和目标确立

除了分析环境因素，企业还需要明确自身的使命、愿景和目标。确立企业使命、愿景和目标是确立企业战略的依据。由于企业的使命和愿景，特别是前者，一般要长期坚持，它们直接决定企业选择何种战略，对企业发展的影响是系统性的、长期的。企业的使命和愿景既是战略分析的结果，又是制定战略分析的依据。

(二) 战略选择及评价

战略选择及评价是指根据战略分析所获得的结果，即在已建立和发现的特定约束条件下，制定和选择适合企业的战略计划与行动方案。对于任何企业，要想持续发展，就必须首先避免重大的战略决策失误。一般来讲，战略选择及评价包括拟定备选方案、评估备选方案和最终选择方案三个阶段。

1. 备选方案的拟定

在对企业的使命和愿景、外部环境和内部环境分析结果的基础上，企业要拟定多种备选方案。参与制定备选方案的人员需要充分掌握企业内外部的情况，在一次或若干次会议中进行讨论和拟定。在这一过程中，企业的管理者应鼓励方案制定者尽可能地发挥出自己的创造性。

2. 备选方案的评估

企业拥有的资源是有限的，在可供选择的战略方案中，企业战略的制定者应了解每一种战略方案的长处和局限性，然后根据制定者的综合判断来对这些战略方案进行排序。评估备选方案有两个标准：一是选择的战略是否充分利用了环境中的机会，规避了威胁；二是选择的战略是否能使企业在竞争中获得优势地位。

3. 最终选择方案的确定

在考虑战略方案的可能收益时还要分析它的风险，确定战略方案在哪些情况下是不适用的，还要考虑如果发生意外情况，对整个战略方案的影响有多大，需要做出哪些调整或更换何种备选方案。

战略选择及评价过程实质是战略决策过程，即对战略进行探索、制定和选择。一个跨行业经营的企业的战略选择，应当解决两个基本的战略问题：第一，企业的经营范围或战略经营领域，即规定企业从事生产经营活动的行业，明确企业的性质和所从事的事业，确定企业以什么样的产品或服务来满足哪一类顾客的需求；第二，企业在某一特定经营领域的竞争优势，即要确定企业提供的产品或服务，要在什么基础上取得超过竞争对手的优势。

(三) 战略实施与控制

企业的战略方案确定后，必须采取具体化的实际行动，才能实现战略及战略目标，并且在实施过程中要不断进行监督和控制，以便随时调整和修正。

1. 战略实施

战略实施是通过规划、预算和程序将战略方案和政策付诸行动的过程。这一过程涉及战略目标分解、资源配置以及整个企业的文化、结构、内部治理和人员调整等诸多问题。战略实施是本书要特别强调的战略管理主题。一个企业战略实施的好坏将直接影响其整个战略的推行。战略实施一般由中层和基层管理者来领导和施行，高层管理者主要负责战略决策并对战略执行情况进行督查。对一个企业而言，高层管理者必须具有"事业心"，而中层管理者应具有"进取心"，基层管理者则应具有"责任心"。企业上下只有具备了这"三心"，才能在未来把企业打造成为"明星"企业。

2. 战略控制

战略控制是将战略实施过程中反馈回来的成效与战略目标进行比较，评估两者的偏差度，并采取相应的纠正措施，以确保战略目标的完成。战略控制是对企业高层战略活动的控制，它不同于中下层(业务层和作业层)的控制。但为了实现有效的控制，高层管理者须从中下层员工中获取准确、无偏差的信息，但这往往是很难做到的。

综上，企业战略管理的过程是战略分析、战略选择及评价、战略实施与控制三个环节相互联系、循环反复、不断完善的动态管理过程。

第三节　企业战略管理理论的演进

一、企业战略管理理论的发展过程

企业战略管理理论是随着企业环境的变化和面临的种种挑战而发展起来的。企业战略管理思想萌芽于 20 世纪初期，那时人们就开始关注企业的高层管理活动、企业与环境的关系以及企业长期的发展问题等，并逐渐形成了系统的企业战略管理理论。纵观企业战略管理理论的发展过程，大致经历了以下六个阶段。

1. 20 世纪 60 年代以前的战略管理理论

20 世纪初期，亨利·法约尔将企业经营活动划分为技术、商业、财务、安全、会计和管理六大类，并对企业内部的管理活动进行整合，提出了管理具有计划、组织、指挥、协调和控制五项职能，且强调计划是企业管理的首要职能。这可以说是最早出现的企业战略思想，被哈佛大学的迈克尔·波特教授称为企业战略的第一种观点。

1938 年，美国管理学家切斯特·巴纳德在《经理人员的职能》一书中，首次将组织理论从管理理论和战略理论中分离出来，认为管理工作应注重组织的效能，强调组织与环境要相适应。这种组织与环境相匹配的思想奠定了现代战略分析方法的基础，被波特称为企业战略的第二种观点。

由此不难看出，尽管这一阶段还没有形成系统的战略管理理论，但已有了战略管理思想的萌芽。

2. 20 世纪 60 年代的战略规划理论

进入 20 世纪 60 年代，随着社会经济的发展，人们的消费需求结构也发生了变化，欧美国家出现的最大变化就是卖方市场逐渐被买方市场所取代，国际市场逐步开放，关税壁垒逐步被打破。

1962 年，美国著名管理学家钱德勒通过对通用汽车公司、杜邦化学公司、西尔斯-罗巴克公司和标准石油公司等 70 多家大型公司发展历史的研究，出版了《战略与结构：美国工商企业成长的若干篇章》一书，在这本著作中分析了环境、战略和结构三者之间的关系。他认为企业战略应适应环境变化，而组织结构则应适应企业战略的要求，并随战略变化而变化。钱德勒被公认为研究"环境—战略组织结构"之间相互关系的第一位管理学家，提出了"结构追随战略"的著名观点，由此揭开了现代企业战略管理研究的序幕。

安德鲁斯接受了钱德勒的战略思想，1965 年，他与哈佛大学的其他学者合作出版了《商业政策：原理与案例》。在书中，安德鲁斯与克里斯滕教授使用单向法形成了战略规划的基本理论体系，两人都被称为战略管理设计学派的代表人物。

安德鲁斯对战略进行了四个方面的界定，将战略划分为四个构成要素，即市场机会(企业可能做什么，might do)、企业实力(企业能够做什么，could do)、个人激情(企业想做什么，want to do)、社会责任(企业应该做什么，should do)。其中，市场机会和社会责任是外部环境因素，企业实力与个人激情则是企业内部因素。他还主张公司应通过更好地配置自己的资源形成独特的能力，以获取竞争优势。波特将其称为企业战略的第三种观点。

1965 年，美国学者安索夫出版了《公司战略》一书，首次提出了"企业战略"这一概念，并将战略定义为"一个组织打算如何去实现其目标和使命，包括各种方案的拟订和评价，以及最终将要实施的方案。"他认为，战略应包括产品与市场范围、增长向量、竞争优势和协同效应四个要素，并根据产品的特点和顾客的类型进行不同组合，将多元化分为横向多元化、纵向多元化、同心多元化和不相关多元化，还详细描述了战略制定过程的一系列步骤和应考虑的因素，尽可能地使战略制定过程条理化、系统化。战略管理理论的研究从此逐渐由单纯的企业内部转向企业与环境的关系研究。安索夫也被称为战略管理计划学派的代表人物。

由此可见，这一时期的战略规划理论是以未来可以预测为前提假设的，认为战略必须使企业的内部条件与外部环境相适应，使企业自身的能力与其所面临的商机相匹配。因而，战略规划的制定包括有关信息的收集与分析、战略制定、评估、选择与实施等程序。

3. 20 世纪 70 年代的环境适应理论

20 世纪 60 年代后期至 70 年代初期，战略规划与长期规划在战略领域扮演重要角色。然而，1973 年的石油危机使得企业经营环境变幻莫测，这种环境的不确定性，动摇了战略规划的垄断地位。因此，环境的不确定性成为 20 世纪 70 年代战略管理研究的主要内容，以环境变化分析为中心的战略理论占据主导地位。

1971 年，安德鲁斯在其所著的《战略管理概念》一书中认为，企业外部环境对企业战略的形成有着重大影响，战略的形成过程实际上是把企业内部条件与企业外部环境进行匹配的过程，这种匹配能够使企业内部的强项和弱项与企业外部机会和威胁相协调。他还提出了著名的战略制定的 SWOT 分析模型。该模型考察了企业面临的威胁和机会(外部评价)以及企业本身的优势和劣势(内部评价)，充分体现了组织内外部关系对制定战略的重要性。这一模型也是设计学派的重要基础。

1979 年，安德鲁斯又出版了《战略管理》一书，他区分了战略的制定与实施，认为战略的实施是"管理性的"，而战略的制定则是"分析性的"，应由企业高层管理者负责。

环境适应理论强调战略的动态变化。林德布洛姆的"摸着石头过河"、奎因的"逻辑渐进主义"、明茨伯格和沃特斯的"应急战略"都把战略视为意外的产物，认为战略就是对环境变化的应急对策。这一时期的战略管理思想强调企业战略与环境相适应的重要性，注重对环境、市场的分析，把企业的经营活动看作在统一战略指导下的相互关联的整体，构建了战略分析框架，为以后的理论研究奠定了基础。

4. 20 世纪 80 年代的产业组织理论

波特深受以美国的梅森和贝恩为代表的产业结构学派的影响，1980 年，他出版了《竞争战略》一书。他指出，企业在考虑竞争战略时必须将企业与所处的环境相联系，而行业是企业经营的最直接的环境，每个行业的结构又决定了企业的竞争范围，从而决定了企业潜在的利润水平，进而提出了最著名的用于产业结构分析的"五力模型"，以及三种通用战略(成本领先战略、差异化战略和集中化战略)。1985 年，波特又出版了《竞争优势》一书，运用价值链的概念来系统识别和分析企业竞争优势的来源，使战略研究进入一个全新的领域。

波特的产业组织理论，以竞争优势为中心，将战略制定和战略实施有机地结合在一起，其"五力模型"和价值链理论为战略管理的研究提供了新的分析方法。

5. 20 世纪 90 年代的资源基础论与核心能力理论

进入 20 世纪 90 年代，企业经营环境的显著特点是竞争的全球化，顾客需求日趋多样化和个性化，产品更新换代的速度日益加快。所有这些，都要求企业必须重视其内部要素条件，提高自身能力，以形成企业的竞争优势。

1984 年，沃纳菲尔特在《战略管理杂志》上发表了《企业的资源基础论》一文，这意味着资源基础论的诞生。经过不断发展，资源基础论在 20 世纪 90 年代非常盛行。

1991 年，巴尼在《管理学杂志》上发表了《企业资源和持续竞争优势》，指出企业具有持续竞争能力的条件是其资源具有价值性、稀缺性、不可模仿性和不可替代性。

1995 年，柯林斯(Collins)和蒙哥马利在《哈佛商业评论》上发表了《资源竞争：90 年代的战略》一文，提出了企业资源价值评估的五项标准。

随后，普拉哈拉德和哈默尔在《哈佛商业评论》上发表了《公司核心竞争力》一文，掀起了核心能力研究的高潮，标志着战略管理研究进入了一个新的阶段。

这一时期的战略管理研究，注重如何运用企业内部的独特资源与能力来获取竞争优势，构造"能力—战略—绩效"的基本理论。

6. 21 世纪初期的战略管理理论

进入 21 世纪，信息技术和网络技术迅猛发展，企业环境的不确定性日益增强，国际竞争日益激烈，企业保持竞争优势的难度越来越大。因此，企业战略管理的实践需要新的理论和方法来支撑。美国学者詹姆斯·莫尔曾在 1996 年出版的《竞争的衰亡》一书中首次提出"商业生态系统"的概念，认为商业生态系统就是以组织和个人的相互作用为基础的经济联合体，包括供应商、主要生产者、竞争者和其他风险承担者，并从现代生态学的角度透视整个商业活动。系统论反思竞争含义，认为在商业活动中"共同进化"是一个比竞争或合作更为重要的概念，打破了传统的以行业划分为前提的战略理论的限制，构建了基于共同进化模式的企业战略全新设计思路。1996 年，纳尔巴夫和布兰登伯格在合著的《合作竞争》一书中，提出了可以实现双赢的合作竞争的新理念。1998 年，迈克尔·波特在《产业集群与竞争》中阐述了企业集群对维持企业竞争优势的重要性。1998 年，布朗和艾森哈特合作出版了《边缘竞争》一书，提出企业应不断利用变革的动态本质来构建一系列的竞争优势，而边缘竞争战略的五个基本要素是即兴发挥、相互适应、再造、实践和时间节奏。可见，这一时期的战略理论，对外注重构建企业集群的整体优势以维持和发挥企业自身的竞争优势，对内注重寻求动态战略以适应环境的变化。

二、企业战略管理理论的代表性学派

在企业战略管理理论的演进过程中，由于人们对战略本质的认识存在差异，因而形成了许多不同的战略学派。明茨伯格曾在《战略历程：纵览战略管理学派》中把战略管理分为十个学派：设计学派、计划学派、定位学派、创业学派、认知学派、学习学派、权力学派、文化学派、环境学派、结构学派。

1. 设计学派

以安德鲁斯为代表的设计学派认为，战略是一个主观的概念化过程。不论是钱德勒"结构追随战略"的观点，还是安德鲁斯提出的战略的四种构成要素，都充分考虑了企业的内外部环境对制定战略的影响。设计学派认为，战略形成应当是一个受到控制的有意识的思想过程；主要领导人应当承担整个战略形成过程中的责任；制定战略时，必须经过充分的设计，战略必须简明扼要，应该是清晰的、易于理解和传达的。

设计学派对于战略管理理论的发展作出了很大贡献，尤其是 SWOT 模型的建立，充分体现了组织内外部关系对制定战略的重要性。但是，设计学派将战略制定与战略实施割裂开来，因而也具有一定的局限性。

2. 计划学派

以安索夫为代表的计划学派认为，战略形成是一个程序化的过程。该学派认为，企业在制定战略时，首先必须明确自己的经营性质，如此，企业的战略才能够一方面为企业的生产经营活动提供指导，另一方面为企业的发展提供空间。

3. 定位学派

定位学派的代表人物是迈克尔·波特教授，其代表作是 1980 年出版的《竞争战略》和 1985 年出版的《竞争优势》。定位学派把战略形成看作一个分析过程，认为企业战略的核心是获取竞争优势，而获取竞争优势的因素是行业吸引力和企业在行业中的相对竞争地位。因此，战略管理的首要任务就是选择最有盈利潜力的行业。为此，该学派采用了"五力模型"、价值链等一系列分析方法和技巧，分析企业所处行业的状况。这一学派在战略形成方面的意义在于，在制定战略时给出了分析的一种优先顺序，使企业可以在行业的范围内系统考察所面临的机会和威胁，合理选择适用的战略。此外，定位学派将战略分析的重点第一次由企业转向行业，强调了外部环境的重要性。

从本质上说，定位学派的观点依然承袭了设计学派和计划学派的大部分前提条件和基本模式。后来，波特等人进一步发展了定位学派，认为定位不仅要考虑产业的经济特征，还要考虑文化、制度等各个方面的因素。

4. 创业学派

创业学派的侧重点是企业高层管理者。创业学派从根本上认为战略形成过程是一个直觉思维、寻找灵感的过程，因此创业学派又被称为企业家学派、创新学派、创意学派。

5. 认知学派

认知学派有两个分支，一个分支认为，战略的形成是基于人们处理信息、获取知识和建立概念的认知过程，其中建立概念是战略产生的最直接、最重要的因素；另一分支接受了战略形成过程具有主观解释性或结构主义者的观点，认为认知是在对企业组织的内外环境理解的基础上，借助所掌握的方法和手段来构造具有创造力解释功能的战略。

6. 学习学派

学习学派起源于 20 世纪 50 年代末期，兴起于 20 世纪八九十年代。学习学派的代表人物及著作主要有奎因及其于 1980 年出版的《应变战略：逻辑渐进主义)、彼得·圣吉及其《第五项修炼》、野中郁次郎和竹内弘高及其于 1995 年合著的《知识创造公司》等。学习学派认为环境是复杂的、不可预测的，只有通过学习，尤其是组织学习，企业才能应对不确定性。战略的形成是不断学习的过程，战略规划和执行界限变得不可辨别。学习以应急的方式进行，在管理战略学习过程中可能出现新战略。高层管理者的职责不是制定战略，而是管理组织学习。

总之，学习学派实际是将战略视为一个复杂的、进化的、渐进的、文化和政治的、想象的过程，这一学派的主要贡献是提出了在学习的过程中理解战略。

7. 权力学派

权力学派起源于 20 世纪 70 年代初期，主要代表人物及著作有麦克米兰及其《论战略形成：政治概念》(1978)、普费弗和萨兰西克及其《组织的外部控制》(1978)。权力学派将战略形成看作一个协商的过程。其主要观点认为，组织是不同的个人和利益集团的联合体，战略的制定是一个在相互冲突的个人、集团以及联盟之间讨价还价、相互制约和折中妥协的过程。权利学派认为，整个战略制定的过程实际上是各种正式和非正式的利益团体运用权力、施加影响和不断谈判的过程，对战略制定发生作用的不再是某个人，而是一群人；这时组织的活动不再受某一共同利益的驱使，而是受一些局部利益的驱使。在这种情况下，总是存在对战略认识的争议；不存在共同认可的战略意图，很难形成统一的战略和对战略的执行活动。

8. 文化学派

文化学派认为战略过程是一个集体思维过程。文化学派注重团队利益和企业整体，认为企业战略根植于企业文化及其背后的社会价值观念之中，其形成过程是把企业内部各种利益的因素进行整合并发挥其作用的过程。

文化学派的代表人物和著作主要有艾瑞克·莱恩曼及其《长远规划的组织理论》(1973)、彼得斯和沃特曼及其《追求卓越》(1982)、博格·沃纳菲尔特及其"资源为本理论"(1984)等。文化学派认为，战略形成是社会交互的过程，是个人通过文化潜移默化地适应过程。文化学派的缺点是其概念的模糊性，此学派的一个危害是可能阻止组织的必要改变。

9. 环境学派

环境学派研究的是企业在其所处的环境里如何获得生存和发展，其中主要存在着这样两种不同的发展方向：一种称作"权变理论"，另一种称作"规制理论"。企业战略管理环境学派将注意力转移到组织外部，重点研究组织所处外部环境对战略制定的影响。

10. 结构学派

结构学派把战略形成过程看作一个转变过程，其主要观点是：组织可被描述为某种稳定结构，这种结构可被偶然因素影响并向另一结构飞跃，结构转变有某种周期，战略最后采取的模式都是依自己的时间和情形而定。其主要代表人物有坎德瓦拉、明茨伯格、米勒等。结构学派给战略形成带来了秩序，尤其是有众多的文献和实践活动。虽然结构学派吸取了其他学派的一些观点，但它却运用了自己的独特视角。结构学派和其他学派的根本区别在于它提供了一种调和的可能，一种对其他学派进行综合的方式。结构学派一方面将组织和组织周围的状态描述为结构，另一方面将战略形成过程描述为转变。

拓展知识

小　　结

战略是带有全局性、长远性和根本性的重大谋划与对策研究，它反映了组织在一个较长时间内所要达到的主要目标和实现这些目标的主要措施、部署、步骤的设想，并着眼于组织长期目标和宗旨的实现。

企业战略可分为三个主要的层次：公司层战略、事业层战略和职能层战略。

战略管理是指企业为了长期生存和发展，依据确定的企业使命，在充分分析企业外部环境和内部条件的基础上，确定和选择达到目标的有效战略，并将战略付诸实施及对战略实施的过程进行控制和评价的一个动态管理过程。

一个规范性的、全面的战略管理过程可大体分为三个阶段：战略分析、战略选择及评价和战略实施及控制。

明茨伯格将战略管理分为十个学派：设计学派、计划学派、定位学派、创业学派、认知学派、学习学派、权力学派、文化学派、环境学派、结构学派。

练 习 题

一、单选题

1. 由职能管理人员制定的短期目标和规划称为(　　)。

A. 公司战略　　　B. 职能战略　　　C. 市场战略　　　D. 经营战略

2. (　　)主要涉及具体作业性取向和可操作性的问题，涉及决策问题的时间跨度比较短。

A. 公司战略　　　B. 职能战略　　　C. 市场战略　　　D. 经营战略

3. 战略管理的主体主要是(　　)。

A. 企业高层管理人员　　　　　　　B. 企业中层管理人员

C. 企业基层管理人员　　　　　　　D. 企业所有的管理者

4. 战略管理的目的是(　　)。

A. 加强内部管理　　　　　　　　　B. 拓展市场空间

C. 提高企业的环境适应能力　　　　D. 保证计划的落实

二、多选题

1. 企业的战略可划分为(　　)等三个层次。

A. 公司层战略　　　　　　　　　　B. 经营层战略

C. 职能层战略　　　　　　　　　　D. 人力资源战略

2. 管理理论分为三个不同层次，包括(　　)。

A. 管理基础理论　　　　　　　　　B. 职能管理理论

C. 生产管理理论　　　　　　　　　D. 战略管理理论

3. 战略管理过程包括(　　)。

A. 战略分析　　　　　　　　　　　B. 战略演变

C. 战略选择与评价　　　　　　　　D. 战略实施及控制

4. 明茨伯格提出的战略 5P 包括(　　)。

A. 计划　　　　B. 计谋　　　　C. 模式

D. 定位　　　　E. 观念

三、简答题

1. 简述企业战略的特征。

2. 简述企业战略管理的过程。

3. 简述企业战略管理的作用。

四、论述题

1. 论述如何做好企业战略管理。

2. 结合实际情况(如本单位实际情况)论述如何做好企业战略管理。

五、案例分析

某食品企业主要有三种产品，主要在北京地区生产和销售。该企业最近有以下几件事需要处理：

(1) 聘请专家对企业存在的问题进行了诊断，专家发现企业内部的生产流程不合理，因而造成成本居高不下，隐性成本无法核算，于是筹划对生产流程进行改造。

(2) 目前三种产品的销售情况不错。市场需求旺盛，订单较多，但由于工作人员的疏忽，出现了订单漏登和个别送货时间、品种与数量出现差错现象，导致一些客户有些怨言。

(3) 食品属于时限性很强的产品，各销售点的订货量相对较少，订货频繁，周期短。该企业的物流配送一直是一个大问题。有一家专业的物流企业希望能利用自身的专业化优势来承担企业的物流配送任务。

(4) 企业目前的产品的目标顾客是全方位的顾客。有人提议企业应专门开发针对儿童和白领阶层的高档次的营养食品。

请就上述几个事件，根据企业战略管理理论进行分析，判断哪些事件是与战略有关的，哪些不是，并说明你的理由。

实 践 练 习

结合第一章学习的内容，邀请知名企业家走进课堂与同学们进行交流，重点分享战略管理理论演进历史和经典战略管理案例。

要求：

1. 任课教师按照课程实训方案的要求及时进行实训的安排，在实训过程中给予学生必要的指导，并认真批改课程实训报告，给出学生实训成绩，按优、良、及格与不及格四个等级打分。

2. 学生完成一份 1000 字左右的实训报告。

第二篇　战略环境分析

知人者智，自知者明。

胜人者有力，自胜者强。

知足者富，强行者有志。

不失其所者久，死而不亡者寿。

——老子《道德经》

第二章　企业外部环境分析

 ## 学习目标

(1) 了解环境分析的必要性，以及企业外部环境和行业环境的组成要素。
(2) 掌握 PEST 分析模型和波特五力模型的分析方法。
(3) 掌握竞争对手分析、客户分析的主要内容。

引例

N 公司的辉煌与衰退

奋力拼搏，成就辉煌

1991 年以前，N 公司(诺基亚)只是芬兰一个地区性的公司，其市场主要分布在国内和东欧国家，由于苏联解体和东欧剧变，N 公司失去了大半个市场并陷入了困境。当时 N 公司的股东曾试图将公司卖给邻居——瑞典的爱立信公司，但爱立信却并不想要这个包袱。

然而，事实并不像人们想象得那么糟。经过七年的奋力拼搏，N 公司成为了全球最大的手机生产商。1999 年，N 公司手机的全球市场占有率高达 27%。N 公司能够从一个不出名的小公司发展成为世人瞩目的跨国电信集团公司，得益于掌门人约玛·奥利拉的远见卓识。N 公司于 1865 年成立，在公司成立后的 100 多年中，N 公司从事了木材、造纸、物业、橡胶、机械和电缆等多种产业。1992 年，N 公司总裁奥利拉看准了能引领时代发展方向的通信行业，并明确地提出："未来将属于通信时代，N 公司要成为世界性电信公司。"正如奥利拉所预料的那样，世界移动电话需求量很快就进入到了高速增长的时期。当数字电话标准在欧洲开始流行时，N 公司早已准备就绪，凭借充满灵感的设计和不断地推陈出新，迅速从强大的竞争对手手中夺取市场份额，1998 年一跃成为世界最大的移动电话生产商。2007 年，N 公司实现净销售额 511 亿欧元(约合 761 亿美元)，利润收入达 72 亿欧元(约合 106 亿美元)。截至 2005 年底，N 公司在全球 8 个国家拥有 14 家工厂，并在 11 个国家设立了研发中心，雇员人数达到 5.8 万人。

固步自封，满足传统手机市场份额

为了确保技术的领先，N 公司不惜花费巨额研制经费开发新产品。在 N 公司全球 5.8 万名雇员中，从事技术研发的人员超过 1.7 万。1997 年，N 公司的产品设计师开发出了一个绝妙的新产品，即在 N 公司 6110 手机上内置了一款非常适合 12 格键位手机操控的单机游戏——贪吃蛇。几个月后，N 公司又发布了能够随意换壳的 5110 手机，令世界都为之惊叹。在这以后的数年内，N 公司开始复制"贪吃蛇战术"，一些带有有趣的小游戏和涂有各种颜色外壳的手机产品被陆续开发出来并推给全球用户。N 公司的全球市场份额年年增长，2000 年，N 公司的市值是苹果的 24 倍。与苹果主打一款 iPhone 产品不同，N 公司有数条生产线，产品横跨十几个系列，在低端、中端和高端三个市场都有着庞大的市场份额。2006 年，N 公司更是创下了让手机厂商艳羡的 72.8% 的全球市场份额。当时，华尔街的一位科技分析师曾提醒 N 公司的高管："我想 N 公司只是碰巧满足了用户的需求，从长远来看，提供哪些应用程序应当由用户决定，而不是 N 公司。"但 N 公司的高管们忙于喝庆功酒，并没有注意到这个微弱的声音。与用户的选择相比，他们更相信公司的数千名工程师的灵感。

害怕风险，轻易丧失原创技术优势

早在 2004 年，N 公司资深的技术研发人员哈克兰在芬兰总部的一个展会上向消费者演示了一款新型机，这款新型机的最大特征是具有互联网功能以及可触控的大显示屏。哈克兰相信，这款新型手机将会深化 N 公司在智能手机领域的固有优势。"但是管理层选择了放弃，他们扼杀了它。"因为顾及到批量生产这种新型手机会有很大的风险，依托原有 12 格键位手机已经占领了智能手机市场的 N 公司放弃了哈克兰的创新。"被一同放弃的，还有我们设计出来的在线应用商店。"这项比苹果早三年拥有的技术，并没有让 N 公司开拓出新的利润点。三年后，苹果的线上 App 获得了极大的成功。就在苹果的设计师们专注于研发大屏幕、3D 效果、互联网接入技术、iOS 系统的同时，每年有着高达 40 亿美元投入的 N 公司科研部门依旧固守着自己的 12 格键位设计和塞班系统。塞班系统本是在电子时代研发出来的系统，本身并不是 PC 时代的产物，相比安卓系统，它并不适合新型智能手机。

但是 N 公司面对关于塞班的质疑选择一意孤行，不仅将塞班收为子公司，更是坚持自己的手机装载塞班系统。如果说苹果 iPhone 的成功很大程度上是因为营销策略的作用，那么像 HTC 这样的手机业新秀之所以取得巨大成功，很大程度上就是因为采用的安卓系统更方便开发商进行应用的开发，更方便用户的使用。

忽视消费者需求，终被智能手机市场淘汰

N 公司坚持采用塞班系统的原因，是因为 N 公司坚持认为手机依旧仅仅是打电话、发短信的工具。"手机将会强化自己的通讯功能，而应用会由其他移动平台来实现。"如果说开始的时候是 N 公司高层战略失误，那么当看到人们追逐 iPhone 的热烈程度时，N 公司应该明白，人们对于手机的需求已经和以前大大不同了，而就是在这个时候，N 公司被自己已有的成就迷昏了头。开拓符合人们需求的产品必将对企业的传统业务造成打击，遗憾的是，在面对人们需求和企业短期利益时，N 公司只看到了后者。

2007 年是 N 公司的分水岭，这个全球最大的手机商开始从进攻转向全线防守。从 2007 年开始，N 公司的每款新品几乎都是在跟随苹果 iPhone 的风向，N 公司的科研人员再也没有研发出能够引领世界手机潮流的新技术。此时，苹果 iPhone 的销售量虽是 N 公司全球销售量的零头，但却占据着手机市场总利润的 40%。2009 年，苹果在只有两款手机的情况下，第二季度的销售收入达到了 48 亿美元。同是那个季度的 N 公司，在财务报表中披露，

亏损高达 8.34 亿美元。面对 N 公司史上的首次巨亏，CEO 康培凯表达了自己对几年前形势错误判断的遗憾："一夜之间，全球最成功的公司苹果、谷歌、微软突然都成为了我们的竞争对手。"康培凯至今都觉得这种市场的变化来得太突然。

2011 年下半年，在苹果、谷歌对手的围追堵截下，N 公司智能手机全球市场份额由 2006 年的 72.8% 降至 15.2%，其"全球智能手机销量第一"的桂冠被苹果轻松摘走。2011 年 11 月 26 日，N 公司在法兰克福证券交易所申请退市。

（资料来源：《诺基亚的辉煌与衰退》(www.shangxueba.com))

思考：1. 在 20 世纪 90 年代初，有哪些宏观环境因素给 N 公司后来的迅速发展带来了影响？

2. 曾经辉煌的 N 公司在当今时代为什么迅速走向了衰退？相反，苹果为什么却成为最值钱的公司？

3. 企业战略环境分析的目的是什么？企业战略环境分析主要内容有哪些？

> **提示：**
> ★企业的胜败与对企业内外环境的认识密切相关。
> ★判断最关键和最值得做出反应的环境因素，抓住有利机遇、回避威胁。
> ★主动创造竞争优势，适应环境变化，以谋求企业的生存和发展。

第一节　外部环境分析

一、企业环境概述

环境是指事物存在与发展的周围条件和状况，既有静态的结构，又包括结构与要素之间的动态运行。孙子曰："知彼知己，百战不殆；不知彼而知己，一胜一负；不知彼，不知己，每战必殆。"这说明战争的胜败与对环境的认识密切相关。同样，在影响企业战略的因素中，既有来自企业外部环境的因素，也有来自企业的资源、能力、组织机构等企业内部环境的因素。企业战略环境分析框架如图 2-1 所示。

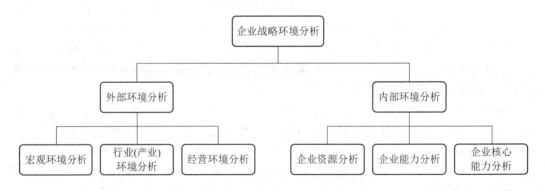

图 2-1　企业战略环境分析框架

外部环境是指存在于企业周围，影响企业战略选择及经营活动的各种客观因素的总和。外部环境也是企业生存发展的土壤，它既为企业的生产经营活动提供必要的条件，同时也对其生产经营活动起着制约作用。企业生产经营所需要的各种资源都需要从属于外部环境的原料市场、能源市场、资金市场和人力资源市场等获取。离开这些市场，企业经营就会成为无源之水、无本之木。没有外部市场的存在，企业就无法进行交换，无法用出售的产品换回销售收入，以补偿生产经营中的各种消耗，企业无法生存下去，也就更谈不上发展。任何企业，无论生产什么产品或提供什么服务，都要根据外部环境能够提供的资源的种类、数量和质量来决定其生产经营活动的具体内容和方向。企业的产品要通过外部环境中的市场才能实现，在生产之前和生产过程中，企业必须考虑这些产品能否被用户所接受，是否受市场欢迎。因此，外部环境在为企业提供了经营条件的同时，也限制了企业的经营活动。

外部环境分析是要确定有哪些外部因素会影响企业；这些因素会发生哪些变化；这些变化会以何种方式影响企业；这些因素对企业影响的性质是什么样的，等等。外部环境分析的主要内容包括宏观环境分析、行业(产业)环境分析和经营环境分析等。

二、宏观环境分析

宏观环境指的是对企业的生产经营活动都会产生影响，企业又难以控制的国际、国内宏观环境中的全部因素及其相互作用形成的大系统。在战略管理中，分析企业宏观环境，一般采用的是 PEST 分析模型，如图 2-2 所示，主要内容包括政治法律因素、经济因素、社会文化因素和技术因素。

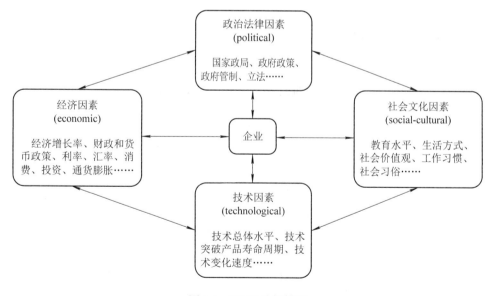

图 2-2　PEST 分析模型

(一) 政治法律因素

政治法律因素是指对企业经营活动具有现存的和潜在作用与影响的政治力量，同时也包括对企业经营活动加以限制和要求的法律和法规等。

1. 政治因素

政治因素包括国家和企业所在地区的政局稳定情况、执政党所要推行的基本政策以及这些政策的连续性和稳定性，这些基本政策包括产业政策、税收政策、政府订购及补贴政策等。

(1) 产业政策：国家确定的重点产业总是处于优先发展的地位。因此，处于重点行业的企业增长机会多，发展空间大。非重点发展的行业，发展速度就较为缓慢，甚至停滞不前，因此，处于这种行业的企业发展难度比较大。

(2) 税收政策：政府的税收政策会影响企业的财务结构和投资决策，资本持有者总是愿意将资金投向那些具有较高需求且税率较低的产业部门。

(3) 政府订购及补贴政策：政府有时以资源供给者的身份出现，如政府对自然资源(森林、矿山、土地等)和国家储备的农产品的相关政策和立场，将对一些企业的战略选择产生重大的影响。另一方面，政府有时以消费者的身份出现，如政府的订货行为会对军事工业、国防工业(航空航天等)有重大的影响，同时也间接影响着其他工业的消费走向。此外，政府的贷款和补贴对某些行业的发展也有着积极的影响。

2. 法律因素

法律因素体现在政府主要通过制定一些法律和法规来间接地影响企业的活动。为了促进和指导企业发展，国家颁布的法律有经济合同法、企业破产法、商标法、质量法、专利法和中外合资企业法等。此外，国家还有对工业污染程度的规定、卫生要求、产品安全要求、对某些产品定价的规定等，而这类法律法规对企业的活动有着限制性的影响。

～～～ 知识链接 ～～～～～～～～～～～～～～～～～～～～～～

WTO 规则对我国企业产生的影响

一般企业：将 WTO 法律条件转化为市场机会

从法律上说，WTO(世界贸易组织)规则是关于政府管理贸易和贸易相关事项的法律法规，政府是法律义务的承担者。

从法律上讲，一般企业与 WTO 的相关问题值得关注。

第一，WTO 为企业的经营和贸易提供最好的市场条件。企业要解决的问题是如何将 WTO 法律条件转化为贸易和发展的机会。这些事情政府不能代替企业去做，但政府可以起一个促进作用，起提供信息的作用。

第二，WTO 为企业提供一些新的法律权利。从法律上说，这些权利和利益有两个来源，一个是从本国执行 WTO 规则的法律中来，如中国企业可以更快、更多地获得对外贸易的权利、与外国投资者在更多领域中合作的权利等；另外一个是从其他成员国执行 WTO 规则的法律中来，如美国对中国产品关税的降低、对中国供应商开放服务贸易市场、在海关估价程序方面得到了解权、上诉权，在海关通过程序方面得到更为重要、便利和迅速的权利等。

但是，企业不能直接引用 WTO 规则到 WTO 去打官司，而要请本国政府去告对方企业的政府。

第三，WTO 规则给中国企业带来持续的挑战和暂时的困难。这些挑战和困难主要体现在两个方面，一是为外国竞争者打开了不能关上的大门；二是企业与政府的关系受到严格限制，特别是国有企业与政府经济支持的关系受到严格限制。

WTO 要求：政府减少并逐步放弃对国企的支持

第一，政府对企业的支持关系，是入世后处理与 WTO 关系的核心法律问题。

中国加入 WTO 有两大问题：一个是开放国内市场；一个是实行市场经济机制，遵守国际规则。

中国实行市场经济机制的根本问题就是政府与企业，特别是与国有企业关系的问题。WTO 把政府对企业的支持关系，作为中国是否实行市场经济的根本问题来处理，如果政府不退出对国有企业的经济支持，WTO 就坚持对中国的特殊限制。

第二，目前国有企业的改革，最重要的是放眼全球市场。

加入 WTO 后的市场，具有国际市场的新性质，一切企业改革应当体现经济全球化，从利用全球资源的角度来考虑，要把企业改革的眼光放远。

第三，将企业负担的公共职能转移出去是解除支持关系的关键。

中国加入 WTO 后，企业的主要任务是参与国际竞争，对企业负担的公共职能应当调整，应当将一部分国有企业负担的公共职能，转移到事业单位、基层和行业自治组织和其他非政府组织。企业公共职能的转移和合理配置，是解除政府对企业支持关系的关键问题。

(二) 经济因素

经济因素是指构成企业生存和发展的社会经济状况及国家经济政策。社会经济状况包括经济要素的性质、水平、结构和变动趋势等多方面的内容，涉及国家、社会、市场及企业等多个领域。国家经济政策是国家履行经济管理职能、调控宏观经济水平和结构、实施国家经济发展战略的指导方针，对企业经济环境有着重要的影响。

企业经济环境是一个多元动态系统，主要由社会经济结构、经济发展水平、经济体制和宏观经济政策等四个要素构成。

1. 社会经济结构

社会经济结构又称国民经济结构，是指国民经济中不同经济成分、不同产业部门，以及社会再生产各个方面在组成国民经济整体时相互间的适应性、量的比例性及排列关联的状况。一般而言，社会经济结构主要包括五个方面的内容，即产业结构、分配结构、交换结构、消费结构和技术结构，其中最重要的是产业结构。

实践证明，社会经济结构如果出现问题，会导致相当范围与数量的企业不能正常生产经营，甚至造成国民经济的危机。企业应关注社会经济结构的变化动向，及时妥善调整企业的经营活动，主动适应宏观经济环境变化，才能保证企业的安全与健康，有时还能把握关键时机，开拓创新，推动企业的发展。

2. 经济发展水平

经济发展水平是指一个国家经济发展的规模、速度和所达到的水准。反映一个国家经济发展水平常用的主要指标有国内生产总值(GDP)、人均国民收入和经济增长速度等。对企业而言，从这些指标中可以认识国家经济全局发展状况，通过分析全国、各省市、整个产业的数据与企业自身的数据，以及一定时间间隔下数据的变化，可以从中认识到国家宏观经济形势以及企业自身的发展是否符合这一形势，避免与实际情况发生冲突。

3. 经济体制

经济体制是指国家组织经济的形式。经济体制规定了国家与企业、企业与企业、企业与各经济部门之间的关系，并通过一定的管理手段和方法，调控或影响社会经济流动的范围、内容和方式等。正因为如此，经济体制对企业生存与发展的形式、内容和途径都提出了系统的基本规则与条件。在经济体制改革过程中，企业应加强和重视对新经济体制的实质、形式及运行规律等方面的了解，把握并建立起新的体制意识，改变企业运行的方式与方法。

4. 宏观经济政策

宏观经济政策是国家在一定时期内为达到国家经济发展目标而制定的战略与策略，包括综合性的国家经济发展战略和产业政策、国民收入分配政策、价格政策、物资流通政策、金融货币政策、劳动工资政策、对外贸易政策等。宏观经济政策是国家根据一定时期经济领域中普遍存在的问题而提出的针对性政策，规定企业活动的范围、原则，引导和规范企业经营的方法，协调企业之间、经济部门之间、局部与全局之间的关系，保证社会经济正常运转，实现国民经济发展的目标和任务。

(三) 社会文化因素

社会文化因素包括文化传统、社会习俗、民族特色、宗教信仰、社会道德观念、公众价值观念、员工的工作态度以及人口统计特征等。变化中的社会文化因素会影响社会对企业产品或劳务的需求，也能改变企业的战略选择。具体表现在以下三个方面。

(1) 社会文化是人们的价值观、思想、态度和社会行为等的综合体。文化因素强烈地影响着人们的购买决策，进而影响着企业的经营方式。因此，企业必须了解社会行为准则、社会习俗和社会道德观念等文化因素的变化对企业的影响。

(2) 公众价值观念具体表现在人们对于婚姻、生活方式、工作、道德、性别角色、公正、教育和退休等方面的态度和意见。这些价值观念同人们的工作态度一起对企业的工作安排、作业组织、管理行为以及报酬制度等产生很大的影响。

(3) 人口统计特征是社会环境中的另一重要因素。据统计，我国人口结构趋于老龄化，青壮劳动力供应则相对紧张，从而影响企业劳动力的补充。但另一方面，人口结构的老龄化催生了老年人市场，这就为生产老年人用品和提供老年人服务的企业提供了发展的机会。

(四) 科学技术因素

科学技术因素是指企业所处的环境中的科技要素及与该要素直接相关的各种社会现象的集合，包括国家科技体制、科技政策、科技水平和科技发展趋势等。在科学技术迅速发展的今天，技术环境对企业的影响可能是创造性的，也可能是破坏性的，企业必须要预见新技术带来的变化，在战略上作出相应的战略决策和调整，以获得新的竞争优势。

科学技术因素不仅指那些引起划时代革命性变化的发明，而且包括与企业生产有关的新技术、新工艺、新材料的出现、发展趋势及应用前景。科学技术因素主要从以下两方面影响企业战略的选择。

1) 技术革新为企业创造了机遇

(1) 新技术的出现使得社会和新兴行业对本行业产品的需求增加，从而使得企业可以开辟新的市场，扩展新的经营范围。如历史上彩色胶卷、立体相机的问世。

(2) 技术进步可能使得企业通过利用新的生产方法、新的生产工艺过程或新材料等各种途径，生产出高质量、高性能的产品，同时也可能会使得产品成本大大降低。例如，互联网技术的广泛应用可以使企业在全球范围内实现最优成本采购和全球物流配送，同时也可使企业在不同的地点完成产品研发、设计、生产、销售和售后服务等不同的活动，以寻求产品的不断增值。

2) 新技术的出现也使企业面临着挑战

(1) 技术进步可能会对另一个产业构成威胁。如塑料制品业的发展就在一定程度上对钢铁业形成了威胁，许多塑料制品成为钢铁产品的替代品。

(2) 竞争对手的技术进步可能使得本企业的产品或服务陈旧过时，也可能使得本企业的产品价格过高，从而失去竞争力。如在国际贸易中，某个国家在产品生产中采用先进技术，会导致另一个国家的同类产品的价格过高。

因此，要认真分析科学技术因素对企业带来的影响，认清本企业和竞争对手在科学技术上的优势和劣势。

第二节　行业(产业)环境分析

一、行业(产业)环境分析概述

行业是企业生存与发展的空间，也是对企业生产经营活动最直接发生影响的外部环境。所谓行业，一般认为是同类企业组成的总体。一般以下列一个或几个标志作为划分同类企业的依据：产品的经济用途相同或相近；使用的主要原材料相同；生产工艺过程的性质相同。

与宏观环境不同的是，行业环境只对处于某一特定行业内的企业以及与该行业存在业务关系的企业发生影响。企业在制定与实施战略管理时需要认真地分析与研究自己的行业环境，探讨获得竞争优势的可能性，行业(产业)环境分析内容如图 2-3 所示。以下重点从行业(产业)总体状况和行业竞争力两部分展开详细介绍。

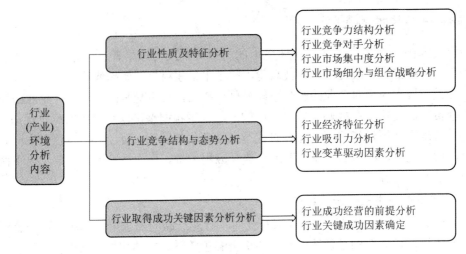

图 2-3　行业(产业)环境分析内容

二、行业(产业)总体状况分析

(一) 产业性质分析

在进行产业性质分析时，要注意考察以下三方面的内容。

(1) 考察产业所用生产要素的配合比例。根据生产要素的密集程度划分，可以分为劳动密集型产业和资本密集型(技术密集型)产业。

(2) 考察产业内企业的数量和规模分布。有些产业如农副产品加工和经营、饮食服务、零售业和修配服务等，一般不存在规模经济优势，不需要大量投资，服务对象为当地消费者，企业进入和退出都不难，因而往往拥有大量企业，不存在能左右整个产业活动的市场领先者，这些产业被称为分散型产业。产业的市场近似于完全竞争市场。有些产业如石油采掘和加工、钢铁和有色金属冶炼、铁路运输和航空航天等，因原始投资很大，存在规模经济优势，企业进入和退出都很难，一般只有少量的企业。这些企业规模都很大，且实力都比较均衡，那些规模较小的企业最终会被兼并或淘汰，这些产业可称为集中型产业。产业的市场属于寡头垄断市场。通过考察企业的数量和规模，以便分析企业自身在产业中的地位，从而帮助企业考虑其竞争战略。

(3) 考察产业在国民经济中的地位和作用。这方面主要考察内容为：产业的产值(总产值、净产值)、上缴利税额和吸纳劳动力的数量，在国家或地方国民生产总值、财政收入和劳动就业总量中的比重；产业的现状和未来发展对国民经济和其他产业发生影响的程度；产业在国际市场上竞争、创汇的能力以及在国内市场上同国外厂商的竞争能力。

(二) 产业发展阶段分析

产业发展阶段主要通过产业生命周期来进行分析。

1. 产业生命周期阶段的划分

产业生命周期分为四个阶段：导入期(萌芽期)、成长期、成熟期和衰退期。

(1) 导入期(萌芽期)。这一时期，有较多的小企业出现，企业的竞争压力较小，在营销上侧重于广告宣传，增进顾客对产品的了解。

(2) 成长期。这一时期，产品已较完善，顾客对产品有所认识，产品市场迅速扩大，企业的销售额和利润迅速增长；同时，产业的规模日益扩大，竞争日趋激烈。

(3) 成熟期。这一时期，市场已趋于饱和，销售额已难以增长，甚至会出现下降趋势；产业内部竞争异常激烈，企业合并、兼并大量出现，产业逐步由分散走向集中。

(4) 衰退期。这一时期，市场相对萎缩，产业规模也在缩小，企业利润急剧下降，这一阶段的产业即所谓的"夕阳产业"。

2. 产业生命周期理论的评价

产业生命周期理论的评价主要体现在以下四个方面。

(1) 各阶段的持续时间随产业的不同而有很大差别。由于不同国家甚至同一国家的不同企业，各产业所处阶段不相同等原因，导致产业生命周期理论的作用被削弱。

(2) 产业的发展并不总是经过萌芽期、成长期、成熟期和衰退期四个阶段，有时也会跳过某个阶段直接进入下个阶段，有时产业的发展在经过一段时期衰退后又重新回升至成长期或成熟期。

(3) 在有些产业，企业可通过产品创新来扩大产品的用途，从而影响和延长产业生命周期，特别是延长成熟期。

(4) 每一阶段的竞争情况，也因产业而异，有些产业的发展自始至终都比较集中，有些产业则由分散走向集中，之后又走向分散。

3. 产业生命周期理论的应用

企业在分析产业的发展阶段时，应结合本产业的实际发展情况判断企业所处阶段。若本产业属于新兴产业，则为企业提供了发展机会，企业应采取扩张战略；如已进入成熟阶段，则企业会面临激烈竞争的威胁，应采取巩固战略；如已属于衰退产业，则可以考虑转产。

此外，企业还可以考虑其他产业特别是相关产业的发展阶段，为必要时调整经营范围进入该产业，做好事先准备。

三、行业竞争力分析

行业竞争力分析主要是分析本行业中的企业竞争格局以及本行业和其他行业的关系。行业的结构及竞争性决定了行业的竞争原则和企业可能采取的战略。因此，行业竞争力分析是企业制定战略的基础。

哈佛大学的迈克尔·波特在20世纪80年代提出的分析行业竞争力的"五种基本竞争力量模型"(简称五力模型)成为竞争分析的主要工具，并为人们广泛关注和使用，如图2-4所示。

按照波特的观点，一个行业中的竞争远不止于在原有竞争对手中进行，而是存在着五种基本的竞争力量，它们分别是现有竞争者之间的竞争、行业新加入者的威胁、替代产品的威胁、购买商讨价还价的能力以及供应商讨价还价的能力。这五种基本竞争力量的状况及其综合强度决定着行业的竞争激烈程度，决定着行业中获得利润的最终潜力。

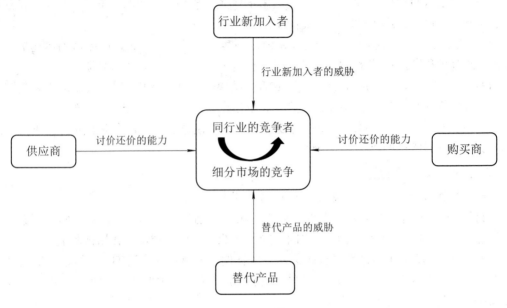

图 2-4　五力模型

　　不同行业的竞争力量的综合强度是不同的，所以各行业获得利润的最终潜力也不同。行业竞争力量的综合强度有激烈和缓和之分。在竞争激烈的行业中，一般不会出现某家企业获得惊人的收益状况；在竞争相对缓和的行业中，各企业普遍可能获得较高的收益。

　　另外，行业中竞争的不断进行会导致投资收益率下降，直至趋近于竞争的最低收益率。若投资收益率长期处于较低水平，企业会将资本投入其他行业，甚至还会引起现有企业停止经营，而在相反情况下，将会刺激资本流入该行业。资本流入方式主要有新加入者带入和现有竞争者增加投资。所以，行业竞争力量的综合强度决定资本向本行业的流入程度，决定企业是否能够拥有高收益的能力。

(一) 现有竞争者之间的竞争

　　现有竞争者之间采用的竞争手段主要有价格战、广告战、引进产品以及增加对消费者的服务和保修等。竞争的产生是由于一个或多个竞争者感受到了竞争的压力，或看到了改善其地位的机会。如果一个企业的竞争行动对其竞争对手有显著影响就会招致报复或抵制。在下列情况中，现有企业之间的竞争会变得很激烈。

　　(1) 有众多势均力敌的竞争者。当行业中的企业为数众多时，必然会有一定数量的企业为了占有更大的市场份额和取得更高的利润，而突破本行业规定的一致行动的限制，采取打击、排斥其他企业的竞争行为。这会造成在现有竞争者之间形成激烈的竞争。即便在企业为数不多的情况下，若各企业的实力相当，由于它们都有支持竞争和进行强烈反击的资源，也会使现有企业间竞争激烈化。

　　(2) 行业增长缓慢。在行业增长缓慢的情况下，企业为了寻求发展，便将力量放在争夺现有市场的占有率上，从而使现有企业的竞争激烈化。在行业快速增长的情况下，行业内各企业可以与行业同步增长，而且企业还可以在发展的过程中充分地利用自己的资源，这样企业之间的竞争就不会激烈。

(3) 行业的产品具有非常高的固定成本和库存成本。当产品的固定成本较高时，企业为降低单位产品的固定成本，会采取增加产量的措施。企业的这种发展趋势会使生产能力过剩，从而加剧现有竞争者之间的竞争。若产品的库存成本极高，企业也会为尽快把产品销售出去而大幅降价，最终导致竞争加剧。

(4) 行业的产品没有差别或没有行业转换成本。当产品或劳务缺乏差异时，购买者的选择是价格和服务，这就会使生产者在价格和服务上展开竞争，使现有企业之间的竞争激化。同样，转化成本低时，购买者有很大的选择空间，也会产生相同的作用。

(5) 行业总体生产规模扩大和生产能力大幅提高。随着生产规模不断扩大以及生产能力的提高，就必然会打破行业的供需平衡，使行业产品供过于求，迫使企业不断进行降价销售，强化了现有企业之间的竞争。

(6) 竞争者战略选择的多样化。企业如果把市场当作解决生产能力过剩的出路，就会采取倾销过剩产品的方法。多样化经营的企业，若把某行业经营的产品视为厚利产品，就会采取扩大或巩固销售量的策略，尽力促使该行业的稳定。小型企业为了保持经营的独立性，可能情愿取得低于正常水平的收益来扩大自己的销路，所有这些行为都会引起企业竞争的激烈化。

(7) 企业在该行业的成功概率高。行业对企业的兴衰至关重要，如果取得成功的可能性大，那么行业中企业之间的竞争就会更加激烈。例如，一个多样化经营的公司可能将成功的重点放在某一特定产业中，以推动公司整体战略的成功。

(8) 行业的退出障碍大。退出障碍是指经营困难的企业在退出行业时所遇到的困难。退出障碍主要由以下原因造成：① 专业化的固定资产，这种固定资产其清算价值低或转换成本高；② 退出的费用高，如较高的劳动合同费、安置费和设备配件费等；③ 企业的协同关系，如果企业的某一经营单位退出，就会破坏这种关系；④ 感情上的障碍，如退出某一行业影响员工的忠诚，对个人前途充满畏惧等；⑤ 政府和社会的限制，如因失业问题、地区经济影响问题，政府反对或劝阻企业退出某一行业。当退出障碍高时，经营不好的企业只得继续经营下去，这样就使现有企业的竞争激烈化。

(二) 行业新加入者的威胁

行业新加入者的威胁主要是由于新加入者进入该行业，会带来生产能力的扩大，带来对市场占有率的要求，这必然引起与现有企业的激烈竞争，使产品价格下跌；行业新加入者要获得资源进行生产，从而可能使行业生产成本升高，导致行业获利能力下降。行业新加入者威胁的状况取决于进入障碍和原有企业的反击程度。如果进入障碍高，原有企业激烈反击，新加入者难以进入该行业，新加入者的威胁就小。决定进入障碍大小的主要因素有以下五个。

1. 规模经济

规模经济是指生产单位产品的成本随生产规模的增加而降低。规模经济的作用是迫使行业新加入者必须以大的生产规模进入，并面临现有企业强烈反击的风险；或者以小的规模进入，但要长期忍受产品成本高的劣势，这两种情况都可能会使行业新加入者望而却步。

规模经济形成的进入障碍表现在诸多方面：① 企业的某项职能或某几项职能，如在生产、研究与开发、采购、市场营销等职能上的规模经济，都可能是进入的主要障碍；

② 某种或某几种经营业务活动，如在钢铁联合生产中，高炉炼铁和炼钢生产这两种生产活动能产生规模经济，从而会成为竞争者的进入障碍；③ 联合成本，如企业利用生产主产品时产出的副产品创造经济效益从而降低生产成本，形成成本优势；④ 纵向联合经营，如从矿山开采、烧结直至轧制成各种钢材的纵向一体化钢铁生产。

2. 产品差异优势

产品差异优势是指原有企业所具有的产品商标、信誉和用户的忠诚度。产品差异优势形成的进入障碍是指迫使行业新加入者要付出很大代价来树立自己的信誉和克服现有用户对原有产品的忠诚度。这种投资具有特殊风险，通常是以亏损为代价，而且要花费很长时间才能达到目的。这一壁垒在保健品和化妆品行业尤为重要。

3. 资金需求

资金需求形成的进入障碍是指在行业中企业经营不仅需要大量资金，而且资金投资风险大，通过增加企业经营中的资金需求对行业新加入者造成障碍。企业经营需要大量资金的原因是多方面的，如购买生产设备、用户信贷、存贷经营和弥补投产亏损等业务都需要资金。

4. 转换成本

转换成本是指购买者将一个供应商的产品转到另一个供应商的产品所支付的一次性成本，包括重新训练业务人员，增加新设备，检测新资源的费用以及产品的再设计等。如果转换成本会造成购买者对变换供应者的抵制，行业新加入者则需要用大量时间和特殊服务消除这种抵制。

5. 销售渠道

销售活动是指产品或服务从生产领域经由中间商转移至消费领域的活动。行业新加入者需要通过让价、合作广告和津贴等方法打破原企业建立的销售渠道障碍。

除了以上主要因素之外，还会有一些因素会造成行业新加入者的进入障碍，包括专利产品技术、独占最优惠资源、占据市场的有利位置、政府补贴、学习经验曲线以及政府的某些限制政策等。

(三) 替代产品的威胁

替代产品是指那些与本行业的产品有同样功能的其他产品。替代产品的价格如果比较低，一旦投入市场，就会使本行业产品的价格上限只能处在较低的水平，这就限制了本行业的收益。替代产品的价格越是有吸引力，这种限制作用也就越牢固，对本行业构成的压力也就越大。正因为如此，本行业与生产替代产品的其他行业进行的竞争，常常需要本行业所有企业采取共同措施和集体行动。

企业在进行这种竞争中应注意：当出现的替代产品是一种顺应潮流的产品并且具有强大成本优势时，或者替代产品是实力雄厚、获利水平高的行业生产的，在这种情况下，采取排斥的竞争战略不如采取引进的战略更为有利。

特别值得注意的是，替代产品对本行业的影响往往是致命的，但却常常被忽略。如数码相机对传统相机的替代致使提供胶卷的柯达公司陷入危机。还有我们熟知的 DVD、VCD 对 VCR(录放机)的替代，以及 MP3、MP4、智能音箱和手机等的兴起。

(四) 购买商讨价还价的能力

购买商若要求降低购买价格，要求高品质的产品和更多的优质服务，则行业的竞争者们将互相残杀，导致行业利润下降。在下列情况下，购买商有较强的讨价还价能力。

(1) 购买商相对集中并且大量购买。如果购买商集中程度高，由几家大公司控制，这就会提高购买商的地位。如果销售者行业急需补充生产能力，那么购买量大的购买商就处于有力的竞争地位。如家电连锁业寡头国美和苏宁，相对于家电制造厂商具有非常强的讨价还价能力。

(2) 购买商所购买产品在消费中占比高。如果购买商购买的产品在购买商全部费用或全部购买量中占比很大，这时，购买商对价格通常比较敏感，购买商讨价还价的意愿比较大。反之，如果购买商购买的产品只占购买商全部费用的一小部分，那么购买商通常对价格就不敏感，无须讨价还价。

(3) 购买商的选择余地大。购买商从该行业购买的产品属于标准化或无差别的产品，在这种情况下，购买商确信自己总是可以找到可挑选的销售者，使销售者之间互相倾轧。

(4) 购买商的行业转换成本低。高的转换成本导致购买商只能选择特定的销售者；相反，如果转换成本低，购买商讨价还价的能力就大。

(5) 购买商的利润很低。低盈利的购买商会千方百计地压低购买费用，要求降低购买价格。高盈利的购买商通常对价格不太敏感，同时他们还可能从长计议考虑维护与供应商的关系和利益。

(6) 购买商具有强大的垂直整合能力。如果购买商能够通过后向一体化取代供应商的角色，那么购买商计价还价的能力将会提高。如果购买商拒绝采购供应商的产品，可以选择寻找另一位供应商或自己生产。如零售商可以通过制造和促销自有品牌的产品来提高与制造商的谈判能力。

(7) 销售者的产品对购买商的产品质量无关紧要。如果销售者的产品对购买商的产品质量影响很大，购买商一般在价格上不太敏感。如果销售者的产品对购买商的产品质量无关紧要，购买商讨价还价能力就比较强。

(8) 购买商拥有充分的信息。购买商对于供应商及其价格和成本结构信息知道得越全面，在讨价还价时就越有优势。清楚地了解供应商的产品、价格和成本结构信息，会使购买商在与供应商进行价格谈判时针对性更强。购买商拥有的信息越全面，所处的地位就越高。

(五) 供应商讨价还价的能力

供应商讨价还价的能力会影响产业的竞争程度，供应商对某一行业的潜在利润有相当重要的影响。合理的价格、更好的质量、新服务项目的开发、送货及库存成本的降低，常常使供应商和生产商受益。供应商的威胁手段，一是提高供应产品或服务的价格，二是降低供应产品或服务的质量，从而使下游行业利润下降。在下列情况下，供应商有较强的讨价还价能力。

(1) 供应商数量有限。当供应商所在的行业由几家公司控制，其集中化程度高于购买商的集中程度。因此，供应商能够在价格、质量等条件上对购买商施加压力。

(2) 无替代产品竞争。供应商无需与替代产品进行竞争。如果存在着与替代产品的竞争,即使供应商再强大有力,其竞争能力也会受到牵制。

(3) 供应商在销售中占比不大。当供应商向一些行业销售产品且每个行业在其销售额中占比不大时,供应商更易于应用他们讨价还价的能力。反之,如果某行业是供应商的重要主顾,供应商就会为了自己的发展采用公道的定价以及研究与开发、疏通渠道等援助活动来保护购买商。

(4) 产品对购买商很重要。对买主来说,供应商的产品是很重要的生产投入要素。这种投入对于购买商的制造过程或产品质量有重要的影响,这样便增强了供应商讨价还价的能力。

(5) 购买商的转换成本高。不同供应商的产品是有差别的,这会使购买商的转换成本提高,这样购买商便不会设想"打供应商的牌"。

(6) 供应商拥有前向一体化的能力。如果供应商能够通过前向一体化进行下游行业的生产过程,那么供应商就拥有较强的议价能力,并对下游厂商构成严重威胁。这样,购买商若想在购买条件上讨价还价,就会遇到困难。

第三节　经营环境分析

经营环境分析即市场分析,主要内容包括竞争对手分析、竞争地位和客户分析,具体如表 2-1 所示。

表 2-1　经营环境分析的主要内容

竞争对手分析	竞争地位	客户分析
(1) 五力模型中的同业竞争因素提供了对竞争者的一般了解,但是更重要的是,应当在企业所在行业内的主要市场中,为每个主要竞争对手都建立一个具体档案; (2) 直接竞争对手是指那些向相同的消费者销售基本相同的产品或提供相同的服务的竞争者; (3) 分析对手的目的在于建立自身竞争优势,包括价格、产品范围、制造质量和服务水平等	(1) 并非所有的竞争对手之间都是直接互相竞争的; (2) 竞争对手会有许多不同的分组,在相似产品、市场类别中都遵循相似战略的群组被称为战略群; (3) 只有处于同一个战略群的企业才是真正的竞争对手	(1) 通过客户分析,对客户的主要特征及客户如何做出购买决定进行描述; (2) 对客户的分析包括消费细分、消费动机以及客户未满足的需求; (3) 消费细分变量包括用途、地点、价格敏感度、福利要求、企业类型、客户观念和态度等; (4) 消费动机分析包括关心客户的选择和他们所喜欢的品牌,最看重的产品或服务,客户的目标以及动机的变化; (5) 未满足的需求表明企业拥有进入市场或增加市场份额的机会,同时也表明企业正面临的威胁

一、竞争对手分析

竞争对手是企业经营行为最直接的影响者和被影响者,这种直接的互动关系决定了竞争对手分析在外部环境分析中的重要性。

分析竞争对手的目的在于以下三个方面:了解每个竞争对手所可能采取的战略行动及

其实质和成功的希望；各竞争对手对其他公司的战略行动可能作出的反应；各竞争对手对可能发生的产业变迁和环境大范围的变化可能作出的反应。

如果一个企业不监测其主要竞争对手的各种行为，不分析、理解其经营战略，不预测竞争对手下一步可能采取的行动，那么就不可能战胜竞争对手。从这一点来说，更加深刻准确地理解竞争对手，甚至比了解自己更为重要。

根据波特对竞争对手的分析模型，对竞争对手的分析内容主要有竞争对手的未来目标、竞争对手的假设、竞争对手的现行战略和竞争对手的能力四种要素，对竞争对手的分析内容示意图如图 2-5 所示。

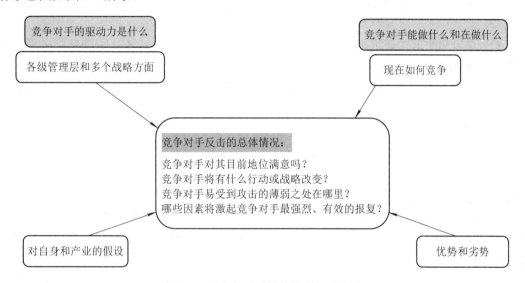

图 2-5　对竞争对手的分析内容示意图

1. 竞争对手的未来目标

企业通过分析和了解竞争对手的未来目标，有利于预测竞争对手对其自身的定位和检测其财务成果的满意度，有助于推断竞争对手改变竞争战略的可能性和对其他企业战略行为的反应程度。企业对竞争对手未来目标的分析包括以下关键问题。

(1) 竞争对手追求的市场地位的总体目标是什么？

(2) 竞争对手各管理部门对未来的目标是否取得一致性意见？如果有分歧，是否可能导致企业战略上的突变？

(3) 竞争对手的当前财务目标及未来财务目标是什么？

(4) 竞争对手核心领导的个人行为对整个企业未来目标影响如何？

2. 竞争对手的假设

假设是企业采取各种行为的基本依据，因此了解竞争对手的假设，有助于正确判断竞争对手的真实意图。竞争对手的假设有以下两类。

(1) 竞争对手对自己的假设。每个企业都对自己的情况有所假设。例如，企业将自身假设成为社会上知名的企业、产业霸主、低成本生产者、具有最优秀的销售队伍等，这些对于该企业的假设将指导它的行动方式和反击方式。

(2) 竞争对手对产业及产业中其他企业的假设。企业通过对所有假设的检验能发现竞争对手的管理人员在认识企业环境的方法中所存在的偏差及盲点，找出这些盲点可帮助企业采取不大可能遭到反击的行动。

3. 竞争对手的现行战略

对竞争对手分析的第三个要素是列出每个竞争对手现行战略的清单。对竞争对手进行现行战略的分析，实际上就是看他正在做些什么，正在想些什么。企业对竞争对手的现行战略的分析包括以下四个方面。

(1) 竞争对手的市场占有率如何，产品在市场上是如何分布的，采取什么销售方式，有何特殊销售渠道和促销策略？

(2) 竞争对手的研究开发能力如何，投入资源如何？

(3) 竞争对手的产品价格是如何制定的，在产品设计、要素成本、劳动生产率等因素中哪些因素对其成本影响较大？

(4) 竞争对手所采取的一般竞争战略属于成本领先战略，或者是特色经营战略，还是集中一点战略？

4. 竞争对手的能力

对竞争对手的能力进行客观评价，是竞争对手分析过程中的一项重要内容，因为竞争对手的能力将决定其对战略行动作出反应的可能性、时间选择、性质和强度。对竞争对手的能力分析包括以下五个方面。

(1) 核心能力：如竞争对手在各职能领域中业务能力如何，最强之处是什么，最弱之处在哪里，随着竞争对手的成熟，这些能力是否可能发生变化，是随时间的推移而增强还是减弱。

(2) 增长能力：如竞争对手发展壮大的能力如何，竞争对手在人员、技术和市场占有率等方面的增长能力如何，竞争对手在财务方面、对外筹资方面是否能支持增长能力，竞争对手在哪些方面能持续增长。

(3) 快速反应能力：如竞争对手迅速对其他公司的行动作出反应的能力如何，或立即组织防御的能力如何。

(4) 适应变化的能力：如竞争对手能否适应诸如成本竞争、服务竞争、产品创新、营销升级、技术变迁、通货膨胀和经济衰退等外部环境的变化，有没有严重的退出障碍。

(5) 持久力：竞争对手维持长期较量的能力如何，为维持长期较量会在多大程度上影响收益。

〰〰〰 **知识链接** 〰〰〰〰〰〰〰〰〰〰〰〰〰〰〰〰〰〰〰〰〰〰〰〰〰〰〰〰〰〰〰

侦察竞争对手的方法

侦察竞争对手的方法主要有以下 18 种：

(1) 收购竞争对手的垃圾；

(2) 购买竞争对手的产品加以剖析；

(3) 匿名参观竞争对手的工厂；

(4) 在港口或火车站记录竞争对手运货车的数量；

(5) 从空中对竞争对手的工厂拍照并加以研究；

(6) 分析竞争对手的招工合同；

(7) 分析竞争对手的招工广告；

(8) 询问顾客或经销商关于竞争对手产品销售的情况；

(9) 派人参加竞争对手的经营活动或其主要顾客的经营活动；

(10) 询问竞争对手的供应商，以了解其产品的生产量；

(11) 为了解竞争对手的价格而冒充顾客议价；

(12) 与竞争对手的主要顾客交谈以套取情报；

(13) 收买竞争对手以前的雇员；

(14) 通过咨询人员参观竞争对手的工厂来了解情况；

(15) 收买竞争对手的职工；

(16) 用假招工的方法接触竞争对手的职工；

(17) 指派技术人员参加行业或技术会议，询问竞争对手的技术人员；

(18) 收买那些在竞争对手企业内没有得到善待或与其主要领导人有矛盾的人。

二、竞争地位

竞争地位是指企业在目标市场中所占据的位置，是企业规划竞争战略的重要依据。

企业的竞争地位不同，其竞争战略也不同。竞争地位并不是一成不变的，今日的市场主宰者不一定是明天的行业老大。因此，市场主宰者竭力维护自己的领导地位，其他竞争者则拼命往前赶，努力改变自己的地位。正是这种激烈的市场竞争，促使企业争创竞争优势，占据市场有利位置，从而推动行业和社会的发展。企业在目标市场中的竞争地位主要根据其所拥有的竞争优势和劣势来确立，对竞争优势和劣势进行衡量和评价后，企业可以根据评价结果测定自己在市场中的竞争地位。

当然，在同行业中，并非所有的竞争对手之间都是直接互相竞争的。竞争对手会有许多不同的分组，战略分组的基本思路是把战略特征相似的企业划分成一组，每个组被称为一个战略群。战略群是同一产业中具有某些相同特性的企业组成的群体。这些相同特性常表现在产品种类、产品的地域覆盖面、销售渠道、产品品质、所用技术、纵向整合程度和研发投入强度等。

战略群可以被看作产业的次结构。在一个产业中，每个群组在相似产品、市场类别中都遵循相似战略，同一个战略群企业间的竞争更加直接，企业在战略分析时要特别关注。通过对战略群的分析，企业可以更清楚地看清一个领域中的竞争格局。只有处于同一个战略群的企业才是真正的竞争对手。

三、客户分析

所谓客户分析，就是了解谁是客户，他们在哪里，他们看中的是什么，他们通过什么形式购买，能买多少，通过明确客户的需求从而决定企业的生产或提供服务。因为只有客户的购买，才能使经济资源转化为财富。由此可见，企业想生产什么产品往往是基于客户的需求和认知价值。因此，客户分析就显得特别重要。

客户分析过程包括三方面：客户需求分析、客户行为分析和客户让渡价值分析。企业通过对客户需求的挖掘和识别，了解客户需要什么，需要多少，为制定市场战略提供依据；通过对客户行为的分析，了解客户以什么样的形式购买，为制定准确、有效的市场战略提供支持；同时以客户所提供的市场反馈为基础，再一次进行客户盈利能力评估，为改进服务和客户关系管理提供依据。

（一）客户需求分析

在进行客户需求分析时，首先要确定企业的目标客户是谁，然后根据目标客户的不同需求，将目标客户划分为不同的群体，并把具有相似需求的群体集中起来，形成独立的、可识别的客户群，也就是市场细分。企业需要将其产品销售给特定的客户群，客户需求不同，对应的市场战略也应有所不同，下面对常见的八种不同客户需求状况以及相应对策进行分析。

1. 负需求

负需求是指绝大多数人对某个产品感到厌恶而回避购买的一种需求状况。在这种情况下，企业应重点分析客户为什么不喜欢这种产品，以及是否可以通过对产品进行重新设计、降低价格和更加积极推销等措施来改变市场和需求。

2. 无需求

无需求是指目标市场对产品毫无兴趣或漠不关心的一种需求状况。在这种情况下，企业应尽可能地将产品的优势同消费者的自然需求和兴趣联系起来。

3. 潜在需求

潜在需求是指相当一部分消费者对某物有强烈的渴求，而现有产品或服务又无法使之满足的一种需求状况。在这种情况下，企业应衡量潜在市场的范围，开发有效的产品或服务来满足这些需求。

4. 下降需求

下降需求是指市场对一个或几个产品的需求呈下降趋势的一种需求状况。在这种情况下，企业应分析需求下降的原因，并通过开辟新的目标市场，改变产品特点，或者采取更有效的沟通手段来重新刺激需求，扭转需求下降的趋势。

5. 不规则需求

不规则需求是指某些产品或服务的市场需求在一年里的不同季节，或一周中的不同日子，甚至一天里的不同时间上下波动很大的一种需求状况。在这种情况下，企业可以通过灵活定价、推销和其他刺激手段来改变需求的时间模式，鼓励淡季消费，变不规则需求为均衡需求。

6. 充分需求

充分需求是指某种产品或服务的目标需求水平和时间等于预期的需求水平和时间的

一种需求状况。在客户偏好发生变化和竞争日益激烈时，企业应努力维持现有的需求水平。企业必须保证产品或服务的质量，不断提高客户的满意程度。

7. 过量需求

过量需求是指某种产品或服务的市场需求超过了企业所能供给或所愿供给的水平的一种需求状况。在这种情况下，企业应尽量降低盈利较少和需求不大的产品或服务的市场需求水平。

8. 有害需求

有害需求是指市场对某些有害产品或服务的一种需求状况。在这种情况下，企业应劝说喜欢这些产品的客户放弃这种需求。

(二) 客户行为分析

客户行为分析是研究个人、集团和组织究竟怎样选择、购买产品或服务，以满足其需要的活动。分析客户行为的目的在于掌握客户的购买动机和对产品的具体要求，勾画出典型的客户形象，从而为有针对性地开展产品开发和市场营销活动提供参考资料。客户的购买行为，即消费主体通过支出(包括货币或信用)而获得所需产品或劳务的选择过程。这个过程的形成与发展受许多因素影响，其中主要有文化因素、个人因素、心理因素和社会因素。

1. 客户行为分类

对客户的了解包括很多内容，这里重点分析客户的行为分类。按客户购买行为的不同，可将所有客户划分为企业品牌客户、竞争品牌客户、随机流动客户和潜在市场客户四类。对于不同的客户，提升客户回头率与引见率的对策也应不同。

～～～ 知识链接 ～～～～～～～～～～～～～～～～～～～～～～～～～

客户行为分类

按客户购买行为的不同，可将所有客户划分为：
(1) 企业品牌客户：只使用本企业品牌的客户；
(2) 竞争品牌客户：使用其他品牌而不使用本企业品牌的客户；
(3) 随机流动客户：不偏好于任一特定品牌的客户；
(4) 潜在市场客户：尚未购买此类产品或服务的人。

提升客户回头率与引见率的对策

对于不同的客户，提升客户回头率与引见率的对策主要有：
(1) 潜在市场：先期投入，市场储备；
(2) 企业品牌：建立与维持习惯；
(3) 竞争品牌：激发试用、增加购买、建立忠诚；
(4) 流动品牌：获取或扩大使用率。

～～～～～～～～～～～～～～～～～～～～～～～～～～～～～～～～～～～

2. 购买决策过程

客户作出购买决策的过程，可能有很多人参与，也可能只有一个人参与。因此，在这一过程中客户会扮演不同的角色，主要的角色可以分为五种：一是发起者，即首先提出或有意购买产品或服务的人；二是影响者，则其看法或建议对购买决策有影响的人；三是决策者，即对是否买、为何买、怎样买和哪里买等问题进行最后决定的人；四是购买者，即实际采购的人；五是使用者，即所购产品或服务的实际消费和使用的人。

无论是何种角色的客户参与购买决策过程，都可以分为以下五个阶段，如图 2-6 所示。

图 2-6　客户参与购买决策过程的五个阶段

(三) 客户让渡价值分析

当今的客户已不再是产品与服务的被动接受者，他们比以往掌握着更多的知识、信息与技能，更热衷于学习与实践，在日趋广泛的产品选择中享有主动权。谁能够争取客户、维系客户，谁就能够获得持久的竞争优势，在激烈的市场竞争中立于不败之地。

1. 客户让渡价值

客户让渡价值是指总客户价值与总客户成本之差。总客户价值是客户从某一特定产品或服务中获得的一系列利益；总客户成本是在评估、获得和使用该产品或服务时引起的客户预计费用。因此，客户在选购产品时，往往从价值与成本两方面进行比较，从中选择价值最高、成本最低的产品，即客户让渡价值最大的产品。

(1) 总客户价值。总客户价值由产品价值、服务价值、人员价值、形象价值四个方面构成。产品价值是由产品的质量、功能、规格和样式等因素产生的价值。产品价值是满足客户需求的基础，产品价值的高低是客户选择产品或服务时考虑的重要因素。服务价值是指企业向客户提供满意服务所产生的价值。服务价值是构成客户总价值的重要组成部分，也是满足客户、建立客户对商品忠诚度的重要因素。人员价值的含义十分广泛，主要指的是服务人员的可靠性、响应性、安全性和移情性。具体地来说，人员价值一般包括企业员工的经营思想、知识水平、业务能力、工作效率与质量、经营作风和应变能力等所产生的价值。形象价值是指企业及其产品在社会公众眼中形成的总体形象所产生的价值。

(2) 总客户成本。总客户成本由货币成本、时间成本、体力成本和精力(精神)成本四个方面构成。货币成本是指购买行为的金钱支出。客户购买产品时首先要考虑货币成本的高低，因而货币成本是构成总客户成本的主要和基本因素。时间成本是指客户为想得到所期望的产品或服务而必须处于等待状态的时期和代价。时间成本是客户满意和价值的减函数，在客户价值和其他成本一定的情况下，时间成本越低，客户购买的总成本越小，客户让渡价值越大；反之，客户让渡价值越小。体力成本和精力(精神)成本是指客户购买产品时，在体力、精力方面的耗费与支出。在客户总价值与其他成本一定的情况下，体力成本与精力(精神)成本越小，客户为购买产品所支出的总成本越低，客户让渡价值越大。因此，企业如何采取有力的营销措施，从企业经营的各个方面和环节为客户提供便利，使客户以最小的成本耗费取得最大的实际价值，是每个企业需要深入探究的问题。

2. 客户让渡价值与购买行为

客户在购买产品时，会很自然地将效用与成本进行比较，如果效用大于成本，即客户让渡价值为正时，才有可能进行购买决策，实现购买行为；如果成本大于效用，即客户让渡价值为负时，则会放弃购买决策，很难发生购买行为。

~~~ 案例赏析 ~~~

为何愿意多付 20 元？

某一顾客欲购买一套杉杉牌西装，在毗邻的两个商店进行了考察。甲店是名牌商店，乙店是一般的百货商店。同样的服装，甲店比乙店贵 20 元。该顾客考虑再三，还是选购了甲店的西装。当别人问起为什么愿意多付 20 元时，顾客回答说：虽然多付了 20 元，但在甲店购买放心，且服务态度好。从货币价值来看，顾客吃亏了。但顾客感受到的服务价值、人员价值、形象价值远远超过 20 元的货币价值。因此，甲店的顾客让渡价值大于乙店的顾客让渡价值。

了解客户让渡价值理论，主要要明白两点：一是顾客在信息基本透明的情况下，会以客户让渡价值最大化作为购买决策的主要依据；二是整体客户价值和整体客户成本都是包含多种因素的综合体，而不仅仅是产品效用和产品价格之间的简单比较。企业的决策者必须在总客户价值和总客户成本之间进行估算并考虑它们与竞争者的差别，以明确自己所提供的产品或服务如何推向市场销售。

如果决策者通过估算认为所售产品或服务在让客户渡价值上缺乏优势，则应该在努力增加总客户价值的同时降低总客户成本。前者要求强化或扩大产品的服务价值、人员价值和形象价值；后者要求减少顾客的货币成本、时间成本、体力成本和精力成本，如降低价格，简化订货和送货程序，实行上门安装调试；提供担保从而减少顾客风险等。

第四节　企业外部战略环境分析方法

一、战略环境要素评价模型

当企业在找出战略环境要素，收集有关信息，预测关键要素的变化后，借助战略环境要素评价模型(见表 2-2)可以帮助企业战略管理者对上述分析工作进行概括和进一步分析。其具体步骤如下。

(1) 列出企业的主要机会和威胁(一般应控制在 5～20 个之间)。

(2) 确定每个因素的权重。权重的大小说明这个因素在一个行业中对企业成功的重要性。权重应在 0.0(不重要)～1.0(很重要)之间，各个因素权重之和应等于 1。

(3) 按四分制给每个因素打分，以表明这个因素是企业的重大威胁(1 分)、轻度威胁(2 分)、一般机会(3 分)和重大机会(4 分)。

(4) 计算每一因素的权重和分数，得到某一因素的加权分数。

(5) 将每一因素的加权分数加起来，其总和就是一个企业的总加权分数。

若企业的总加权分数为 4 分，说明企业正处在有吸引力的行业，而且有许多外在机会；若企业的总加权分数为 1 分，说明企业正处在无吸引力的行业，而且面临许多严重的威胁。

表 2-2　战略环境要素评价模型示例

关键战略环境要素	权数	分数	加权分数
利率上升	0.20	1	0.20
美国人口向西部转移	0.10	4	0.40
政府放松管制	0.30	3	0.90
一个主要对手采取扩张战略	0.20	2	0.40
信息系统计算机化	0.20	4	0.80
总加权分数	1.00		2.70

二、行业关键要素评价矩阵

行业关键要素评价矩阵是通过对行业关键战略要素的评价分值比较，展示出行业内各竞争者之间的相对竞争力量的强弱，所面临的机会与风险的大小，从而为企业制定经营战略提供一种用来识别本企业与竞争对手各自竞争优势和劣势的工具。建立行业关键要素评价矩阵的步骤如下。

(1) 由企业战略决策者识别行业中的关键战略要素。评价矩阵中一般要求 5～15 个关键战略要素，常见的关键战略要素有市场份额、产品组合度、规模经济性、价格优势、广告与促销效应、财务地位、管理水平和产品质量等。

(2) 对每个关键战略要素确定一个适用于行业中所有竞争者分析的权重，以表示该要素对于在行业中成功经营的相对重要性程度。权重值的确定可以通过考察成功竞争者与不成功竞争者的经营效果，从中得到启发。每一要素权重值的变化范围为 0.0(不重要)～1.0(很重要)，且各要素权重值之和应为 1。

(3) 对行业中各竞争者在每个关键战略要素上所表现的相对力量强弱进行评价。评价的分数通常取为 1、2、3 和 4，依次表示最弱、较弱、较强和最强，各分值的给定应尽可能以客观性的资料为依据，以便得到较为科学的评价结论。

(4) 将各关键战略要素的评价值与相应的权重值相乘，得出各竞争者在相应战略要素上相对力量强弱的加权评价值。通过对每个竞争者在每个战略要素上所得的加权评价值进行加总，从而得到每个竞争者在各关键战略要素上力量相对强弱的综合加权评价值。这一数值的大小揭示了各竞争者之间在总体力量上相对强弱的情况，如表 2-3 所示。

表 2-3　行业关键战略要素评价矩阵示例

行业关键战略要素	权重	本企业		竞争者 1		竞争者 2	
		评价值	加权评价值	评价值	加权评价值	评价值	加权评价值
市场份额	0.2	3	0.6	2	0.4	2	0.4
价格优势	0.2	1	0.2	4	0.8	1	0.2
财务地位	0.4	2	0.8	1	0.4	4	1.6
产品质量	0.1	4	0.4	3	0.3	3	0.3
用户信誉	0.1	3	0.3	3	0.3	3	0.3
综合加权评价值	1		2.3		2.2		2.8

三、战略环境预测方法

战略环境预测方法可以分成定量方法和定性方法两类。

(1) 定量方法包括经济模型、回归分析和趋势外推。

(2) 定性分析包括销售人员估算法、经理人员判断法、预先调查或市场研究法、情景预测法、德尔菲法和头脑风暴法。

小　　结

宏观环境指的是对企业的生产经营活动都会产生影响，企业又难以控制的国际、国内宏观环境中的全部因素及其相互作用形成的大系统。在战略管理中，分析企业宏观环境，一般采用的是 PEST 分析模型，主要内容包括政治法律因素、经济因素、社会文化因素和技术因素。

行业环境只对处于某一特定行业内的企业以及与该行业存在业务关系的企业产生影响，行业环境分析一般分为行业(产业)总体状况分析与行业竞争力分析。行业竞争力分析主要是分析本行业中的企业竞争格局以及本行业和其他行业的关系。迈克尔·波特在 20 世纪80 年代提出的分析行业竞争力的"五种竞争力量模型"成为竞争分析的主要工具，它们分别是现有竞争者之间的竞争、行业新加入者的威胁、替代产品的威胁、购买商讨价还价的能力、供应商讨价还价的能力。这五种基本竞争力量及其综合强度决定行业的竞争激烈程度，决定行业中获得利润的最终潜力。

除了宏观环境、行业(产业)环境的分析，还需对经营环境进行分析，即市场分析，主要内容包括竞争对手分析、竞争地位和客户分析。

练 习 题

一、单项选择题

1. 能很好地说明替代品竞争力的一个例子是(　　)。

A. 溜冰鞋和旱冰鞋的竞争

B. 百事可乐和 7UP 的竞争

C. 亚马逊网上书店和传统的"砖瓦"书店在努力获得购书爱好者的业务时的竞争

D. 冰冻酸乳酪生产商和冰淇淋销售者的竞争

2. 在(　　)情况下，行业新加入者的威胁会增加。

A. 进入分销渠道很困难　　　　　B. 行业的规模经济性很高

C. 行业中企业产品差异化很低　　 D. 行业对资本的需求很大

3. 进入壁垒高和退出壁垒高对产业获利能力的影响表现为(　　)。

A. 稳定的高利润　　　　　　　　B. 稳定的低利润

C. 高利润高风险　　　　　　　　D. 低利润低风险

4. 企业进入威胁的大小取决于(　　)。

A. 进入者的多少　　　　　　　　B. 退出壁垒的高低

C. 产业内竞争的程度　　　　　　D. 现有企业的反映程度

5. 对一个国家的经济结构、产业布局、经济发展水平以及未来的经济走势进行分析，这个内容属于(　　)。

A. 政治法律环境分析　　　　　　B. 经济环境分析

C. 社会文化环境分析　　　　　　D. 自然环境分析

6. 为了弄清行业内各企业总的生产能力与社会需求之间的关系，需要对企业进行分析，这个内容属于(　　)。

A. 行业技术状况分析　　　　　　B. 行业寿命周期分析

C. 行业规模分析　　　　　　　　D. 行业内战略集团分析

7. 对一个国家和地区的民族特征、文化结构、价值观、宗教信仰、教育水平、社会结构和风俗习惯等情况进行分析，这个内容属于(　　)。

A. 政治法律环境分析　　　　　　B. 经济环境分析

C. 社会文化环境分析　　　　　　D. 自然环境分析

8. 对一个国家和地区的技术水平、技术政策、新产品 开发能力以及技术发展的动向分析，这个内容属于(　　)。

A. 政治法律环境分析　　　　　　B. 经济环境分析

C. 社会文化环境分析　　　　　　D. 技术环境分析

9. 对一个国家或地区的政治制度、体制、政治形式、方针政策和法律法规等方面分析，这个内容属于(　　)。

A. 政治法律环境分析　　　　　　B. 经济环境分析

C. 社会文化环境分析　　　　　　D. 技术环境分析

10. 行业内,几个竞争者通过协商划分市场,没有直接的竞争,这种行业结构属于(　　)。

A. 完全垄断　　　　B. 垄断竞争　　　　C. 寡头垄断　　　　D. 完全竞争

11. 厂商进行大规模的广告宣传以提高产品的知名度,争取在市场中取得领先地位,这说明此产品处于产品生命周期的(　　)。

A. 投入期　　　　B. 成长期　　　　C. 成熟期　　　　D. 衰退期

12. 用塑料编织袋挤占麻袋市场,生产塑料编织袋的厂家在竞争结构中属于(　　)。

A. 行业内现有竞争者　　　　　　　　B. 潜在竞争者

C. 原材料供应者　　　　　　　　　　D. 替代品的生产者

13. 某摩托车制造公司依靠生产规模经济取得了良好的经济效益。该公司在竞争中依靠的是(　　)。

A. 成本优势　　　　B. 技术优势　　　　C. 资源优势　　　　D. 品牌优势

14. 某家电器公司在国内外顾客中具有较高的知名度和美誉度,其产品拥有较大的市场覆盖面和较高的市场占有率。该公司依靠的是(　　)。

A. 技术优势　　　　B. 资金优势　　　　C. 品牌优势　　　　D. 人才优势

二、多项选择题

1. 根据波特对竞争对手的分析,有四个方面的主要内容即竞争对手的(　　)。

A. 未来的目标　　　　B. 替代性　　　　C. 自我假设

D. 潜在能力　　　　E. 现行战略

2. 企业进入壁垒高低的因素主要有(　　)。

A. 规模经济　　　　B. 产品差异优势　　　　C. 资金需求

D. 产品价格高低　　　　E. 转换成本

3. 市场信号主要有哪几种形式(　　)。

A. 事前预告　　　　B. 交叉回避　　　　C. 事后宣告

D. 销售举措　　　　E. 竞争者对自己的行动讨论和解决

4. 对宏观环境中的政治法律环境进行分析,主要内容包括(　　)。

A. 政治制度　　　　B. 军事形势　　　　C. 经济走势

D. 法律法规　　　　E. 自然条件

5. 对企业的宏观环境进行分析,主要内容包括(　　)。

A. 政治制度　　　　B. 法律制度　　　　C. 文化环境

D. 科技环境　　　　E. 经济环境

6. 波特认为:行业内的竞争力量有(　　)。

A. 行业内现有企业之间的竞争者　　　　B. 新加入的竞争者

C. 原材料的供应者　　　　　　　　　　D. 替代品的生产者

E. 企业产品的购买者

7. 行业生命周期包括(　　)。

A. 投入期　　　　B. 成长期　　　　C. 成熟期

D. 衰退期　　　　E. 转移期

8. 新加入者要进入某个新的行业,总会遇到种种困难,从而形成进入障碍。这种障碍所包括的主要因素有(　　)。

    A. 规模经济　　　　　B. 资源条件　　　　　C. 产品差异优势

    D. 资金需求　　　　　E. 原有企业对新加入者的态度

  9. 行业内现有企业之间存在竞争,影响其竞争激烈程度的主要因素有(　　)。

    A. 同行业企业的数量与力量对比　　　　　B. 行业的发展速度

    C. 技术水平　　　　　　　　　　　　　D. 产品差异化程度与用户的转换成本

    E. 经营国际化的程度

三、判断题

1. 凡是竞争对手就没有"好"的。　　　　　　　　　　　　　　　　(　　)

2. 任何战略的制定都存在假设。　　　　　　　　　　　　　　　　(　　)

四、简答题

1. 简述宏观环境分析的主要内容。

2. 简述行业(产业)环境分析的主要内容。

3. 简述竞争对手分析的主要内容。

五、论述题

1. 用 PEST 分析模型具体分析某一产业受哪些宏观环境因素的影响,并运用战略环境要素评价模型进行定量分析。

2. 用五力模型具体分析某一产业中各种竞争力量是如何影响该产业的,并运用行业关键战略要素评价矩阵进行定量分析。

六、案例分析

2016 年国外出货量最大的手机品牌,不是华为,也不是小米,而是深圳的一家 C 公司(传音)。这家公司的产品在非洲的市场占有率为 40%,2016 年产品出货量达到了 8000 万台。这家公司在非洲做得这么好,就是用了 PEST 分析模型。

Political:非洲有很多国家的政局不稳定,而且工商、税收、专利等相关政策都不完善,投资风险高,加上经济发展滞后,消费能力有限,国际大品牌在此布局较晚,属于力量薄弱的蓝海地带。C 公司在成立 2 年后的 2008 年,随即确定聚焦非洲市场。

Economic:非洲经济增长缓慢,失业率高。因此,C 公司在当地投资建厂受到了政府的欢迎。在产品上,推出了多品牌战略,产品涵盖高、中、低三档,以此满足非洲用户的不同需求。

Social-cultural:这是 C 公司在非洲真正出彩的地方,将当地消费者的需求研究透了。

(1) 考虑到非洲用户的肤色,C 公司搜集了大量当地人的照片,通过曝光补偿推出了适合非洲人的美肤模式。据说非洲用户用此手机晚上拍照效果比苹果手机还要好。

(2) 当地人有用多张卡的习惯,却没有钱买多部手机。因此,C 公司果断推出了双卡手机,现在已更新至四卡手机。

(3) 针对非洲人能歌善舞的习惯,C 公司开发出针对非洲用户的音乐手机,只要购买音乐手机就赠送定制的头戴式耳机。

Technological:为了满足本地用户的需求,C 公司在非洲成立了多家研发中心,由本地的工程师设计和完善 APP 来实现良好的用户体验。

(资料来源：《太低调！非洲最牛手机不是苹果、华为和小米，而是这家深圳品牌！》(www.sohu.com))

讨论：宏观环境分析的必要性和重要性，并结合案例谈谈对你的启发。

实 践 练 习

结合第二章所学内容，组织安排学生到当地企业进行一次实训，让学生做到理论与实践相结合，并撰写一份企业环境分析报告。本次分析报告可以通过各种途径收集资料，可以查阅有关文献，咨询一些专家，也可以到网上搜索一些资料来佐证观点。要求注明资料来源，凡资料详实、来源清楚者均符合要求。

本课程的实训要求在教师指导下，由学生独立完成。

要求：

1. 通过本课程的教学实训内容要求，充分利用所学专业知识并获取有关资料，写出本课程的实训报告。报告要求语言简练、准确，资料来源可靠。

2. 选择一个你比较熟悉的企业，对其外部环境进行分析，主要是从宏观环境、产业环境和竞争对手三个方面进行分析。应用 PEST 分析模型从政治、经济、社会和科技四个方面进行宏观分析；利用五力模型进行产业环境分析，分析的重点应集中在与企业直接竞争的主要企业身上。

对实训企业在以下四个方面作出一个详细调查和说明：

(1) 企业的名称、住址和主要业务内容(简单介绍)；

(2) 今后几年该企业所面临的宏观环境可能有的变化，对该企业会产生的影响，该企业可能有的机会和威胁(重点写)；

(3) 该企业的产业环境分析(详写)；

(4) 企业的主要竞争对手，对他们的竞争能力的分析(重点写)；

3. 任课教师按照课程实训方案的要求及时进行实训的安排，在实训过程中给予学生必要的指导，并认真批改课程实训报告，给出学生实训成绩，按优、良、及格与不及格四个等级打分。

4. 学生应在教师的指导下，认真完成一份 2000 字左右的企业外部环境分析报告。

第三章　企业内部环境分析

 学习目标

(1) 了解企业资源的概念及分类。
(2) 掌握企业能力的分类与特征。
(3) 掌握企业核心能力的定义及特征。

引例

Y 公司的"核心内力"

对于 Y 公司(伊利)来说，之所以连续两次成功实现大危机下大增长，并获得奥运会和世博会这样的稀缺资源，潘刚的战略眼光和决策能力起到了不可替代的直接作用。尽管 Y 公司完全能够以企业自身内部的能力要素为中心，自主寻找、运作能与该能力要素结合的其他利益相关者，以构筑企业自身的核心竞争力，但前提是必须拥有内部的能力，而这一能力的拥有与否，直接来自企业领袖的气魄和高度。

因此，就 Y 公司而言，这一"能力"的核心直接指向了其领导人潘刚。潘刚高瞻远瞩的战略眼光和敢为行业先的领导力，使其早在 2005 年，就为 Y 公司确定了这样一个战略决策，即从业绩导向型企业转型为责任导向型企业。这决定了 Y 公司此后的稳健前行风格，并注重可持续性发展的路线，从而得以深耕企业的"核心内力"。

这种"核心内力"具体体现在潘刚精心谋划的 Y 公司的五大子战略：奶源战略、渠道战略、创新战略、品牌战略以及稀缺资源战略。

首先，奶源战略的核心是 Y 公司已经拥有不同规模的优质牧场共 800 多个，这些牧场主要分布在我国三大黄金奶源带：内蒙古、黑龙江及新疆等地。据悉，Y 公司计划还将在此基础上增加建设 800 个不同规模的牧场。天然优良的牧场也将为 Y 公司源源不断地输送出高品质的优良原奶。

其次，渠道战略的核心是 Y 公司早在 2006 年在全国开展的"织网计划"，率先完成了"纵贯南北、辐射东西"的战略布局，成为第一家真正有能力同时覆盖全国市场的乳品企业。2007 年，Y 公司作为唯一一家乳品企业，被商务部推荐加入到"万村千乡"活动中，覆盖农家店近 25 万个。一纵一深两个战略使 Y 公司彻底夯实了企业渠道，也使其有足够能力为合作者提供比同行更优越完善的通路。之后,潘刚再次创新渠道模式,与中国石油达成战略合作,利用中国石油便利店进行旗下产品的销售。

再次,创新战略的核心是 Y 公司产品结构和产业结构的不断升级,实现消费者多元价值的最大化。例如,Y 公司相继推出了金典有机奶、营养舒化奶、谷粒多、金领冠婴幼儿配方奶粉和"优品嘉人"酸奶等一系列高附加值、高科技含量的产品。

然后,品牌战略的核心是 Y 公司始终坚持品牌形象的建设和打造,以不断地加强企业社会责任体系建设为核心,并于 2007 年率先发布了乳品行业的首份《企业公民报告》,充分考虑到了在全球经济发展下的社会变革,从而开始提倡一种"企业与环境、与社会和谐进步"的理念,并为中国食品行业提供了一种可供参照的责任标准。这也有助于 Y 公司在整个行业深陷三鹿奶粉事件所波及的危机中时,能够审时度势,迅速构建一种针对消费者的透明化战略,并加强自身的责任体系建设,从而率先从危机的阴影中走出来。

最后,稀缺资源战略的核心是积极主动并把握住关键性的稀缺资源。除了奥运会和世博会之外,Y 公司被内蒙古"一杯奶生育关怀行动"和新疆"学生饮用奶计划"锁定为唯一专供乳制品企业,这些稀缺资源帮助 Y 公司实现了持续创新和升级。

上述五大子战略的具体落实和推进的效果,无疑是"战略家"潘刚所率领的 Y 公司梦想的逐步实现,即让消费者从"喝不上奶"到"喝上奶",从"喝不了奶"到"喝得了奶",从"能喝奶"到"喝好奶",最终 Y 公司在潘刚的关键能力优势主导下所砥砺出的"好牛奶"本色则是其持续不断大增长的最直接推动力,也是 Y 公司越来越自信和胸有成竹的本因。

(资料来源:《伊利:沉稳者大赢》(news.sina.com.cn))

思考:什么是企业资源?什么是企业的能力?资源和能力之间有何关系?结合案例谈谈如何打造核心竞争力?

提示:

★企业资源可以理解为能够给企业带来竞争优势或劣势的任何要素,企业资源是企业竞争优势的根本源泉。

★企业能力是指整合企业资源,使企业价值不断增加的技能。

★企业可持续的竞争优势是由企业在长期运营中将具有战略价值的资源和能力进行特殊地整合,升华而形成的核心竞争力。

第一节　企业资源分析

企业资源可以理解为能够给企业带来竞争优势或劣势的任何要素,企业资源是企业竞争优势的根本源泉,企业若想在竞争中取胜,必须对本企业的资源进行深入的分析。

一、企业资源的概念

在不同的企业发展阶段,对企业资源的理解不尽相同。现代一些学者认为,企业资源是指企业在向社会提供产品或服务的过程中所拥有、控制或可以利用的，能够帮助实现企业经营目标的各种生产要素的集合。

二、企业资源的分类

(一) 按是否容易识别和评估来划分

企业资源按其是否容易识别和评估来划分，可以分为有形资源和无形资源。

1. 有形资源

有形资源是指能够看得见的，并且可以量化的资源。有形资源不仅容易被识别，而且容易计算其价值，如机器、设备、房屋和资产等，有形资源又可进一步分为财务资源、实物资源、人力资源和组织资源(见表 3-1)。有形资源是企业参与竞争的硬件要素，但有些可以被竞争对手轻易取得的类似的有形资源，便不能成为企业竞争的优势来源。稀缺性的有形资源可以使公司获得竞争优势。

表 3-1　企业资源的分类、特征及评估内容

企业资源		主要特征	主要评估内容
有形资源	财务资源	企业的融资能力和内部资金的再生能力决定企业的投资能力	资产负债率、资金周转率、可支配现金总量、信用等级
	实物资源	企业装置和设备的规模、技术及灵活性；企业土地和建筑的地理位置和用途；获得原材料的能力等决定企业成本、产品质量、生产能力和水准	固定资产现值、设备寿命、设备先进程度、企业规模、固定资产的其他用途
	人力资源	员工的专业知识、接受培训程度决定其基本能力；员工的适应能力影响企业本身的灵活性；员工的忠诚度和奉献精神以及学习能力决定企业维持竞争优势的能力	员工的知识结构、受教育水平、平均技术等级、专业资格、培训情况、工资水平、与产业平均水平的比较
	组织资源	企业的组织结构类型与各种规章制度决定企业的运作方式	企业的组织结构以及正式的计划、控制、协调机制
无形资源	技术资源	企业专利、经营诀窍、专有技术、专有知识和技术储备、创新开发能力、科技人员等技术资源的充足程度决定企业工艺水平、产品品质，决定企业竞争优势的强弱	专有技术、专利数量的重要性和独占性知识产权所得收益、全体员工中研究开发人才的比重、创新能力
	商誉	企业商誉的高低反映出企业内部、外部对企业的整体评价水平，决定企业的生存条件	品牌知名度、美誉度、品牌重购率、企业形象；消费者对产品质量、耐久性、可靠性的认同度；供应商、分销商认同的有效率、支持性双赢关系、交货方式

对企业有形资源的评估，具体包括以下三个方面。

(1) 有没有机会可以更经济地使用企业有形资源及用更少的资源去完成相同的事业。例如，通过对有形资源的优化重组获得竞争优势。

(2) 有没有可能使现有的有形资源在具有更高利润的渠道被利用。事实上，企业可以通过多种方法增加有形资产的回报率，如通过采用先进的技术和工艺增加资源的利用率；通过与其他企业的联合，尤其是与供应商和客户的联合，充分地利用资源。如我国的数据通信行业，通过与集成商和企业的联合，充分地利用光缆和网络资源。当然，企业也可以把有形资产出售给能利用这些资产获利的企业。实际上，由于不同的企业掌握的技术不同，人员构成和素质也有很大差异，因此，他们对有形资产的利用能力也是不同的。也就是说，同样的有形资产在不同能力的企业中表现出不同的战略价值。

(3) 评估未来战略区内环境变化以及企业核心能力、竞争优势的发展目标。例如，企业有形资源的缺口有多大，如何进行先期投入等。

2. 无形资源

无形资源是指植根于企业历史，伴随着企业的成长而积累，以独特方式存在，并且不能被竞争对手了解和模仿的资源。企业的有形资源和无形资源都是稀缺的，都代表企业为创造一定的经济价值而必须付出的投入。无形资源的外在特点是"无形"——看不见、摸不着，但其存在是可以意会和感知的，主要包括技术资源、商誉等。无形资源具体内容如下。

(1) 商标权。商标是用来辨认特定商品或劳务的标记。商标权指专门在某类指定的商品或产品上使用特定的名称或图案的权利，一般包括独占使用权和禁止权。

(2) 专利权。专利权指国家专利主管机关依法授予发明创造专利申请人对其发明创造在一定期限内所享有的专有权利。专利权一般包括发明专利权、实用新型专利权、外观设计专利权等。专利权有法律规定的有效期限，在我国发明专利权有效期限为 20 年，实用新型专利权和外观设计专利权有效期限为 10 年，超过法定有效期，任何人均可以自由使用该专利。专利权一般具有专用性、期限性和收益性的特征。

(3) 专有技术。专有技术指不为外界所知，在生产经营活动中已采用的、不享有法律保护的各种技术和经验。一般包括工业专有技术、商业贸易专有技术和管理专有技术等。

(4) 企业形象。企业形象通常指社会公众对一个企业及其产品的评价、信念和态度。企业形象主要包括知名度和美誉度，是企业价值观念、管理和技术等因素的综合，是隐含在企业生产经营活动背后的一种巨大的潜在力。

(5) 客户关系。客户关系通常指购买企业产品的顾客与销售、服务、制造企业在长期交往和共事中形成的相互关系，这种关系是无形存在的，对于企业产品销售量的提高影响颇大。

(6) 企业文化。企业文化指以企业价值观为核心的企业意识形态，包括企业价值观、企业经营理念、企业精神、企业经营方针、企业宗旨、企业规章制度和员工行为准则等。

与有形资源相比，无形资源更具潜力。有关资料表明，目前工业发达国家的知名企业，其无形资源的价值一般要超过有形资源的价值，甚至是有形资源价值的数倍，无形资源已成为这些企业进行技术贸易及占领国际市场和扩大社会影响的重要武器。因此，在全球经济中，相对于有形资源，企业的成功主要取决于知识产权、商誉和创新能力等无形资源。例如，从事经济发展驱动力研究的经济学家约翰·肯德里克的研究表明，自 20 世纪 90 年代以来，无形资源对美国经济增长的贡献在逐渐增加。1929 年，无形商业资源与有形商业资源的比例 3：7；到 1990 年，该比例变为 6.3：3.7，而到现在该比例大概为 8：2。可见，由于无形资源更难被竞争对手了解、购买、模仿或替代，企业更愿意将其作为企业能力和核心能力的基础，所以无形资源越来越成为企业竞争不可或缺的战略性资源。

同时，随着经济网络化、知识化的发展，物质生产、货物配送所创造的价值不断降低，一些企业便将自己的核心业务逐渐转向研究与开发、品牌经营、资产重组、产权经营等价值增值高、利润高的业务领域，而将那些需要大量有形资源和重复性劳动的物质产品的生产、物流配送业务外包或委托出去，交给专业化公司完成。重视企业无形资源的开发、运用与管理，已经是新形势下企业管理发展的基本趋势。

(二) 按维持竞争优势可持续性的不同来划分

企业资源按其维持竞争优势可持续性的不同来划分，可分为长周期资源、标准周期资源和短周期资源，如图 3-1 所示。

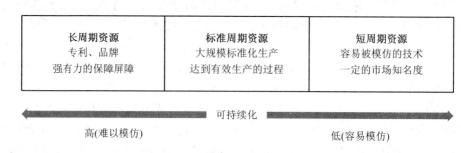

图 3-1　企业资源可持续性层次

真正帮助企业在长期水平上建立起竞争优势的资源，往往是那些长周期资源和标准周期资源。其中，无形资源扮演着重要的角色。因此，从战略角度看，战略管理者应尽力设法将更多的短周期资源发展成为长周期资源和标准周期资源，才能保持企业长期的战略竞争优势。

(三) 按暂时性或可否及时调整来划分

企业资源按其暂时性或可否及时调整来划分，可分为流量资源和存量资源。资源基础理论的代表人物迪瑞克和库尔认为，给企业带来持久竞争优势的战略资源需要通过内部开发获得而无法从市场上购买。据此，他们将企业资源划分为流量资源和存量资源。流量资源是暂时的，可以及时调整；存量资源(如品牌等)则是经过漫长时间积累而形成的，对企业持久竞争优势的形成来说，存量资源的作用比流量资源的作用要大得多。存量资源的差异构成战略不对称，随着时间的延伸，许多流量资源演变成企业宝贵的存量资源。

三、企业资源的战略意义

企业资源是企业竞争优势的根本源泉。高效益的产业结构与竞争优势都根源于企业本身所拥有的资源。首先，专利权、品牌、报复能力形成的进入障碍，高市场占有率形成的垄断，以及因企业规模、资金实力与运用能力形成的强有力的讨价还价能力，都能成为对企业竞争有利的资产。其次，低成本优势和差异化优势也都源于企业所具有的资源。低成本优势源于企业所具有的工程技术、工厂规模和廉价投入要素等经营资源；差异化优势源于企业所具有的品牌、生产技术、市场能力、流通能力以及服务能力等经营资源。总之，企业要想获得竞争优势，就必须正确分析企业的经营资源。

四、价值链分析

1. 价值链的含义

迈克尔·波特提出的价值链是对企业经营资源进行分析的一个常用工具。所谓价值链，是一个企业用来进行设计、生产、营销、交货以及对产品起辅助作用的各种活动的集合。价值链概念的提出基于如下基本逻辑关系：经营资源—价值活动—竞争优势，即企业要想在竞争中获得优势，就必须把自己的经营资源通过各种活动创造为客户价值。也就是说，企业内部的各种活动都应该是为客户创造价值的活动，由于这些活动在企业内部犹如一条链条，因而称为"价值链"。

2. 价值链分析的重点及意义

价值链分析的重点在于价值活动分析。价值活动可以分为两大类：基本活动和辅助活动。基本活动是涉及产品的物质创造及其销售、转移给买方和售后服务的各种活动；辅助活动是辅助基本活动并通过提供外购投入、技术、人力资源以及各种公司范围的职能以相互支持。价值活动是企业内部各种相互分离活动的组合，决定企业竞争优势的大小。

价值链分析能有效帮助企业决策者认识企业的竞争优势。价值链内在的有机联系是企业价值活动的重点，但要实现预期的价值目标，必须考虑企业外部的价值链。在重视企业内部价值活动的基础上，有效连接上游供应商、下游销售商的价值活动，是构造价值链体系的主要内容，也是建立企业竞争优势的坚实基础。

3. 资源审核

价值链中所有的价值活动都依赖于企业的资源禀赋，没有充足的、齐全的、高质量的资源支持，价值链就难以正常运行及产生其效能。

资源审核所要解决的主要问题，不是列举企业资源的数量、种类和品质，而是重点分析和判定在所有可控的企业资源中，哪些资源是形成企业核心能力的战略性资源，它在何种程度上支持企业的战略行动并帮助企业构建起市场竞争的优势地位。

第二节　企业能力分析

企业能力来源于有形资源、无形资源、长周期资源、标准周期资源、短周期资源、流量资源和存量资源的整合，是企业各种资源有机组合的结果。企业能力是指企业配置资源，发挥其生产和竞争作用的能力。具体来说，企业能力主要包括市场营销能力、生产管理能力、财务管理能力、研究与开发能力和组织管理能力。

一、市场营销能力

企业的市场营销能力主要包括产品竞争能力、销售活动能力和市场决策能力。

1. 产品竞争能力

产品竞争能力主要可以从产品的市场地位、收益性和成长性等方面来分析。衡量产品市场地位的指标有市场占有率和市场覆盖率。收益性可以通过利润空间和量本利(即产量、成本、利润)进行分析。成长性可以通过销售增长率和市场扩大率等指标进行比较分析。

2. 销售活动能力

销售活动能力分析是对企业销售组织、销售业绩和销售渠道等方面的综合考察。销售组织分析主要包括对销售机构、销售人员和销售管理等基础数据进行评估。销售业绩分析主要以销售计划完成率和销售活动效率为主要内容。销售渠道分析主要是对渠道结构进行分析和对中间商进行评价。

3. 市场决策能力

市场决策能力主要是指企业领导者对市场进行决策的能力。企业通过对产品竞争能力与销售活动能力进行分析，对照企业当前实施的经营方针和经营战略，找出企业在市场决策中的不当之处，评估判断企业领导者的市场决策能力，并探讨企业中长期所应采取的经营战略，以提高企业领导者的决策能力和水平，使企业获得持续的成长和发展。

二、生产管理能力

生产活动是企业最基本的活动。所谓生产，是指将投入(原材料、资本、劳动等)转化为产品或服务并为消费者创造效用的活动。因此，企业的生产活动包括将投入品转变为产品或服务的所有活动。在绝大多数行业，企业生产经营的大部分成本发生于生产过程中。因此，生产管理能力的高低决定了企业战略的成败。

生产管理能力分析主要涉及五个方面，即生产过程分析、生产能力分析、库存管理分析、人员管理分析和质量管理分析。

1. 生产过程分析

生产过程分析主要涉及整个生产系统的设计，具体分析内容包括技术的选择、设施的选择、工艺流程、设施布局、生产线平衡、生产控制和运输。

2. 生产能力分析

生产能力分析主要涉及确定企业的最佳生产能力，具体分析内容包括产量预测、设施和设备计划、生产计划和生产能力计划。

3. 库存管理分析

库存管理分析主要涉及原材料、在制品及产成品存量管理，具体分析内容包括订货的品种、时间、数量以及物料搬运。

4. 人员管理分析

人员管理分析主要涉及对熟练及非熟练工人和管理人员的管理，具体分析内容包括岗位设计、绩效测定、丰富工作内容、制定工作标准和激励方法。

5. 质量管理分析

质量管理分析主要涉及质量控制、质量检验、质量保证和成本控制。

三、财务管理能力

财务管理能力主要涉及两个方面,即筹集资金的能力、使用和管理所筹集资金的能力。

筹集资金的能力可以用资产负债率、流动比率和利息保障倍数等指标来衡量。使用和管理所筹集资金的能力可以用销售利润率、资产周转率和投资报酬率等指标来衡量。财务管理能力衡量指标如表 3-2 所示。

表 3-2 财务管理能力衡量指标

指标名称	基 本 含 义	计 算 公 式
资产负债率	反映企业总资产中有多少是负债	$\dfrac{负债总额}{资产总额}$
流动比率	反映企业短期偿债能力和信用状况	$\dfrac{流动资产}{流动负债}$
利息保障倍数	反映企业经营所得偿付借债利息的能力	$\dfrac{息税前利润}{利息费用}$
销售利润率	反映企业销售收入的收益水平	$\dfrac{利润总额}{营业收入}$
资产周转率	反映全部资产的使用效率	$\dfrac{销售收入}{平均资产总额}$
投资报酬率	反映企业总资产的利用效果	销售利润率 × 资产周转率

四、研究与开发能力

随着市场需求的不断变化和科学技术的持续进步,研究与开发能力已经成为保持企业竞争活力的关键因素。企业开展产品研发活动能够加快产品的更新换代,不断提高产品质量,降低产品成本,更好地满足消费者的需求。

企业要在现有产品市场竞争力分析的基础上,着重从新产品研发计划、研发组织、研发过程和开发效果四个方面进行分析,并将分析结果与主要竞争对手进行比较,进而判断企业此项能力的强弱,为企业战略的选择提供依据。

五、组织管理能力

组织是实现战略目标的工具,是进行有效企业管理的手段。企业可通过分析组织管理能力,发现制约企业长远发展的组织管理问题并加以改进,从而为企业战略的正确制定和成功实施奠定坚实的组织基础。

一般从以下五个方面对组织管理能力进行衡量。

(1) 职能管理体系的任务分工。从分析组织任务入手,对组织任务的分解过程和分解结果进行逻辑分析,进而对组织任务的合理性作出判断。

(2) 岗位责任。从分析岗位责任制、职责权限对等性入手发现改善的机会。在企业组织的等级链上，每一个环节(即职位)上都要贯彻责权对等原则。

(3) 集权和分权的情况。从分析管理体制入手，对企业集权和分权的有效性进行分析。一般而言，规模较大的企业职权应适度分散，反之，则需要适度集中；实行多元化经营企业分权较多，实行专业化经营企业集权较多。

(4) 组织结构。从分析组织结构入手，确定现有组织结构是否适应未来的战略方向。各种组织形式各有优势，此项分析旨在确定适应未来战略方向的最佳组织形式。

(5) 管理层次和管理幅度的匹配。从分析管理层次和管理幅度入手，发现新增或合并管理职能部门的可能性。管理层次决定组织的纵向结构，管理幅度决定组织的横向结构。管理层次和管理幅度的确定需要综合考虑企业规模、生产特点、经营性质、授权程度、组织协调程度、管理者的能力、下级的成熟程度、工作的标准化程度、工作条件和工作环境等多种因素。

第三节　企业核心能力分析

一、企业核心能力的定义

分析企业的资源和能力是界定企业发展的内部基础，但拥有资源和能力并不代表企业就拥有竞争优势。1990 年，普拉哈拉德和加里·哈默尔在《哈佛商业评论》上提出"核心能力"的概念，认为企业在技术和市场不确定性日益增加的环境下，只有"练好内功"才能应对外部的变化。企业核心能力是指对企业核心竞争优势至关重要的一种或多种能力，也就是企业在竞争中处于优势地位的强项，是其他对手很难达到或者无法具备的一种能力，可以给企业带来长期竞争优势和超额利润。

企业核心能力体现在不同方面。在技术方面，企业核心能力主要是对多种技术和功能进行调整与整合。如卡西欧把收音机功能放置在一个芯片上，生产出名片大小的微型收音机；这种生产就必须有机地结合多种技术，包括微型化技术、微处理技术、微处理器设计、材料科学以及超薄精密装盒技术等。在组织方面，企业核心能力强调组织的整体协调。在卡西欧公司，微型化是企业的核心能力，但把这种核心能力转化为畅销的商品，则必须确保技术、工程、营销等各个环节和功能的整体协同。

企业核心能力是战略性能力，一家企业是否拥有战略性能力，可以从四个方面加以判断(见图 3-2)，即这种资源或能力是否比竞争者好；这种资源或能力是否在市场上是稀缺的；这种资源或能力是否难以被竞争者模仿或者复制；组织是否可以采用一定的方法利用这种资源或能力以创造顾客价值。

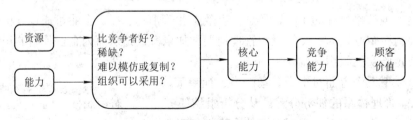

图 3-2　资源、能力与企业竞争优势

二、企业核心能力的特征

1) 价值性

企业核心能力需要具有战略价值，能够为顾客创造长期的关键性利益，为企业创造持续竞争优势或超过同业平均利润水平的超额利润。企业核心能力能够帮助企业在创造价值和降低成本等一系列行为中做得比竞争对手更优秀。企业核心能力是否具有价值导向性，根本上取决于它能为用户创造什么独特的价值，只有那些与生产过程结合并生产出用户所需要的产品或服务的资源和技能才是有价值的。企业拥有的能力如果不能为企业创造价值，也就无法成为核心能力。

2) 独特性

企业核心能力应该是企业所独有的，同行竞争者不会拥有相同或相似的能力。独特性造就了企业核心能力的稀缺性，这种稀缺性可以表现在技术、成本、人力资源和组织管理等某个方面，也可以是研发能力、制造能力、市场营销能力和组织管理能力的组合状态与水平。独特性的形成可以从构成企业核心能力的独特资源和技能来分析。构成企业核心能力的独特资源和技能往往与企业创始人及其成长历史相关联，其他企业难以通过交易的方式从市场中获取，或难以通过自身开发获取这样的要素，或者即使获取、复制了部分这样的资源和技能，但由于不能进行有效组合也会失去其价值。企业核心能力的独特性，造就了企业与竞争对手在竞争优势来源方面的差异性，决定了企业间竞争力的差异性。例如，HW(华为)公司所拥有的强大的基础研发和应用技术开发能力，使其与竞争者拉开了距离，从而形成了持续的竞争优势。

3) 延展性

企业核心能力是一种适应市场不断变化的能力，能够支持企业向更有生命力的新事业拓展。所以，企业核心能力能够体现出能力的弹性，而非刚性。弹性或延展性指企业能够从核心能力中衍生出一系列新产品或技术，从而满足消费者需求。例如，夏普公司利用其在液晶显示技术方面的核心能力，使其在笔记本电脑、袖珍计算器和大屏幕电视显示技术方面获得一席之地。再如，阿里巴巴拥有强大的大数据管理能力，可以为客户提供商业定位、研发和市场营销等全方位的服务，可以为贸易、物流、金融和旅游等多个行业提供增值服务，在其公司内部也形成了基于大数据和云计算的全价值链创造能力。所以，企业核心能力的弹性越强，就越能依赖企业核心能力产生范围经济效应，为企业带来更大的竞争优势。

4) 难以复制性

企业核心能力的培养需要经验、教训、知识和理念的长期积累，竞争对手难以模仿和替代。企业核心能力包含在企业的技术特征(独特技术技能、操作技巧和诀窍等)、组织管理特征和文化特征中，往往难以用语言、文字和符号等来直观表示。其培养过程是内在的、潜移默化的，经常嵌入在企业的管理体制、文化和生产经营活动过程中。所以，企业内在的独特资源和技能往往具有不可复制性的特征。如果企业内在的独特资源和技能具有价值性和稀缺性，但能够较为容易地被其他企业复制或模仿，企业竞争优势就难以持续。比如，企业开发了某项技术，该技术在一定时间内给企业带来了良好的利润回报，但该技术很快被竞争对手模仿，那么该技术就不能为企业带来持续的竞争优势。因此，为了增强核心能力的不可复制性，企业要特别对那些潜移默化的、通过途径依赖而积累的资源和技能给予高度重视。

三、企业核心能力的来源

企业核心能力主要有以下四个来源。

1) 过程

企业核心能力的形成往往是企业积累和共享知识的过程，与企业的特定文化和发展历程紧密相联。这个过程中特定的历史轨迹和事件特性，使得其他企业难以清楚知晓和模仿。

2) 知识

企业核心能力不仅是一个可以有意培养和发展的过程，其自身也是一个知识积累和创造的过程，意味着企业拥有特定领域方面的先进知识和经验。

3) 技术

企业核心能力往往与企业的特定先进技术相联系。很多情况下，企业拥有某些技术诀窍和发明，可以有效帮助企业塑造顾客价值和竞争优势，而竞争者却难以在短期内获得这些技术。

4) 关系

企业核心能力往往并不是一项单一的知识元素，而是多种知识元素的特定组合。具有核心能力的企业对于这些知识元素的组合关系有深入的理解，通过优化这些知识元素的组合关系以创造竞争优势。

杰恩·巴尼于 1991 年提出分析企业核心能力的 VRIO 模型，即价值(value)、稀缺性(rarity)、难以模仿性(inimitability)和组织(organization)模型。VRIO 模型是对企业内部资源与能力的优势和弱点进行分析的工具，如图 3-3 所示，它由四个问题构成：① 企业的资源和能力能使企业对环境威胁和机会作出反应吗？这是价值问题。② 有多少竞争企业已经拥有某种有价值的资源和能力？这是稀有性问题。③ 与已经拥有它的企业相比，不具备这种资源和能力的企业在取得它时处于成本劣势吗？这是难以模仿性问题。④ 一家企业能充分组织利用其资源和能力的竞争潜力吗？这是组织问题。

某种资源和能力				
是否有价值	是否稀缺	是否难以模仿	是否能够组织利用	竞争意义
否	否		否	竞争劣势
是	否			竞争均势
是	是	否		暂时优势
是	是	是	是	持续优势

图 3-3　企业核心能力的识别框架

根据 VRIO 模型，如果企业拥有一些具有价值的资源和能力，但这些资源和能力不是稀缺的，也无法被组织利用，企业还是处于竞争劣势地位。当企业拥有价值而且稀缺的资源，但竞争者可以进行一定程度的模仿，此时，企业可以保持一定时间的竞争优势，待竞争者掌握了这种能力后，企业的暂时优势也就不复存在了。只有当企业的资源和能力同时具备有价值、稀缺性、难以模仿性和可以被组织利用四个特征时，企业才拥有可以保持持续竞争优势的核心能力。

对于现实中的企业，其核心能力要素是有差别的，与企业所处的商业环境以及产品和服务特征直接相关。比如，对于有些企业，顾客的定制化能力、产品设计、低成本或低价格、配送系统、送达时间、产品耐用性等可能是企业核心能力的主要存在方式。对此，企业可以从有价值、稀缺性、难以模仿性和可以被组织利用这四个方面加以判断，最终确定哪些才是企业的核心能力，从而为企业塑造和增强核心能力提供方向。

四、企业资源、企业能力与企业核心竞争力的关系

企业资源与企业能力是两个既相互联系又相互影响的交叉系统。企业能力指整合企业资源，使价值不断增加的能力。一般而言，资源本身并不能产生竞争能力和竞争优势，竞争能力和竞争优势源于对多种资源的特殊整合。企业的竞争优势源于企业的核心竞争力，核心竞争力又源于企业能力，而且企业能力源于企业资源。换言之，企业可持续的竞争优势是企业在长期运营中将具有战略价值的资源和能力进行特殊的整合，升华而形成的核心竞争力。这样一个整合过程是企业素质的提升过程，也是一个以资源为基础的战略分析过程。

在识别、判定一个企业的核心竞争力之前，首先要弄清一个企业的资源状况以及企业能力的基本状况。企业要想提高竞争力，就要在顾客价值的导向下构造合理的能力结构并加以整合。

小　　结

企业资源是指企业在向社会提供产品或服务的过程中所拥有、控制或可以利用的，能够帮助实现企业经营目标的各种生产要素的集合。

企业能力主要包括市场营销能力、生产管理能力、财务管理能力、研究与开发能力和组织管理能力。

企业核心能力是指对企业核心竞争优势至关重要的一种或多种能力，也就是企业在竞争中处于优势地位的强项，是其他对手很难达到或者无法具备的一种能力，可以给企业带来长期竞争优势和超额利润。

练　习　题

一、单项选择题

1. 竞争优势典型地来自于(　　)。

A. 个别资源　　　　　　　　　　B. 一种非常突出的资源

C. 独立运作的几种突出的资源　　D. 几种资源的独特的结合

2. 有形资源包括(　　)。

A. 人们依赖的资产，如专业技术　　　B. 可见的、可量化的资产

C. 组织文化　　　　　　　　　　　　D. 公司的声誉

3. 下面(　　)不是有形资源。

A. 资金　　　　B. 工厂设备　　　C. 管理能力　　　D. 产品库存

4. 无形资产包括(　　)。

A. 公司产品与服务的声誉　　　　　　B. 公司借款的能力

C. 折旧的固定资产　　　　　　　　　D. 生产设施

5. 下面(　　)不是无形资产。

A. 商标　　　　B. 组织文化　　　C. 生产设备　　　D. 品牌名称

6. 当一种资源或能力是有价值的、稀缺的、难于模仿的，而且不可替代时，公司可以
获得(　　)。

A. 一种临时的竞争优势　　　　　　　B. 一种繁杂的竞争优势

C. 竞争平衡　　　　　　　　　　　　D. 一种可持续的竞争优势

7. 其他公司不能轻易发展的能力，被分类为(　　)。

A. 难于模仿的　　　　　　　　　　　B. 稀缺的

C. 有价值的　　　　　　　　　　　　D. 不可替代的

8. 价值链分析是应用于(　　)的工具。

A. 分析企业外部环境

B. 集中于企业的内部环境，而不关心那些与其他企业竞争的行为

C. 检验企业的资源和能力来识别企业核心竞争力

D. 决定企业外部环境的机会能维持多久

9. 关于价值链分析，下面描述不正确的是(　　)。

A. 价值链是企业用来理解成本定位的模板

B. 价值链分析可以帮助识别一种重要手段，使战略的执行更加容易

C. 主要业务和辅助业务两者都需要分析

D. 价值链用于指导业务层的战略实施

10. 关于无形资产，说法正确的是(　　)。

A. 包括生产所必需的厂房、设备等

B. 比有形资产更灵活

C. 没有有形资产灵活

D. 促使企业产品的分销

二、多项选择题

1. 企业能力包括(　　)。

A. 财务管理能力　　　　　　　　　　B. 市场营销能力

C. 生产管理能力　　　　　　　　　　D. 组织管理能力

E. 研究与开发能力

2. 企业核心能力判断的思想标准是(　　)。

A. 有价值的　　　　　　　　　B. 稀有的

C. 难以模仿的　　　　　　　　D. 可以被组织利用的

3. 企业资源按其是否容易识别和评估来划分，可以分为(　　)。

A. 有形资源　　　　　　　　　B. 长周期资源

C. 无形资源　　　　　　　　　D. 短周期资源

4. 下面(　　)属于企业的无形资产。

A. 商标　　　　B. 组织文化　　　　C. 生产设备　　　　D. 品牌名称

三、判断题

1. 有形资源看得见，摸得着，所以很重要；无形资源看不见，摸不着，所以没有有形资源重要。　　　　　　　　　　　　　　　　　　　　　　　　　　　　(　　)

2. 只要企业拥有足够多的资源，企业的发展就不是问题。　　　　　　(　　)

3. 企业核心能力是指对企业核心竞争优势至关重要的一种或多种能力，是其他对手很难达到或者无法具备的一种能力，可以给企业带来长期竞争优势和超额利润。　　(　　)

四、简答题

1. 请说明内部环境分析对企业战略成功的重要性。

2. 请描述企业资源的不同类型(企业资源按其是否容易识别和评估来划分)。

3. 简述企业资源与企业能力之间的关系。

五、案例分析

案例 1

D 公司：如何提升价值

D 公司(东阿阿胶)专注于阿胶产品主业，同时挖掘历史内涵、提升文化底蕴、不断研发新品和提高售价，使阿胶从一款补血产品变身为"滋补国宝"。

D 公司建厂 60 多年，是 L 市首家上市公司，两大控股股东，央企 H 集团和 L 市政府。现有员工 3800 人，总资产 116 亿元，是中国最大的阿胶企业，阿胶行业标准制定者，S 省拥有生物药最多的企业。D 公司坚持质量、品牌、效益发展模式，三次荣获国家质量奖金奖，获传统药"长城"国际金奖、中国质量奖提名奖，为"中国 500 最具价值品牌"。企业使命是寿人济世；企业愿景是"滋补·养生·乐活引领者"；核心价值观是"厚道·地道·传承·创新"。

提高价格　聚焦主业

2006 年 5 月，负责销售的副总经理秦玉峰被董事会推选为 D 公司一把手，秦总做的第一件事就是"提价"。从 2006 年至今，D 公司几番调价，不但没有遭到市场压力，反而获得前所未有的强势增长：2014 年 D 公司主业年收入为 31 亿元，是 2006 年的 10 倍。

涨价真的没那么简单。白酒行业就曾遭到涨价的重创。对于 D 公司来说，提价只是表象，背后有着严谨的战略逻辑和详细的战术步骤。随着近年来消费者滋补养生意识不断提高，D 公司市场需求逐渐增大，甚至出现供不应求的现象；与此同时，驴皮资源匮乏、原料不足，因此，D 公司提高价格是市场的选择。养驴是畜牧产业中见效益最慢的一种，过低的收购价格让养驴农户越来越少，造成的结果是整个产业链发展的恶性循环。提高价格，有利于进一步涵养上游养驴资源。

在秦玉峰成为总裁之前，D 公司除了阿胶产业还有 10 多个投资项目。从啤酒到大豆蛋白，从医疗器械到包装印刷。秦玉峰推行"聚焦"之初，对阿胶产业以外的 10 多个项目进行彻底剥离。这样的举措甚至使 D 公司的东家华润集团感到不安。秦玉峰说服了他们：用特劳特定位理论解释，在阿胶滋补养生产业和生态环境中，多元化发展才会带来风险，实践证明这些投资并没有给公司带来好的增长，反而造成了精力和资源上的分散，比如人力资源、管理的时间等。

因此，D 公司先是退出了低端市场，销售渠道也越来越扁平，研发也集中于高端产品。秦玉峰认定，"聚焦才能推动开拓和创新，我们的方向更精准，目标也更明确。"他说，"基于我们对阿胶产品要走向高端的精准定位。什么叫做价值回归呢？阿胶在历史上是价格很贵的高档滋补品，现在我们要让它回归其历史地位和价值，让消费者充分认识到阿胶的应有价值。第一次回归，效果很好，但不到位。所以今年我又提出了再次价值回归，继续提升阿胶的价值。"

提升文化底蕴　回馈产业链

围绕"聚焦主业的定位战略"，在过去 10 年里，秦玉峰推动了一场从营销到产业链再到研发的变革，这彻底改变了阿胶甚至整个产业的竞争格局。从营销来说，伴随着提价，秦玉峰发起了一场文化营销推动的"价值回归"。阿胶的应用迄今已有 3000 年的历史，很多阿胶的使用者留下了大量的资料，有典籍记载，有诗也有故事。"这是阿胶最有价值的资源。"秦玉峰说。其实 D 公司最大的优势就是阿胶在滋补养生领域的历史与文化价值，而这一点却长期被忽略。

D 公司在文化营销方面，首先搜集了阿胶的历史和相关故事，在媒体上发表了有关阿胶文化的文章，让市场开始认识到阿胶是一种传统、安全和有效的补品。同时修建了 D 公司养生文化苑，它是一个明清风格仿古建筑，用于展示阿胶的传统制作过程与工艺。

再说到产业链，在过去的很多年里，驴皮的供应始终是困扰阿胶产能扩大的重要因素，D 公司产品的提价，也推动了产业链上游的价格上涨。此外，D 公司还开发了示范养殖，教授农户先进的养殖技术，这极大地激励了产业链上游；在研发上，从餐饮到保健，D 公司把驴全身的"宝"都挖了出来，进一步回馈产业链，让行业走向良性循环。

关联定位，先做大品类再做大品牌

在推动价值回归的同时，D 公司全力推出了"滋补三大宝——人参、鹿茸和阿胶"的广告。

根据史料记载和阿胶的功效，D 公司将阿胶定位为"滋补品"，之前其主打补血，但补血的市场太小，阿胶功效也不止于补血。通过调研 D 公司发现，市场上认为跟"滋补"最相关的，就是人参和鹿茸。所以 D 公司采用了"关联定位"的策略，一方面人参和鹿茸跟滋补最相关；另一方面，D 公司的目的是价值回归，所以也要把阿胶跟同等价值的产品联系在一起。

D 公司的策略——先做大品类，再做大品牌。D 公司作为行业的领导者有责任做大品类。同时，D 公司在市场上宣传的市场份额：出口占到 90%，国内占到 75%，很多小企业看到这个局面也就放弃了，这也达到市场洗牌的目的：通过价值回归和隐去品牌推品类，D 公司引领了整个行业发展，做大了阿胶品类，虽然市场份额下降了，但 D 公司也确实发展了，2006 年的产值是 3 亿元，2014 年的产值则达到 31 亿元。

产业链创新——"创新二产、带动一产、促进三产"，培育和谐"生态圈

一个企业的创新有很多方面，首先是产品的创新。D 公司一直探索在保证阿胶安全、有效的前提下，让它更方便，更符合现代人的需求。前几年 D 公司开发了"桃花姬"阿胶糕，主要针对爱吃零食的女性，结果深受女性白领的欢迎。

其次是理念的创新。比如教给农户把毛驴当药材来养。同时 D 公司投入毛驴的活体循环开发。D 公司在 10 省市区建立了 20 个毛驴标准养殖示范基地，开拓新型农业经营主体合作社、家庭型农场、养殖大户。目前，基地周边毛驴存栏 450 万头，全国驴产业布局呈现可喜增长势头。

D 公司率先提出了"创新二产、带动一产、促进三产"的理念，为现代化商品驴产业的开发与研究闯出了一条新路，初现乘法效应。D 公司建造了标准厨房，专门研发各种驴肉食品，再复制给饭店，这使得驴的市场需求升高，农户看到养一头驴创造的价值比养牛还要高，自然积极性就高。

(资料来源：《东阿阿胶战略定位和营销案例》(www.sohu.com))

讨论：结合案例，分析 D 公司的核心竞争力，以及 D 公司是如何培育企业核心竞争力的。

案例 2

实施精煤战略打造核心竞争力

HK 集团有限公司(以下简称"HK 集团")，前身为 HD 矿务局，成立于 1958 年，2002 年实施公司制改制，现有邯郸和山西两个矿区，下辖 7 个分公司，10 个全资子公司，5 个控股子公司，从业人员 1.9 万，总资产 100.23 亿元，主要煤种为无烟煤和炼焦煤。

HK 集团从 2006 年开始实施精煤战略以来，精煤产量、所占比重和经济效益逐年递增。2009 年与"十五"末的 2005 年相比，HK 集团在原煤产量基本持平的情况下，精煤产量由 170 万吨提高到 307 万吨；精煤占商品煤的比重由 29.9% 提高到 51.2%；煤炭综合售价由 285 元/吨提高到 469.66 元/吨；企业总收入由 17.6 亿元提高到 45.48 亿元；企业利润由 0.45 亿元提高到 1.52 亿元。2010 年原煤产量 1155 万吨，精煤产量 500 万吨，企业总收入 163 亿元，实现利润 4.3 亿元。

早些年，HK 集团通过抢抓机遇和深化改革，发展步伐明显加快，生产规模和经济效益大幅提升，但总体上来说生产规模仍比较小，煤种不占优势，特别是销售市场以民用和水泥、化工等中小型企业为主，用户分散，市场不稳定，长期处于"70%是混煤、70%靠地销、70%供散户"的状态，产品缺乏竞争优势，抵御市场风险的能力较弱。再加上争取后续资源竞争日益激烈，单靠提高生产规模来增加效益不切合企业实际。

在这种情况下，HK 集团通过深入研究和广泛调研，2006 年果断做出了战略调整，通过优化煤炭产品结构，大力实施精煤战略，从而打造企业的核心竞争力，把精煤战略提升为企业的核心发展战略。HK 集团通过战略调整，把邯矿无烟煤产品定位在无烟煤的高端市场，取消混煤品种，增加大型电厂、钢厂用户比例，创立自己的无烟煤品牌和信誉，以优质的品牌占领市场，增强企业的核心竞争力，使无烟煤和精煤的销售量占到总销量的 50%以上，工业用户销量占到总销量的 80%以上，实现了企业效益的最大化。

具体说来，HK 集团通过精煤战略打造核心竞争力主要包含以下内容。

(1) 千方百计提高"出块率"。多出块煤是提高产品附加值最便捷、最有效的途径，就市场行情来讲，一吨块煤和一吨混煤相比，价格相差 400 元以上，出块率每增加 1%，效益就可增加 2500 万元。

(2) 提高原煤入洗能力，增加精煤产量。精煤的主要用户是钢铁企业，实力强、信誉好，稳定可靠。邯郸是钢铁生产基地，市场需求很大，对邯矿来讲有不可替代的区位优势。自 2006 年以来，HK 集团共计投入 1.2 亿元资金，先后对 7 个生产矿的洗煤厂进行了工艺改进和扩能改造，采用重介、浮选和干扰床分选等先进工艺装备，大大提高了煤炭洗选的装备水平和入洗能力，全公司原煤入洗达到 560 万吨/年。在 2009 年市场低迷的情况下，邯矿的煤炭综合售价保持在高位运行，仅煤炭加工一项就实现增收 1.78 亿元。

(3) 产品结构的升级转型。通过大力开展煤炭洗选深加工，充分发挥无烟煤高硬度、高固定碳、高灰熔点和低硫、低磷、低挥发的优点，根据用户需求合理调整洗选工艺和技术指标，增加产品品种和附加值，使邯矿无烟煤由低端的混煤为主、民用为主、散户为主，成功向高端的精煤为主、工业为主、大户为主升级转型，而且品种进一步优化细化，各类产品达到 40 多个品种，满足了用户各种需求，实现了产品结构的进一步优化和产品定位的大幅提升，同时也增强了产品的市场竞争力，拓宽了盈利空间。

(4) 用户结构的升级转型。随着产品结构的优化升级，邯矿无烟煤的目标市场和用户结构也发生了根本性的转变，即由原先主要供应民用和水泥、化工等中小型企业，改为主要供应冶金、电力等大型工业用户，与首钢、石钢、邯钢、济钢和天铁等一大批实力强、信誉好的大型企业建立了稳固的合作伙伴关系，用户结构由原先的 300 多家分散、多变的中小企业，浓缩为现在的 50 余家国有大中型企业，既增强了目标市场的集中度和稳定性，同时也提高了企业抵御市场风险的能力。

(5) 未来发展规划。结合企业在邯郸和山西文水两大煤炭基地建设，通过深化精煤战略，搞好产品精加工，邯郸基地以占领冶金、发电、化工行业的高端市场为目标，打造无烟精煤品牌；山西基地以扩大在焦化、化工和气化行业的影响力为目标，培育主焦精煤品牌。HK 集团抓住产品质量这一品牌根基，大力实施精煤战略，依靠技术创新，不断改进加工工艺，优化调整产品结构，增品种、提质量，做到"人无我有、人有我优、人优我精"，以品牌效应带动和提升企业整体形象，从而增强企业的核心竞争力。

(资料来源：《大力实施精煤战略 打造企业核心竞争力——冀中能源邯郸矿业集团有限公司精煤战略管理模式》(wenku.so.com))

讨论：结合案例，谈谈 HK 集团是如何打造企业核心竞争力的。

实 践 练 习

结合第三章企业内部环境分析的教学内容，组织安排学生到当地企业进行一次实训，让学生了解该企业的优势、劣势，做到理论与实践相结合，并撰写一份企业内部环境分析报告。

要求：

1. 通过本课程的教学实训内容要求，充分利用所学专业知识并获取有关资料，写出本课程的实训报告。报告要求语言简练、准确，资料来源可靠。

2. 选择一个你比较熟悉的企业，对其内部环境进行分析。对实训企业在以下三方面作一个详细调查和说明，具体内容包括：

(1) 企业的名称、住址和主要业务内容(简单介绍)。

(2) 今后几年该企业所面临的内部环境(销售、财务、研发、人力资源)可能有的变化，对该企业会产生的影响，该企业的机会和威胁(重点写)。

(3) 对该企业进行产业环境分析(详写)。

3. 任课教师按照课程实训方案的要求及时进行实训的安排，在实训过程中给予学生必要的指导，并认真批改课程实训报告，给出学生实训成绩，按优、良、及格与不及格四个等级打分。

4. 学生应在教师的指导下，认真完成一份1000字左右的企业内部环境分析报告。

第四章 企业使命与战略目标

 学习目标

(1) 熟练掌握企业使命、愿景、核心价值观和企业战略目标等相关概念。

(2) 明确企业使命、愿景与战略目标的关系,掌握企业使命与愿景的陈述方法。

(3) 了解并掌握企业目标体系的建立。

引例

阿里巴巴"新六脉神剑"来了:谈谈企业的使命、愿景、价值观

阿里巴巴在成立 20 周年之际,宣布全面升级使命、愿景、价值观。这是一种以文化、制度、人才为驱动力的企业传承的开始。使命、愿景、价值观是阿里巴巴的 DNA(图 4-1):无论环境如何改变,对使命的坚持不会变,对愿景的坚信不会变,对价值观的坚守不会变。

图 4-1 阿里巴巴的"新六脉神剑"

面向未来,阿里巴巴坚守使命——让天下没有难做的生意。

初心不变,阿里巴巴清晰地阐释了愿景——活102年:我们不追求大,不追求强,我们追求成为一家活102年的好公司;到2036年,服务20亿消费者,创造1亿就业机会,帮助1000万家中小企业盈利。基于崭新的愿景,阿里巴巴将自身的发展目标立足于为全社会担当责任、创造价值。

"新六脉神剑"价值观由六句阿里巴巴土话组成,每一句话背后都有一个阿里巴巴发展历史上的小故事,表达了阿里人与世界相处的态度——客户第一,员工第二,股东第三;因为信任,所以简单;唯一不变的是变化;今天最好的表现是明天最低的要求;此时此刻,非我莫属;认真生活,快乐工作。这六句朴素的土话成为阿里巴巴继续践行使命、实现愿景的出发点和原动力。

"新六脉神剑"出炉历时14个月,前后修改过20多稿。升级的使命、愿景和价值观体现了阿里巴巴鲜明的态度、对企业发展方向的本质思考,更是阿里人对于如何走向未来的共识。它们将帮助阿里巴巴凝聚同路人,进一步提升组织的创造力,进而更好地拥抱数字经济时代的机遇与变革。

以使命、价值观驱动的独特文化和良将如潮的人才体系,保障了阿里巴巴此次领导力的升级。过去20年,阿里巴巴因为价值观而与众不同。未来20年,阿里巴巴应该、也必须因为坚持价值观而与众不同。

思考:1. 什么是企业使命、愿景、价值观?它们三者之间的关系如何?

2. 企业使命、愿景、价值观与企业战略目标有何关系?

> 提示:
> ★使命阐明"企业存在的理由",即一个企业在社会中所产生价值贡献的基本定位。企业使命告诉组织将以何种形态或身份来实现目标。企业使命回答的是"我是谁""我们为什么去"的问题。
> ★愿景是组织在未来所能达到的一种状态的蓝图,它面向未来,可以为众人带来共同利益。企业愿景回答的是"去哪里"的问题。
> ★价值观指的是基于组织的共同愿景、宗旨和使命等,对所预期的未来状况所持的标准观念。企业价值观和战略目标回答的是"怎么去"的问题。

第一节　企业的使命、愿景、核心价值观

一、企业使命的内涵

什么是使命?按照《现代汉语词典》的解释,使命多比喻重大的责任。企业使命是企业的一种根本的、崇高的责任和任务,是对企业目标的构想。换句话说,企业使命是企业之所以存在的理由和价值追求,一方面,它是企业"存在理由"的宣言;另一方面,它是企业"价值追求"的体现,反映和体现企业的宗旨、核心价值观和未来方向。因此,在某

种意义上，可以说企业使命是企业生存的基石。

企业使命又称企业宗旨或战略展望，尽管叫法不同，但都是阐明"企业存在的理由"，即一个企业在社会中所产生价值贡献的基本定位。企业使命回答的是"我是谁""我为什么去"这一问题。企业使命决定了一个企业做什么、不做什么，它是企业中人们思考、决策和行动共同的根本依据。

明确"我是谁""我们为什么去"这些问题，对于一个企业的成功而言，其重要性再怎么强调都不为过。因为任何一个企业只有明确了自己的使命，才能够着力去"做正确的事情"。管理大师彼得·德鲁克曾说过，企业的一切源于使命，一切与使命密切相关。企业只有具备了明确的使命与愿景，才可能制定明确而现实的战略目标。因此，企业的使命代表了企业存在的根本价值，没有使命，企业就丧失了存在的价值和意义。

二、企业愿景的内涵

愿景是组织在未来所能达到的一种状态的蓝图，是关于理想的一幅独特的画面，阐述的是组织存在的最终目的，它面向未来，可以为众人带来共同利益。

企业愿景是根据企业使命，在汇集企业每个员工个人心愿基础上形成的全体员工共同心愿的美好愿景，它能激发出强大的力量，使每个员工都渴望能归属于一项重要的任务和事业。企业愿景回答的是"去哪里"的问题。《基业长青》的作者吉姆·柯林斯认为，一个企业的愿景应该包括核心理念和未来前景两部分。

从广义上分析，企业愿景和企业使命可以认为具有相同的内涵，所以在现实中经常被混淆。但是，从狭义上分析，企业愿景侧重于从企业自身的角度来描绘组织未来的形象定位，而企业使命则更侧重于从市场上消费者的角度来阐述企业战略性定位，是指企业区别于其他类型组织而存在的原因和目的，是企业在经济社会中所应担当的角色和责任。企业愿景和企业使命的区别如图 4-2 所示。

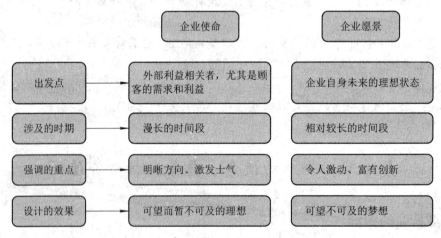

图 4-2　企业使命与企业愿景的比较

三、核心价值观的内涵

核心价值观指的是基于组织的共同愿景、宗旨和使命等，对所预期的未来状况所持的标准观念。企业核心价值观回答的是"怎么去"的问题。

核心价值观是企业在追求经营成功的过程中所推崇的基本信条和奉行的逻辑准则，是对生产经营、目标追求以及自身行为的根本看法和评价。核心价值观是企业哲学的重要组成部分，它是解决企业在发展中如何处理内外矛盾的一系列准则，表明企业对市场、对客户、对员工等的基本看法或态度，也是企业表明如何生存的主张。企业的核心价值观是成熟的公司文化形成的基石，是一家公司由内而外给人的印象，以及在日常经营过程中的准则和氛围。

四、企业使命、愿景、核心价值观的陈述

一个企业若想对本企业使命、愿景和核心价值观作出准确的陈述，首先需要确定企业使命，从本质上搞清楚企业存在的理由，即要回答"我们的企业是什么""我们的企业应该是什么"这两个根本性的问题。然后，在此基础上根据企业使命，绘制出组织在未来所能达到的一种状态的蓝图，即在汇集企业每个员工个人心愿基础上形成的全体员工共同心愿的美好愿景。最后，基于组织的共同愿景、宗旨和使命等提炼企业核心价值观，表明对所预期的未来状况所持的标准观念。

1. 对企业使命、愿景、核心价值观陈述的基本要求

一个理想的企业使命、愿景、核心价值观应受到企业内外广泛的理解、接受和认可，因此在对其进行陈述时，应力求满足以下要求：第一，要有利于激发社会公众对企业的好感，促进企业与利益相关者之间的友好合作；第二，要有利于调动企业员工的工作热情并促进企业的发展。

2. 陈述的具体内容

对企业使命和愿景陈述的具体内容一般包括九个方面，当然，不同企业的使命陈述内容是各不相同的，具体表述时选取其中 2～3 项即可。

(1) 企业的用户。

(2) 企业的产品或服务。

(3) 企业的目标市场。

(4) 企业技术。

(5) 企业的生存与发展。

(6) 企业的价值观念及基本信念。

(7) 企业的自我意识。

(8) 对企业员工的关心。

(9) 企业的公共形象及社会责任。

～～～　知识链接　～～～～～～～～～～～～～～～～～～～～～～～～～～

愿景、使命、核心价值观是用来干什么的？

"战略的起点"，实际上就是愿景、使命、核心价值观的问题。现实中，成功的企业都是价值感很强的企业。彼得·德鲁克认为，没有事业理论的企业是不能长久的。很多企

业在还没有形成价值观的时候就已经死了。

愿景、使命、核心价值观是用来干什么的？大家有没有思考过：战略里讲的愿景、使命、核心价值观和文化里讲的愿景、使命、核心价值观是一回事还是两回事？企业是一个系统，战略也好，文化也好，都在这个系统里面，但是要分开来讲的话，从战略和文化的角度讲出来的东西是一样的还是不一样的？

从文化的角度上讲，愿景、使命、核心价值观的作用主要体现在它的凝聚功能和导向功能，着重要解决的是企业的凝聚力和向心力的问题。在企业系统内需要组织成员认同，在企业系统外要彰显企业系统的特色和个性，以和其他系统相区别。所以，文化不仅在内部起作用，在外部也起作用。

在战略层面，愿景、使命、核心价值观是用来干什么的？愿景、使命、核心价值观是要凝结到企业的产品和服务中去的。从工业文明到互联网文明，当人类摆脱了对基本物质资料的依赖，社会总体上进入到丰饶经济时代的时候，生存问题已经不再是人们关心的主要问题，生存意义才是人们关心的主要问题。因此，人们对功能性产品的需求逐渐减弱，对价值性产品的需求日渐加强。因此，企业需要寻找在功能性产品承载的基础上的有价值的产品。例如水，不是说这个水能喝它就有价值，而是指这个水它本身象征着什么？它代表什么？它蕴含着什么？

从竞争的角度上讲，核心价值观和使命是使产品和服务变得有灵性的东西，是让它有灵魂的东西。在战略的角度上，战略从来都是要讲竞争的，企业一旦把愿景、使命、核心价值观注入产品里，产品就变成了有灵魂的产品。例如，杯子(指司机专用杯)就不再只是一个简单的杯子，它还代表着企业对司机的爱，对生命安全的关注，所以这个产品和其他产品是不一样的，这个产品才会有竞争力。

所有的竞争战略，最后都可以概括为一种战略——差异化战略。有了使命、愿景和核心价值观，除了使企业的产品和其他企业生产的产品有了差异外，还可以使企业和其他企业形成差异。文化的独特性，就是要使企业和其他的企业相区别，以增加企业的识别度。不同的组织，因为使命不同、价值观不同、愿景不同而和其他组织相区别。从竞争力的角度来看，最好的核心竞争力是看不见的、是难以识别的，而文化复杂性，正是一种看不见、摸不着但又确实存在的东西。比如对核心价值观的认同，愿意为愿景而奋斗，由此而产生的信任、士气、彼此间的关爱等，都是精神性的、无形的东西，这种竞争力能感觉到，但是看不见，也无法模仿。

企业做什么，不做什么；哪些手段能用，哪些手段不能用。解决这些问题，首先要问的是：企业的使命是什么？使命是讲存在理由的，而存在理由一定是企业自己去寻找的，并且在找到了以后，还得去和其他企业竞争。企业是竞争性的组织，一个行业不可能需要太多的组织，哪一个组织能把这个使命履行好，社会就允许哪个组织存在。人是有局限的，企业也是有局限的，这种局限性使得企业的使命不能太宽泛。价值观也是，什么钱能挣，什么钱不能挣；什么手段能用，什么手段不能用；哪些利益主体排前，哪些利益主体排后。决定这些问题的是看其符不符合企业的核心价值观。所以，使命、核心价值观让企业在做决策的时候更简单。

除了决策以外，愿景、使命、核心价值观是用来选人、聚人的。首先，进入组织的人，能不能认不认同组织的使命。其次，能不能为愿景而奋斗。为顾客服务，是 HW(华为)存在的理由，而要服务好顾客，就必须艰苦奋斗，而且是长期艰苦奋斗。HW 的哲学，就是奋斗的哲学。不能为顾客服务，不想艰苦奋斗，那就走人。所以，企业是要通过愿景、使命这些东西来选择一类人，愿意为共同愿景而奋斗的这一类人。

所以，战略的起点是建立在愿景、使命、核心价值观之上的。核心价值观是要践行的，要真正按照核心价值观去干，而不是用来标榜的；使命是要有认同的，愿景是要能为之奋斗的。如果一个企业的核心价值观在工作中没有树立，或者核心价值观没核心，使命不能为人们所认同，没有能够为之奋斗的愿景，那么企业的战略就不会有一个坚实的起点，也不会成功。

第二节　企业战略目标体系

一、企业战略目标的概念及特点

1. 企业战略目标的概念

企业战略目标是指企业在实现其使命过程中所追求的长期结果，是在一些最重要的领域对企业使命的进一步具体化。它反映了企业在一定时期内经营活动的方向和所要达到的水平，既可以是定性的，也可以是定量的，比如竞争地位、业绩水平和发展速度等。与企业使命不同的是，企业战略目标要有具体的数量特征和时间界限，一般为 3～5 年或更长，而企业战略则是为达到企业战略目标而采取的行为。

企业战略目标的主要内容具体有以下三点。

(1) 企业战略目标是企业使命和愿景的逻辑延续，是明确企业在一定时期内，沿其经营方向所预期达到的理想成果。它回答的是"企业未来的行动要干到什么程度、要达到什么样的结果"的问题。

(2) 企业战略目标为战略措施的制定提供了依据。

(3) 企业战略目标是企业全体员工的行动纲领。

2. 企业战略目标的特点

企业战略目标与企业其他目标相比，具有以下九个特点。

(1) 宏观性。企业战略目标是一种宏观目标，是对企业全局的一种总体设想，它的着眼点是整体而不是局部，是从宏观角度对企业未来的一种较为理想的设定。企业战略目标所提出的，是企业整体发展的总任务和总要求；它所规定的，是企业整体发展的根本方向。因此，人们所提出的企业战略目标总是高度概括的。

(2) 长期性。企业战略目标是一种长期目标，它的着眼点是未来和长远。企业战略目标是关于未来的设想，它所设定的，是企业职工通过自己的长期努力奋斗而达到的对现实的一种根本性的改造。企业战略目标所规定的，是一种长期的发展方向，它所提出的，是一种长期的任务，绝不是一蹴而就的，要经过企业职工相当长时间的努力才能够实现。

(3) 相对稳定性。企业战略目标既然是一种长期目标，那么它在其所规定的时间内就应该是相对稳定的。企业战略目标既然是企业发展的总方向、总任务，那么它就应该是相对不变的。这样，企业职工的行动才会有一个明确的方向，大家对目标的实现才会树立起坚定的信念。当然，强调企业战略目标的稳定性并不排斥根据客观需要和情况的发展而对企业战略目标做出必要的修正。

(4) 全面性。企业战略目标是一种整体性要求，它虽着眼于未来，但却没有抛弃现在；它虽着眼于全局，但又不排斥局部。科学的企业战略目标，总是对现实利益与长远利益，局部利益与整体利益的综合反映。科学的企业战略目标虽然总是概括的，但它对人们行动的要求却又总是全面的，甚至是相当具体的。

(5) 可分性。企业战略目标具有的宏观性、全面性特点本身就说明它是不可分的。企业战略目标作为一种总目标、总任务和总要求，总是可以分解成某些具体目标、具体任务和具体要求的。这种分解既可以在空间上把总目标分解成一个方面又一个方面的具体目标和具体任务，又可以在时间上把长期目标分解成一个阶段又一个阶段的具体目标和具体任务。人们只有把企业战略目标分解，才能使其成为可操作的东西。可以这样说，因为企业战略目标是可分的，因此才是可实现的。

(6) 可接受性。企业战略的实施和评价主要是通过企业内部人员和外部公众来实现的，因此，企业战略目标必须被他们理解并符合他们的利益。但是，不同的利益集团有着不同的甚至是相互冲突的目标，因此，企业在制定战略时一定要注意协调。一般的，能反映企业使命和功能的战略易于被企业成员所接受。另外，企业的战略表述必须明确，要有实际的含义，不至于产生误解，易于被企业成员理解的目标也易于被接受。

(7) 可检验性。为了对企业管理的活动进行准确的衡量，企业战略目标应该是具体的和可以检验的。目标必须明确，具体地说明将在何时达到何种结果。目标的定量化是使目标具有可检验性的最有效的方法。但是，由于许多目标难以数量化，时间跨度越长、战略层次越高的目标越具有模糊性。此时，应当用定性化的术语来表达其达到的程度，这就要求一方面明确企业战略目标实现的时间，另一方面须详细说明工作的特点。

(8) 可挑战性。目标本身是一种激励力量，特别是当企业战略目标充分体现了企业成员的共同利益，使战略大目标和个人小目标很好地结合在一起的时候，就会极大地激发组织成员的工作热情和奉献精神。

(9) 具体性。在制定企业战略目标时，应当结合企业所处的内外部环境，要有具体的实现时间以及目标实现的效果。

二、企业战略目标的内容

由于企业战略目标是企业使命和功能的具体化，一方面，有关企业生存的各个部门都需要有目标；另一方面，目标还取决于个别企业的不同战略。企业组织目标是企业为增强竞争力，获得或保持持久竞争优势而期望达到的绩效水平。企业战略目标是企业为取得一定绩效所追求的长期结果。因此，企业战略目标是多元化的，既包括经济目标，又包括非经济目标；既包括定性目标，又包括定量目标。

(一) 著名学者关于组织目标的构成

彼得·德鲁克认为，各个企业需要制定目标的领域是相同的，所有企业的生存都取决于同样的一些因素。他在《管理的实践》一书中提出了以下八个关键领域的目标。

(1) 市场方面的目标：应表明本公司希望达到的市场占有率或在竞争中达到的地位。

(2) 技术改进和发展方面的目标：改进和发展新产品，提供新型服务内容的认知及措施。

(3) 提高生产力方面的目标：有效地衡量原材料的利用，最大限度地提高产品的数量和质量。

(4) 物资和金融资源方面的目标：获得物资和金融资源的渠道。

(5) 利润方面的目标：用一个或几个经济目标表明希望达到的利润率。

(6) 人力资源方面的目标：人力资源的获得、培训和发展，管理人员的培养及其个人才能的发挥。

(7) 职工积极性发挥方面的目标：包括职工激励、报酬等措施。

(8) 社会责任方面的目标：公司对社会产生的影响。

B·M·格罗斯在其所著的《组织及其管理》一书中归纳了组织目标的七项内容，具体如下。

(1) 利益的满足：组织的存在应满足相关的任何组织的利益、需要、愿望和要求。

(2) 劳务或商品的产出：组织产出的产品包括劳务(有形的或无形的)，其质量和数量都可以用货币或物质单位表示出来。

(3) 效率或获利的可能性：投入产出目标，包括效率、生产率等。

(4) 组织生存能力的投资：包括存在和发展的能力，有赖于投入数量和投资转换过程。

(5) 资源的调动：从环境中获得稀有资源。

(6) 对法规的遵守。

(7) 合理性：令人满意的行为方式，包括技术合理性和管理合理性等。

(二) 企业战略目标的核心结构

在企业使命和企业功能定位的基础上，企业战略目标可以划分为市场目标、创新目标、盈利目标和社会目标。

1. 市场目标

一个企业在制定企业战略目标时最重要的决策是企业在市场上的相对地位，它常常反映了企业的竞争地位。企业所预期达到的市场地位应该是最优的市场份额，这就要求对顾客、对目标市场、对产品或服务、对销售渠道等做仔细的分析。市场目标主要包括以下三个方面：

(1) 产品目标，包括产品组合、产品线、产品销量和销售额等。

(2) 渠道目标，包括纵向渠道目标，即渠道的层次；横向渠道目标，即同一渠道成员的数量和质量目标。

(3) 沟通目标，包括广告、营业推广等活动的预算和预算效果。

2. 创新目标

在环境变化加剧、市场竞争激烈的社会环境下，创新受到重视是必然的。创新作为企业的战略目标之一，是使企业获得生存和发展的生机和活力。在每一个企业中，基本上存在着三种创新：技术创新、制度创新和管理创新。为树立创新目标，战略制定者一方面必须预计达到市场目标所需的各项创新，另一方面必须对技术进步在企业各领域中引起的发展做出评价。

(1) 技术创新目标：这一目标将导致新的生产方式的引入，即包括原材料、能源、设备和产品等有形目标，也包括工艺程序的设计、操作方法的改进等无形目标。制定技术创新目标将推动企业乃至整个经济广泛和深刻的发展。

(2) 制度创新目标：随着生产的不断发展，新的企业组织形式出现。制度创新目标即对企业资源配置方式进行改变与创新，从而使企业适应不断变化的环境和市场。

(3) 管理创新目标：管理创新涉及经营思路、组织结构、管理风格和手段、管理模式等多方面的内容，管理创新的主要目标是试图设计一套规则和程序以降低交易费用，这一目标的建立是企业不断发展的动力。

3. 盈利目标

这是企业的一个基本目标，即企业必须获得经济效益。作为企业生存和发展的必要条件和限制因素的利润，既是对企业经营成果的检验，又是企业的风险报酬，也是整个企业乃至整个社会发展的资金来源。盈利目标的达成取决于企业的资源配置效率及利用效率，包括生产资源、人力资源、资本资源的投入产出目标。

(1) 生产资源目标。通常情况下，即企业通过改进投入与产出的关系就可以获利。一方面，提高每个投入单位的产量；另一方面，在单位产量不变的情况下，成本的降低同时也意味着利润的增加。

(2) 人力资源目标。员工素质的提高能使企业的生产率得以提高，同时还能减少由于人员流动造成的成本开支。因此，企业战略目标中应包括员工素质的提高、建立良好的人际关系等目标。

(3) 资本资源目标。达成企业盈利目标同样还需要在资金的来源及运用方面制定各种目标，一方面，确定合理的资本结构并尽量减少资本成本；另一方面，则通过对资金、资产的运作来获得利润。

4. 社会目标

企业的社会目标反映了企业对社会作出贡献的程度，如对环境的保护、对能源的节约、对社会活动的参与度、对社会福利事业和地区建设活动的支持度等。下面从公共关系目标、社会责任目标和政府关系目标几个方面对社会目标统一说明。

(1) 公共关系目标。企业将公众对其的认知度、美誉度、和谐度视为公共关系的三大目标。企业通过积极协调内部公众关系，构建与维护外部公众关系，以及塑造企业形象来实现公共关系目标。

(2) 社会责任目标。社会责任目标常常是指企业在处理和解决社会问题时应该或可能做什么，如在对待环境保护、社区问题、公益事业时所扮演的角色和所发挥的作用。

(3) 政府关系目标。企业作为纳税人支持着政府机构的运作；同时，政府对企业的制约和指导作用也是显而易见的。这一目标的达成往往会给企业带来无形的竞争优势。

三、企业战略目标的分解

由于企业战略目标需要全体员工在较长时间内完成，因此，需要对企业战略目标进行详细的分解。

1. 从时间上进行分解

企业战略目标不是短时期内可以完成的，可以将企业战略目标在时间上进行分解，具体可以分为长期发展目标、阶段性发展目标、近期目标和部门的工作目标，如图 4-3 所示。这些目标的制定都是围绕企业使命和愿景展开的。例如，《中国制造 2025》提出：立足国情，立足现实，力争通过"三步走"实现制造强国的战略目标，第一步，力争用 10 年时间，迈入制造强国行列；第二步，到 2035 年，我国制造业整体达到世界制造强国阵营中等水平；第三步，中华人民共和国成立 100 年时，制造业大国地位更加巩固，综合实力进入世界制造强国前列。

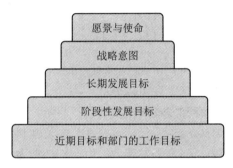

企业的目标是一个有层次的体系

图 4-3　企业战略目标从时间上进行分解

2. 从任务上进行分解

由于战略管理层次分为总体战略、业务战略、职能战略，因此，企业战略目标也可分解为总体层战略目标和业务层战略目标、职能层战略目标。

(1) 总体层战略目标。针对企业整体，用于明确企业总目标以及实现总目标的计划和行动。

(2) 业务层战略目标。主要关注企业在特定市场、行业或产品中的竞争力情况。

(3) 职能层战略目标。关注企业特定职能部门的运营目标及效率。

这三个层次的战略目标是相互联系、相互配合的。每一层次的战略目标都为下一层次战略目标提供方向，并构成下一层次的战略环境；每一层次的战略环境又为上一级战略目标的实现提供保障和支持。所以，企业要实现其总战略目标，必须将这三个层次的战略目标有效地结合起来。

3. 战略目标体系的构成

从以上企业战略目标的分解可以看出企业战略目标是一个体系，主要包括长期战略目标、短期战术目标、具体部门目标以及个人目标。这与彼得·德鲁克的目标管理基本思想是一致的。

彼得·德鲁克认为企业的任务必须转化为目标，每个企业管理人员或工人的分目标是企业总目标对他们的要求，同时也是他们对企业总目标的贡献。

因此，企业战略目标体系的构成也是沿着各层次目标逐一展开的，首先应围绕企业使命制定总战略目标，再进行职能性战略目标、子目标的确定，这就是企业战略目标体系的构成，即由若干目标项目组成的一个战略目标体系。从纵向上看，企业战略目标体系可以分解成一个树形图，如图 4-4 所示。

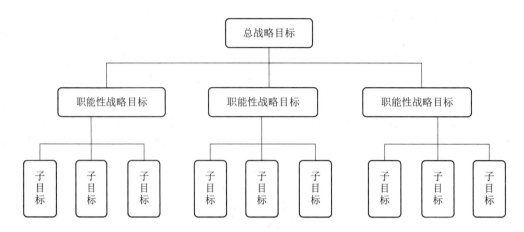

图 4-4　企业战略目标体系树形图

从横向上来说，企业战略目标大致可以分成两类。

第一类是用来满足企业生存和发展所需要的项目目标，这些项目目标又可以分解成业绩目标和能力目标两类。业绩目标主要包括收益性、成长性和稳定性等三类定量指标。能力目标主要包括企业综合能力、研究开发能力、生产制造能力、市场营销能力、人事组织能力和财务管理能力等一些定性和定量指标。

第二类是用来满足与企业有利益关系的各个社会群体所要求的社会贡献目标。与企业有利益关系的社会群体主要有顾客、股东、企业职工、社区等。企业战略目标体系具体如表 4-1 所示。

表 4-1　企业战略目标体系

分　类	目标项目	目标项目构成
业绩目标	收益性	资本利润率，销售利润率，资本周转率
	成长性	销售额成长率，市场占有率，利润增长率
	稳定性	自有资本比率，附加价值增长率，盈亏平衡点
能力目标	企业综合能力	战略决策能力，集团组织能力，企业文化，品牌商标
	研究开发能力	新产品比率，技术创新能力，专利数量
	生产制造能力	生产能力，质量水平，合同执行率，成本降低率
	市场营销能力	推销能力，市场开发能力，服务水平
	人事组织能力	职工安定率，职务安排合理性，直接、间接人员比率
	财务管理能力	资金筹集能力，资金运用效率
社会贡献目标	顾客	提高产品质量，降低产品价格，改善服务水平
	股东	分红率，价格股票，股票收益性
	企业职工	工资水平，职工福利，能力开发，士气
	社区	公害防治程度，利益返还率，就业机会，企业形象

~~~ 案例赏析 ~~~~~~

战略与政策——HW 公司的可持续发展战略

HW(华为)公司的愿景和使命是把数字世界带入给每个人、每个家庭、每个组织，构建万物互联的智能世界。承接公司的愿景和使命，HW 制定了可持续发展战略，并将可持续发展作为一项优先的准则，全面融入到企业的整体发展战略当中。从经济责任、环境责任和社会责任"三重底线"出发，结合 17 个联合国可持续发展目标，梳理出 HW 作为一家全球领先的 ICT 基础设施和智能终端提供商应该聚焦的四个主要领域：数字包容、安全可信、绿色环保、和谐生态。

1) 数字包容

(1) 技术普惠，接力致远：科技不应高居象牙塔，而要普济天下，HW 希望通过在联接、应用和技能三个方面的努力，持续扩大数字包容的成果，最终让数字技术惠及每个人、每个家庭、每个组织。

(2) 无处不在的联接：通过构建更多的覆盖，更便捷、更高速的联接，惠及更多地区与人口。通过创新技术来降低门槛，让地处偏远地区、极端环境以及其他接入受限地区的居民和企业都得以更好地接入数字资源，享受更好的数字体验。

(3) 丰富的应用生态：提供客户化的 ICT(信息和通信技术)应用解决方案，易用的应用开发平台，繁荣生态，惠及更多的行业与人群，满足个性化、场景化需求。

(4) 普惠的数字技能：与政府、当地社区和其他行业合作，提升个人与全社会的数字技能，为中小型组织提升数字能力，促进当地国家、社区未来的发展，从而提升本国的数字经济竞争力。

2) 安全可信

(1) 恪尽职守，夯实信任：把网络安全和用户隐私保护作为公司最高纲领，坚持投入，开放透明，全面提升软件工程能力与实践，构筑网络韧性，打造可信的高质量产品，保障网络稳定运行和业务连续性。

(2) 网络安全：在产品设计、开发及交付全生命周期，将安全置于战略优先地位，向客户提供安全可信的产品和解决方案，帮助客户构筑网络韧性，共同应对数字时代日益严峻的挑战。

(3) 用户隐私保护：遵从《通用数据保护条例》等隐私保护法律，将隐私设计融入产品和服务，让人们放心的享受万物互联的智能世界。

(4) 开放透明：遵从适用的安全标准和法规，与各国政府、当地社区及客户开展积极、主动、透明、开放的沟通与合作。

(5) 网络稳定运行保障：把保障客户网络稳定安全运行的责任置于公司商业利益之上，特别是在危急时刻(如遭遇自然灾害及其他突发事件时)。

(6) 业务连续性：夯实端到端的业务连续性管理体系，持续提升突发事件的应对能力，确保对日常业务风险的有效管理。

3) 绿色环保

(1) 清洁高效，低碳循环：致力于减少生产、运营等过程以及产品和服务全生命周期对环境的影响，通过创新的产品和解决方案，促进各行业的节能减排和循环经济发展，持续牵引产业链各方共建低碳社会。

(2) 绿色产品：把绿色环保理念融入到产品规划、设计、研发、制造、交付和运维等各个环节中，通过持续的技术创新，不断提升产品和解决方案的资源使用效率，向客户提供领先的节能环保产品和解决方案。

(3) 绿色运营：致力于在办公、生产、物流及实验室等方面提升资源使用效率，降低温室气体及废弃物排放强度，将 HW 打造为环境友好型的典范。

(4) 绿色伙伴：持续保证 HW 产品的环保符合性，促进合作伙伴运营活动符合环境法规要求，牵引供应链节能减排，提升 HW 产业生态链综合竞争力。

(5) 绿色世界：致力于不断推广绿色 ICT 综合解决方案，促进各个行业节能减排，积极推动资源节约、环境友好的低碳社会建设。

4) 和谐生态

(1) 同心共筑，为善至乐：坚持诚信合规经营，关注员工发展和价值实现，积极为运营所在社区做出贡献，与产业链各方携手共建和谐健康的产业生态环境。

(2) 员工关爱：充分发挥员工专长，为员工提供不同发展通道，从而实现个人价值。

(3) 社区责任：为运营所在国家和社区做出积极的社会贡献。

(4) 商业道德：严格遵守商业道德标准，反对腐败、倾销和垄断，合规和诚信经营。

(5) 风险管理：关注自身经营活动和服务过程中的可持续发展风险管理，逐步成为行业以及全球可持续发展的领先者。

(6) 供应责任：与供应商紧密合作，制定标准，定义标杆，将风险管理转变为效率管理，引领产业生态链可持续发展。

（资料来源：《报告：华为战略规划可持续发展》(www.biaogankaochawang.com)）

小　　结

企业使命阐明"企业存在的理由"，即一个企业在社会中所产生价值贡献的基本定位。企业使命告诉组织将以何种形态或身份来实现目标。企业使命回答的是"我是谁""我们为什么去"的问题。

企业愿景是组织在未来所能达到的一种状态的蓝图，它面向未来，可以为众人带来共同利益。企业愿景回答的是"去哪里"的问题。

企业核心价值观指的是基于组织的共同愿景、宗旨和使命等，对所预期的未来状况所持的标准观念。企业核心价值观回答的是"怎么去"的问题。

在企业使命和企业功能定位的基础上，企业战略目标可以按四大内容展开：市场目标、创新目标、盈利目标和社会目标。

练 习 题

一、单项选择题

1. ( )是企业生存的基石。

A. 企业使命　　　B. 企业宗旨　　　C. 企业哲学　　　D. 企业文化

2. ( )是组织在未来所能达到的一种状态的蓝图，是关于理想的一幅独特的画面。

A. 企业理念　　　B. 企业愿景　　　C. 企业哲学　　　D. 企业文化

3. 按照一定要求和细分标准将战略逐层细化，并最终演绎成经营单位或职能部门年度目标的活动过程是( )。

A. 战略变革　　B. 战略实施　　C. 战略分解　　D. 战略选择

4. 企业战略目标一经制定和落实，就必须( )。

A. 保持相对稳定

B. 根据具体环境状况时常调整

C. 保持长期不变

D. 每年都应该依据市场变化有所改动

5. 企业进行生产经营活动和制定企业战略，首先应弄清企业的战略使命，即确定企业在社会活动中的( )。

A. 企业的市场战略　　　　　B. 所扮演的角色

C. 企业的性质和应从事的业务　　D. 企业的发展目标

6. 战略目标与企业使命的区别是( )。

A. 企业使命是面向过去的概念，战略目标是基于未来的

B. 企业使命主要由高层承担，而战略目标是全体员工共同承担

C. 企业使命的制定由股东大会决定，战略目标由公司高层制定

D. 相较于企业使命，战略目标有具体的数量特征和时间界限

7. 按组织系统层层细化，将企业战略目标直至落实到个人过程是( )。

A. 横向展开　　B. 水平展开　　C. 交叉展开　　D. 纵向展开

二、判断题

1. 战略使命描述了一个企业特有的目标及所从事的生产领域和市场范围。　　( )

2. 企业使命可以市场为导向来定义，也可以产品为导向来定义。　　( )

3. 企业战略目标是企业的长期目标，它必须是具体的、可衡量的。　　( )

4. 企业战略目标制定的可行性原则要求制定企业的战略目标要具有可行性与先进性。

( )

5. 企业战略目标的内容有盈利能力、市场、产品、组织、社会责任等。　　( )

6. 企业愿景是企业战略家对企业前景和发展方向一个高度概括的描述。　　( )

三、简答题

1. 如何理解企业使命？

2. 企业战略目标的主要内容包括哪些方面？

四、案例分析

INT 做出大胆的决策，大幅度地改变公司的使命

在某些情况下，公司所在的环境会发生巨大的变化，这些变化往往会改变公司的未来前景，要求公司对自己的发展方向和战略方向进行大幅度的修订，INT(英特尔)的总裁安德鲁·格罗夫把这种情况叫做"战略转折点"。格罗夫和 INT 在 20 世纪 80 年代中期遇到了一次这种战略转折点。当时，计算机存储芯片是 INT 的主要业务，而日本的制造商想要占领存储芯片业务，因此将它们相对 INT 以及其他芯片生产商的价格降低了 10%，每一次美国的生产商在日本生产商降价之后回应日本生产商的降价行为时，日本的生产商则又降低 10%，为了对付日本竞争对手的这种挑衅性的定价策略，INT 研究出了很多战略选择——建立巨大的存储芯片生产工厂，以克服日本生产商的成本优势；投资研究与开发，设计出更加高级的存储芯片；撤退到日本生产商的并不感兴趣的小市场上去。最后格罗夫认为，所有这些战略选择都不能为公司带来很好的前景，最好的长期解决方案是放弃存储芯片业务，尽管这块业务占 INT 收入的 70%。然后，格罗夫将 INT 的全部能力致力于为个人计算机开发出更强大的微处理器(INT 早在 20 世纪 70 年代的早期就已经开发出来了一种微处理器，但是由于微处理器市场上的竞争很激烈，生产能力过剩，所以 INT 现在才将公司的资源集中在存储器芯片上)。从存储器芯片业务撤退，使 INT 在 1986 年承担了 1.73 亿美元的账面价值注销，并全力以赴参与微处理器业务。格罗夫所做的这项大胆的决策实际上给 INT 带来了一个新的战略使命：成为个人计算机行业微处理器最主要的供应商，使个人计算机成为公司和家庭应用的核心，成为推动个人计算机技术前进的一个无可争辩的领导者。今天，85%的个人电脑带有 "Intel Inside" 的标签，同时，INT 是美国 1996 年盈利最大的五家公司之一，营业收入为 208 亿美元，税后利润为 52 亿美元。

(资料来源：转选自[美]亚瑟·A·汤姆森等著《战略管理：概念与案例》)

讨论：INT 过去的使命是什么？为什么要做战略改变？

实 践 练 习

结合第四章学习的内容，邀请企业家代表走进课堂与同学们进行零距离接触，重点讲解企业如何制定战略目标的相关问题。

1. 任课教师按照课程实训方案的要求及时进行实训的安排，在实训过程中给予学生必要的指导，并认真批改课程实训报告，给出学生实训成绩，按优、良、及格与不及格四个等级打分。

2. 学生完成一份 1000 字左右的实训报告。

第三篇　战略制定与选择分析

战略制定者的任务不在于看清企业目前是什么样子,而在于看清企业将来会成为什么样子。

——约翰·W·蒂兹

战略制定者要在所取信息的广度和深度之间做出某种权衡。他就像一只在捉兔子的鹰,鹰必须飞得足够高,才能以广阔的视野发现猎物,同时它又必须飞得足够低,以便看清细节,瞄准目标和进行攻击。不断地进行这种权衡正是战略制定者的任务,一种不可由他人代理的任务。

——弗雷德里克·格卢克

第五章　公司层战略

 学习目标

(1) 熟悉公司层战略的分类及各类型战略的特点和适用条件。

(2) 掌握密集型成长战略、一体化成长战略、多元化战略的特点和适用条件。

(3) 理解稳定型战略和收缩型战略的内容。

引例

F 公司的战略选择

F(福特)公司鲜明地证明了一个大公司如何向多个战略方向出击。

1. 集中生产单一产品的早期发展战略

早期，F 公司的发展是通过不断改进其单一产品——轿车来实现的。1902 年，美国一位年轻的汽车技师亨利·福特以自己的名字命名成立了"F 公司"，希望能生产每一个家庭都买得起的平价车。1908 年，F 公司发明了一种快速组装很多辆车的装配流水线，利用这种流水线可以制造出低成本的汽车。在 1908 年制造的 T 型车比以前所有的车型都有相当大的改进。在它生产的第一年，就销售了 1 万多辆。1909 年，T 型车售价 850 美元，7 年后只需 260 美元。直到 1927 年 T 型车停产之前，共生产了 1500 万辆福特 T 型车。美国底特律 F 汽车厂的装配流水线非常忙碌，工人将零件组装到车体上后，整个车体就被快速地送到汽车下方的底盘上，装好一辆车只要 1.5 个小时。1914 年，亨利·福特提出了一种降低汽车成本的方法，即工厂只生产黑色车身的 T 型车。在 1925 年以前，F 公司所有的 T 型车都是黑色的。在当时的美国，经常可以看到 T 型车，但只有少数几种车型。1908—1927年，T 型车的主要设计只做了小幅度的修改，这对 F 公司而言是好坏参半，T 型车虽然越来越便宜，并拥有许多顾客，但是 T 型车的缺点是车速慢(时速 64 km)和敞开式的车体，这使其竞争者有机会开发出更舒适、快速的车并迎头赶上。

2. 纵向一体化战略

F 公司的多样化生产集团是后向一体化战略的典型实例。下面介绍 F 公司在这一集团中几个业务部门的作用。

(1) 塑料生产部门——满足 F 公司 30% 的塑料需求量和 50% 的乙烯需求量。

(2) 玻璃生产部门——供应 F 北美公司的轿车和卡车所需的全部玻璃，同时也向其他汽车制造商供应玻璃。这个部门也是建筑业、特种玻璃业、制镜业和汽车售后市场的主要供应商。

(3) 电工和燃油处理部门——为 F 公司供应点火器、交流发电机、小型发电机、燃油输送器和其他部件。

3. F 新荷兰有限公司——同心多样化战略

在 1917 年，F 公司通过生产拖拉机开始了同心多样化战略。F 新荷兰有限公司现在是世界上最大的拖拉机和农用设备制造商之一，于 1987 年 1 月 1 日成立。F 新荷兰有限公司是由 F 公司的拖拉机业务部门和新荷兰有限公司联合成立的，后者是从 Sperry 公司收购来的农用设备制造厂商。F 新荷兰有限公司随后兼并了万能设备有限公司，它是北美洲最大的四轮驱动拖拉机制造商。这两项交易是 F 公司通过收购实行同心多样化战略的最好例证。

4. 金融服务集团——跨行业的复合多样化战略

F 汽车信贷有限公司(简称 F 信贷)的成立，是为了向经销商和零售汽车顾客提供贷款，可以说是实行水平多样化战略的例证。20 世纪 80 年代，F 公司利用 F 信贷积极从事非相关/复合多样化经营。1985 年，F 信贷收购了国家第一金融有限公司，后者是北美洲第二大储蓄和贷款组织。在 1987 年后期，F 信贷收购了美国租赁公司，涉及企业和商业设备融资、杠杆租赁融资、商业车队租赁、运输设备、公司融资和不动产融资。

5. 其他跨行业的复合多样化战略

F 汽车土地开发有限公司也是跨行业多种经营的典型实例。到 1920 年，该公司围绕着密歇根 F 公司世界总部建立了 59 个商用建筑，由其所拥有和管理的设施及土地的市场价值估计有 10 多亿美元。F 太空有限公司和赫兹有限公司也是 F 公司非相关多样化经营的典范。

6. 调整战略

在其发展历史上，F 公司曾经被迫实施了几次调整战略。

第二次世界大战后，F 公司以每月几百万美元的速度亏损。亨利·福特二世重组了公司并实行分权制，这使公司迅速恢复了元气。被许多美国公司采用的最富戏剧性的调整战略是由 F 公司在 20 世纪 80 年代早期完成的。1979—1982 年，F 公司的利润亏损额达 5.11 亿美元；销售额由 1978 年的 4.2 亿美元下降到 1981 年的 3.18 亿美元。显然，F 公司陷入了严重的危机。

亏损的原因之一是激烈的国际竞争。也许更主要的原因是 F 公司运营的方式：新车的款式看起来和许多年前相同；部门之间(如设计与工程)缺乏沟通；管理层所做的工作很不如意并且很少向上级部门传达情况等。于是，F 公司首先显著地减少了运营成本。在 1979—1983 年，从运营支出中就节省了 4.5 亿美元。其次，质量成为头等大事。管理层也改变了设计小汽车的程序。以前，每一个工作单位是独立工作的。现在，设计、工程和装配等部门都在这一过程中协调工作。

不过，F 公司最重要的改变是实行一种新的企业文化。F 公司通过建立一种新型管理风格，强调联合行动和在工作中所有雇员应向着共同的目标前进。在 F 公司，员工建立起了更加密切的关系，并且更加强调雇员、经销商和供应商之间的关系，呈现出了一种新的集体工作精神。

7. 放弃战略

多年来，F 公司不得不放弃某些经营单位。例如，在 1989 年 10 月，F 公司和投资商签署了卖掉其 Rouge 钢铁公司的谅解备忘录。F 公司之所以卖掉这家公司是因为它不想支付实现其现代化的成本。据估算，在其实现现代化的几年中，每年所交出的现代化费用总计 1 亿美元。F 公司作出的其他放弃决策包括在 1986 年和 1987 年分别把漆料业务和化工业务卖给了杜邦公司。

8. 收购和合资经营战略

1989 年 11 月 2 日，F 汽车公司以 25 亿美元收购了美洲豹私人有限公司，以作为消除它在汽车市场上的一个弱点(即缺乏在豪华轿车市场上竞争的产品)的手段。市场上豪华类别的竞争产品主要有丰田公司的凌志 LS400、本田阿库拉·传奇和宝马 3 系列。在 1989 年，豪华轿车的需求是 250 亿美元，预计到 1994 年能增长到 400 亿美元，这一增长速度比整个汽车市场的增长速度要大得多。F 公司把美洲豹轿车看作进入美国和欧洲豪华轿车市场的机遇。

F 公司也采取了合资经营的战略，具有较重大意义的两项合资经营是和马自达公司及日产公司实现的。F 公司和马自达公司一起合作生产了 5 种汽车。例如，在马自达生产车间生产的 Probe 汽车，外部和内部的设计由 F 公司负责，细节性的工程技术由马自达公司完成。

日产公司和 F 公司合作开发了前轮驱动的微型货车，F 公司在俄亥俄州的卡车厂制造该车，并由两个公司同时销售。在澳大利亚，F 公司的 Maverick 汽车是日产四轮驱动车 Patrol 的一种车型，它由 F 公司的经销商销售，而日产公司经销商销售 F 公司的 Falcon 客货两用车和运货车。从这些例子中可以看出，F 公司采用了战略的组合。

(资料来源：《战略管理案例福特汽车公司的战略选择》(wenku.so.com))

思考：企业应如何进行战略选择？影响战略选择的因素有哪些？

提示：
★企业战略的体系可以分为三个层面：公司层战略、业务单位战略以及职能战略。
★公司战略主要包括成长型战略、稳定型战略和收缩型战略。
★成长型战略主要包括密集型成长战略、一体化战略、多元化战略。
★稳定型战略的实施主要包括无增战略、维持利润战略、暂停战略、谨慎实施战略。

第一节　公司层战略概述

一、企业制定战略的思维逻辑

在企业制定战略时，应以体系为王，或者是"体系统领战略制定的全局"。当然，对于不同客户而言，定制化需求各异，在进行战略制定之前需要"弄透"客户的真正问题所在，客户真正想要的东西是什么，在此基础上再确定战略制定体系的具体内容。

企业战略的体系可以分为三个层次：公司层战略、业务单位战略以及职能战略。这三个层次相互关联、自成逻辑体系，如图5-1所示。

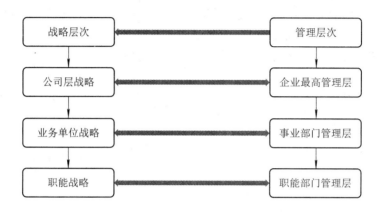

图5-1 企业战略体系的层次

任何企业的发展都需要有清晰的战略规划，企业高层管理者首先需要确定公司层战略，需要明确企业的总体战略目标、在行业中的地位等，同时也可以考虑企业自身的运营模式、经营领域的选择等。这些都是对整个企业的通盘考虑，是企业的董事长或总经理需要考虑的问题。

其次是进行业务单位战略的制定，它涵盖了对企业选定业务领域的战略考虑，需要进一步切实明晰企业战略所确立的竞争优势。所对应的决策层为业务单位的主管和辅助人员，他们的主要任务就是根据公司层战略所包含的企业目标、发展方向和具体措施，制定本业务单位的具体的可操作的竞争与经营战略。

当然，如果一家企业是单一化的业务企业，那么其公司层战略与业务单位战略(竞争战略)是没有严格区分的必要和意义的，一般都是合二为一的，只有业务多元化的企业才有区分公司层战略和业务单位战略的意义和必要。

最后是职能战略的制定。这个战略是根据企业组织架构的不同而具体划分的战略，主要包括营销战略、财务战略、生产战略、研发战略、人力资源战略、信息安全战略等，其目的是更好地配置企业内部的有效资源，为企业各级战略服务，以此提高企业的组织效率。在公司层战略、业务单位战略确定之后，职能单位要进行重新设计和调整。职能战略所涉及的范围、重点以及内容深度都需要结合前面公司层战略、业务单位战略内容以及客户的需要加以细细考量。制定职能战略时，需要不断地追问：这样的职能战略是否有助于实现企业层面的战略目标？是否有助于促进业务层面的战略施行？

综上，三个层次的战略对于企业的发展和经营管理具有重大意义，是企业管理的有机组成部分，但因为其所涉及的管理层不同、决策思路不同，其工作的方向和侧重点以及产生的影响范围也不同，因此，需要选任合适的人才予以决策规划。

二、公司层战略的概念及分类

公司层战略是指为实现企业总体目标，对企业未来发展的总方向所做的长期的、总体性的谋划，也是统筹业务单位战略和职能战略等分战略的全局性指导纲领。公司层战略又称公司总体战略，该战略对应的主体是企业的最高管理层，在大中型企业尤其是多种经营类型的企业之中，公司层战略是企业的最高层次战略，需要根据企业的经营目标、经营的领域合理配置企业资源，使企业在相互支持、相互协调中发展壮大。

公司层战略主要包括成长型战略、稳定型战略和收缩型战略，如图 5-2 所示。

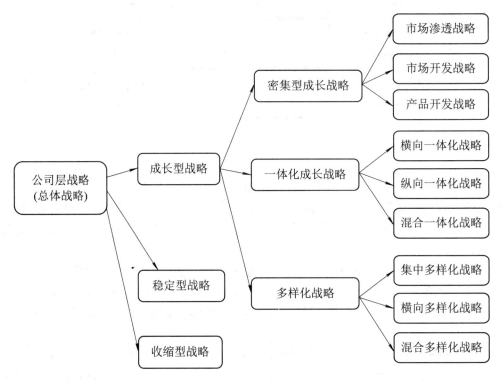

图 5-2　公司层战略分类

1. 成长型战略

成长型战略，又称增长型战略、扩张型战略、进攻型战略、发展型战略，是一种使企业在现有水平上向更高一级目标发展的战略。

从企业发展的角度来看，任何成功的企业都应当经历长短不一的增长型战略实施期，因为从本质上来讲，只有增长型战略才能不断地扩大企业规模，使企业从竞争力弱小的小企业发展成为实力雄厚的大企业。

2. 稳定型战略

稳定型战略指企业遵循与过去相同的战略目标，保持一贯的成长速度，同时不改变基本的产品或经营范围。它是对产品、市场等方面采取以守为攻，以安全经营为宗旨，不冒较大风险的一种战略。

3. 收缩型战略

收缩型战略又称紧缩型战略，指企业从目前的战略经营领域和基础水平收缩和撤退，且偏离起点战略较大的一种经营战略。与稳定型战略和成长型战略相比，紧缩型战略是一种消极的发展战略。

第二节　成长型战略Ⅰ：密集型成长战略

密集型成长战略也称产品—市场战略，指企业在原有生产范围内充分利用产品和市场方面的潜力，以快于过去的增长速度来求得成长与发展的战略。由于企业目标更加明确，因此可以集中精力在降低成本和差异化方面下功夫，增强自己的竞争优势。换句话说，密集型成长战略是在原来的业务领域里，加强对原有的产品、市场的开发与渗透来寻求未来发展机会的一种发展战略。这种战略的重点是加强对原有市场的开发或对原有产品的开发，因此又被称为集中性发展战略或集约性成长战略。

企业的经营者在寻求新的发展机会时，首先应该考虑现有产品是否还能得到更多的市场份额；然后应考虑是否能为其现有产品开发出一些新市场；最后还要考虑是否能为其现有的市场创造出若干有潜在利益的新产品。因此，密集型成长战略主要包括市场渗透战略、市场开发战略和产品开发战略三种类型。

1. 市场渗透战略

市场渗透战略是指企业在现有的市场上增加现有产品的市场占有率。要增加现有产品的市场占有率，企业必须充分利用已取得的经营优势或竞争对手的弱点，进一步扩大产品的销售量，努力增加产品的销售收入。市场渗透主要有三种方法。

(1) 尽力促使现有顾客增加购买，包括增加购买次数、购买数量等。如牙膏厂可以向顾客宣传餐后刷牙是护齿洁齿的最好方法，宣传保护牙齿的重要性，如果能增加顾客的刷牙次数，也就增加了牙膏的使用量，从而增加顾客购买牙膏的数量。

(2) 尽力争取竞争对手的顾客，促使竞争对手的顾客转向购买本企业的产品。如提供比竞争对手更为周到的服务，在市场上树立更好的企业形象和产品信誉，努力提高产品质量等，尽可能把竞争对手的顾客转化为本企业的顾客。

(3) 尽力争取新的顾客，使更多的潜在顾客、从未使用过该产品的顾客购买。一般市场上总会存在没有使用过该产品的消费者，企业可以采取相应的措施，如分期付款、降低产品的价格等，使这些消费者成为本企业的顾客。

2. 市场开发战略

市场开发战略是指企业尽力为现有的产品寻找新的市场，满足新市场对产品的需要。市场开发主要有三种方法。

(1) 在当地寻找潜在顾客，这些顾客尚未购买过该产品，但是他们对产品的兴趣有可能被激发出来。

(2) 寻找新的细分市场，使现有产品进入新的细分市场。如一家以企事业单位为目标市场的电脑厂商，可以开始向家庭、个人销售电脑。

(3) 扩大其市场范围，建立新的销售渠道或采取新的营销组合，发展新的销售区域，如向其他地区或国家发展。

3. 产品开发战略

产品开发战略是指企业向现有市场提供新产品或改进的新产品，目的是满足现有市场不同层次消费者的需求。产品开发主要有四种方法。

(1) 利用现有技术增加新产品。

(2) 在现有产品的基础上，增加产品的花色品种。

(3) 改变产品的外观、造型，或赋予产品新的特色。

(4) 推出不同档次、不同规格、不同样式的产品。

发现这些机会，企业就有可能从中找到促进销售增长的途径。但这还远远不够，企业还应该研究一体化成长的可能性。

第三节　成长型战略 II：一体化成长战略

引例

奥 克 斯 空 调

有人把企业比喻成一只寻找"奶酪"的老鼠，企业的判断是否敏锐决定了其能在市场中分得多少"奶酪"，并能享受多久。AUX(奥克斯)把采购环节的供应链拉长，直接寻找迷宫深处的奶酪，是否能为 AUX 在决胜市场上起到加速度的效果呢？

AUX 曾宣布全面进入空调零配件制造业，把 AUX 空调的供应链拉长，实现除压缩机、包装带、铭牌等之外 90% 以上的零配件自制。AUX 称，此举意在嫁接 AUX 成功管理模式，创造新的利润空间。

国内空调业还没有过如此全面进入零配件自制的企业。有关资料表明，国内空调企业零部件的自制率大都在 30% 以下，而且在零配件采购上，都有供应周期长、物流速度慢等劣势。全面进入"垂直一体化供应链"，在空调产业，AUX 还是第一家，但业界人士仍不免提出质疑：AUX 真的无后顾之忧？

企业这种自供、自产、自销的运作模式被称为"垂直一体化供应链"，在大多数国家的实践中被证明是行不通的。以汽车行业为例，20 世纪初期，亨利·福特就想成为自给自足的汽车行业巨头，并计划发展世界第一个垂直一体化公司的联合体。后来，福特在对 F 汽车王国失败的分析时发现，没有哪个厂家能够自给自足，在这种"大而全"的企业垂直一体化供应链结构中，企业很难把主要的精力和有限的资源放在自己的核心业务上，而是平均分派于企业的经营活动中，致使企业有限的资源无法得到合理利用，企业核心制造能力得不到最优化的分配。此外，还不得不承认的一个事实是，即便是企业目前资源比较充盈，能够满足成品制造和零配件产业的最优化分配，但在市场变化及整合的过程中，企业的抗风险能力就比较低，而一旦其中某一个环节受到影响，出现"黑洞"，就会迅速波及相关供应链，势必使得企业整体发展受阻。

资料表明，目前美国的克莱斯勒、福特和通用三大汽车公司中，利润率最高的是克莱斯勒，而它的零配件自给率最低，只有30%。通用公司通过运作上市，把保障通用汽车零配件65%以上自给率的巨型零配件厂德尔福分离出去，以提高企业竞争力。虽然德尔福公司在20世纪五六十年代确实促进了零配件的开发，保证了零配件的质量和供给，对通用公司的发展起到了重要作用，但时代的变化使得这一优势逐渐变成了劣势，削弱了通用公司的竞争力。

"全力进入零配件自给，我们相信自己能够成功，实践检验我们是正确的。"宁波AUX集团总裁郑坚江自信地说。看得出来，无论会有多少后顾之忧，AUX全力进军零配件自给的决心丝毫没有受到影响，投资近千万元的塑胶分厂、两千余万元的"两器"分厂(蒸发器、冷凝器)，为AUX在硝烟弥漫的空调价格大战中脱颖而出立下了汗马功劳。

AUX介入零配件生产领域，起初有点是被逼出来的。

1995年前，AUX空调上用的铜管，全部依赖外部采购，供应商是余杭和慈溪的两家配件生产企业。当时，国内加工空调铜管的企业还不是很多，所以尽管这两家企业的退货率比较高，但一到空调生产旺季，企业门口等待提货的车辆还是经常排到马路上，有时候，各空调厂家即使出高价也很难抢到货。

还有一点值得说明的是，从近300千米外的余杭运抵宁波，有一部分铜管已因一路颠簸、磕碰而发生变形。如果把这部分铜管用于安装，对空调质量的损害可想而知。

求人不如求己。AUX想到了自建铜管分厂。

AUX这样做的理由有三：一是公司的另一大主导产品电能表95%以上的零配件实施自制，不但有效降低了成本，提高了品质，还避免了被上游厂家"扼脖子"，这一成功经验可以"嫁接"到空调制造领域；二是空调市场当前正处于上升阶段，提高零配件自制率，可以促进AUX高速发展；三是AUX在资金、技术、物流、人才等方面都有着充裕的资源。此外，零配件企业除了保障自给外，还必须参与市场化竞争，即把配件企业从AUX的内部链条上"剥离"出去，让配件企业同样在市场的大浪淘沙中接受考验，求生存、求发展，避免"一家独大"的现象出现。综合以上理由，郑坚江认为，建配件厂利远大于弊，何乐而不为？

据中国家用电器协会统计，1999年，我国空调产量1250万台，2000年高速增长到1826万台，2001年产量高达2363万台，增幅接近30%。截至2002年3月，我国空调生产企业已达400多家，但在2001年度，全国空调市场七大主导品牌的销量占市场总销量的58.57%，其中，AUX空调以90多万台的销量名列第六位。2002年，AUX的目标是销售150万台空调，力争进入前四强。有媒体分析，空调市场格局尚未稳定，各个企业将以速度比拼市场，企业对市场的反应速度、对用户需求的满足程度、适应市场环境变化的能力，将直接决定一个企业的生存能力。

郑坚江认为，在这样一个急剧膨胀的空调"同质化"市场上，AUX要想在大浪淘沙中保持优势并发展壮大起来，就必须以市场和成本为竞争优势，而市场的优势来自规模和价格。AUX倡导优质平价的空调，就必须在质量和价格上打破"瓶颈"，提高性能价格比，这也是AUX规模经济发展的"助推器"。

AUX铜管分厂、"两器"分厂等零配件厂建成以后，打破了质量"瓶颈"。因铜管加工车间和"两器"车间都建造在距空调总装车间约三四百米的地方，供货极为方便，无需再担心因长途运输造成的机械磨损。此外，由于铜管等的生产被纳入了企业的质量管理体系范围，AUX还投资300万元引进了三维设计软件，用于塑料件、钣金件、配管等复杂零配件的设计，确保提高产品的一致性和可靠性。

竞争使AUX明白一个道理：有质量的增长才叫"长肌肉"，没有质量的增长只是"长脂肪"，而没有质量的不增长那就是"癌症"，没有质量的负增长则是"死亡"。"要加强产品质量管理，就要从上游源头开始抓起。我们对外协的管理虽然也实施考核、竞争、淘汰等多项管理措施，但由于各种客观原因，总不比自己直接把管理思路套用到生产上来得直接、有效。"郑坚江说，"对外协铜管厂，你可以进行质量评审，可以提出定制要求，一旦质量出了问题，还可以追究赔偿责任，但产品的生产质量最终还是得由对方把关，无法做到尽在掌握中。AUX是一家对消费者负责的企业，树立百年品牌，自建零配件分厂，做什么，怎么做，按什么标准做，做得怎么样，我们全都了然于胸，有问题可以直接纠正，不但有效保证生产的及时性，还可以不让质量出一点偏差。冲着这点，上千万的项目投资就值得！"

更大的惊喜来自成本的降低。家电业的制造成本集中在零配件上，AUX实施自制，有效打破了价格"瓶颈"。据AUX企质办统计，除去零配件物流费用不说，通过自制零配件，仅铜管成本一项就比外购降低了25%左右。"我可以很自豪地说，目前AUX的每一种自制件，成本都比外购低，而且要低得多！"郑坚江列举了空调四大件之一"两器"(冷凝器、蒸发器)的例子：从2000年初自建"两器"分厂以来，这种关键元器件的成本就下降至原来外购的3/5左右，而且质量还更好。"元器件成本在空调总成本中是个'大头'，占80%以上的比重。我们90%以上配套件的成本都不同程度地降下来后，整机的成本优势自然也就显现出来了。"

"目前，AUX空调除压缩机、包装物外，90%以上的零配件实现了自给，如铜管、空调塑壳、钣金件、电路板、蒸发器和冷凝器等。AUX要得民心、进民家、创民牌，就必须持续强化优质、平价两大优势。到目前为止，我们都能一直做到售价比别人低，质量却不逊于国内同行；质量同等优异，价格却可以卖得更低，这主要是因为我们有自制件这张'王牌'！"据郑坚江介绍，在空调零配件厂家最为集中的宁波，AUX一贯实施采购价格比较制度，拿配件自制和对外采购比成本、比质量，如果自制比外购更划算，则坚决实行自制。

AUX在创办零配件企业上实施两种模式：直接引进加工设备、专业人才及生产技术，或者干脆"连锅端"，收购、兼并现成的配件厂，同时实行承包制度，这在AUX被称为"引进法"。配件厂建立初期，无法一开始就实现低成本生产，适当给予业务上的关照和扶持，允许它的生产成本在一段时期内略高，加快其成熟壮大，这叫"培育法"。培育期通常只有2~3个月，过了时间，如果还不能有效降低成本，就按照市场经济规律办事，减少乃至取消给配件厂的订单数量，直到其整改见效为止。

(资料来源：《奥克斯空调的战略管理案例分析(战略管理范文)》(www.docin.com))

思考：该案例中的企业运用了发展型战略中的哪一类型战略？该战略的适用条件及优缺点分别有哪些？

一、一体化成长战略的含义及类型

一体化成长战略简称一体化战略，是指企业利用社会化生产链中的直接关系来扩大经营范围和经营规模，在供产、产销方面实行纵向或横向联合的战略。一体化战略包括横向一体化战略和纵向一体化战略。

二、横向一体化战略

横向一体化战略是指企业以兼并处于同一生产经营领域的企业为其战略发展方向，以促进企业实现更高程度的规模经济和迅速发展的一种战略。企业可以通过竞争者之间的联合、购买和合并等方式实现这一战略。

(1) 联合：两个或两个以上相互竞争的企业在某一业务领域进行联合投资、开发或经营，共同分享盈利，共同承担风险。

(2) 购买：一个实力雄厚的企业购买另一个与自己有竞争关系的企业。

(3) 合并：两个实力相当的有竞争关系的企业合并成为一个企业。

横向一体化战略的适用条件：① 企业所在行业竞争较为激烈；② 企业所在行业规模经济较为显著；③ 企业的横向一体化战略符合反垄断法的规定，并能在局部取得一定的垄断地位；④ 企业所在产业增长潜力较大；⑤ 企业具备横向一体化战略所需要的资金、人力资源等。

横向一体化战略的优点：① 采用横向一体化战略，企业可以有效实现规模经济，快速获得互补性的资源和能力；② 通过收购或合作的方式，企业可以有效建立与客户之间的固定关系，遏制竞争对手的扩张意图，维持自身的竞争地位和竞争优势。

横向一体化战略的缺点：① 过度扩张所产生的巨大生产能力对市场需求规模和企业销售能力都提出了较高的要求；② 在某些横向一体化战略如合作战略中，存在技术扩散的风险；③ 组织上的障碍也是横向一体化战略所面临的风险之一，如"大企业病"、并购中存在的文化不融合现象等。

〰〰〰 案例赏析 〰〰〰〰〰〰〰〰〰〰〰〰〰〰〰〰〰〰〰〰

横向一体化战略的典范

法国电信是横向一体化战略的典范，它不断通过兼并和控股等方式开拓和扩大市场。其中最引人注目的是 2000 年斥资 432 亿欧元收购了英国第三大移动运营商 Orange 的全部股票，并把自己原来的移动电话业务归并于 Orange 下，成为仅次于英国 Vodafone 公司的欧洲第二大移动通信公司。

成功收购 Orange 也给了法国电信一个重新整合其全球移动通信业务的机会，大大提高了 Orange 在英国之外的形象，使 Orange 上升为一个具有国际影响力的移动公司。该公司的全球移动网络覆盖率已经能够与 Vodafone 和 T-Mobile 相抗衡。同时，法国电信将 Orange 作为其在全球移动市场树立的一个国际品牌，通过它大力发展自己在全球的移动通信业务。法国电信收购 Orange 看重的就是其品牌价值，它不仅在拓展全球移动通信业务时使用 Orange 这一商标品牌，而且在其国内移动运营公司 Itineris 也继续采用 Orange 这一商标品牌，尽管当时 Itineris 在法国国内移动通信市场已经占 48%的份额，远远领先其竞争对手。实践证明，法国电信的举措是成功的，目前 Orange 在世界各个主要市场都占据着很强的竞争位置。

除此之外，法国电信在 1999 年还购买了西班牙互联网接入提供商 CTVJet，参股当地的 CATV 公司 MSC，并占其资本的 10%；1999 年 7 月收购了西班牙电信运营商 Catalana；2000 年 1 月以 38 亿美元收购了 GlobalOne；2000 年 12 月以 35 亿美元购买了美国 Equant 公司 54%的股份。

（资料来源：《横向一体化战略的典范》(wenku.so.com)）

三、纵向一体化战略

经济学上，沿产业链占据若干环节的业务布局叫做纵向一体化。纵向一体化战略是一个战略性的计划，它是组织核心能力在企业内部扩张的一种形式，是企业在业务链上向前后两个方向延伸、扩展的一种战略。纵向一体化也称为垂直一体化，是指生产或经营过程相互衔接、紧密联系的企业之间实现一体化。

1. 纵向一体化战略的类型

纵向一体化战略按物质流动的方向又可以划分为前向一体化战略和后向一体化战略。

1) 前向一体化战略

前向一体化战略指企业获得对分销商的所有权或控制力的战略。推动前向一体化战略的有效形式是特许经营。前向一体化战略实施的条件如下。

(1) 企业当前的分销商要价太高，或者不大可靠，或者不能及时满足企业分销产品的要求。

(2) 企业可以利用的合格分销商非常有限，以至于进行前向一体化战略的企业能够获得竞争优势。

(3) 企业当前参与竞争的产业增长迅速，或者可以预期获得快速增长。因为如果企业主营业务所在的产业增长乏力，那么前向一体化战略只会降低企业多元化的能力。

(4) 企业拥有开展独自销售自身产品所需要的资金和人力资源。

(5) 企业能够获得生产高稳定性的优势。企业通过前向一体化战略可以更好地预测产品的未来需求，减少产品生产的波动。

(6) 企业当前的分销商或零售商获利丰厚。在这种情况下，企业通过前向一体化战略可以在销售自身产品的过程中获得丰厚利润，同时能够给出具有竞争力的价格。

2) 后向一体化战略

后向一体化战略指企业获得对供应商的所有权或控制力的战略。后向一体化战略实施的条件如下。

(1) 企业当前的供应商要价太高，或者不可靠，或不能满足企业对零件、部件、组装件或原材料等的需求。

(2) 供应商数量少而企业的竞争者数量却很多。

(3) 企业参与竞争的产业正在高速增长。一个基本的事实是，如果产业处于衰退中，后向一体化战略会削弱企业的多元化能力。

(4) 企业拥有开展独自从事生产自身需要的原材料这一新业务所需要的资金和人力资源。

(5) 企业能够获得保持价格稳定的优势。一个基本事实的是，企业可以通过后向一体化稳定原材料的成本，进而达到稳定产品价格的目的。

(6) 企业当前的供应商的利润空间很大。

(7) 企业需要尽快获取所需资源。

2. 实行纵向一体化战略的目的

实行纵向一体化战略的目的是加强核心企业对原材料供应、产品制造、分销和销售全过程的控制，使企业能在市场竞争中掌握主动权，从而增加各个业务活动阶段的利润。纵向一体化战略是企业经常选择的战略体系，但是任何战略都不可避免存在风险和不足；实行纵向一体化战略的初衷是建立起强大的规模生产能力来获得更高的回报，并通过面向销售终端的方法获得来自市场各种信息的直接反馈，促进企业不断改进产品和降低成本，从而取得竞争优势。

3. 纵向一体化战略的优势和局限性

1) 纵向一体化战略的优势

纵向一体化战略的优势主要体现在以下八个方面。

(1) 带来经济性。采取这种战略后，企业将外部市场活动内部化所带来的经济性有内部控制和协调的经济性、信息的经济性(信息的获得很关键)、节约交易成本的经济性以及稳定关系的经济性。

(2) 有助于开拓技术。在某些情况下，纵向一体化战略提供了进一步熟悉上游或下游相关技术的机会，这些技术信息对基础经营技术的开拓与发展非常重要。如许多领域内的零部件制造企业发展前向一体化，就可以了解零部件是如何进行装配的技术信息。

(3) 确保供给和需求。纵向一体化战略能够确保企业在产品供应紧缺时得到充足的供应，或在总需求很低时能有一个畅通的产品输出渠道，也就是说，纵向一体化战略能减少上下游企业随意中止交易的不确定性。当然，在交易的过程中，内部转让价格必须与市场接轨。

(4) 削弱供应商或顾客的价格谈判能力。如果一个企业在与其供应商或顾客做生意时，供应商和顾客有较强的价格谈判能力，且其投资收益超过了资本的机会成本，那么，即使不会带来其他的益处，企业也值得去做。因为纵向一体化战略削弱了对手的价格谈判能力，这不仅会降低采购成本(后向一体化)或是提高产品价格(前向一体化)，还可以通过减少谈判的投入而提高效益。

(5) 提高差异化能力。企业实施纵向一体化战略可以通过在管理层控制的范围内提供一系列额外价值来改进本企业区别于其他企业的差异化能力。葡萄酒厂拥有自己的葡萄产地就是一种纵向一体化战略的例证。同样，有些企业在销售具有复杂技术的产品时，也需要拥有自己的销售网点，以便提供标准的售后服务。

(6) 提高进入壁垒。企业实施一体化战略，特别是纵向一体化战略，可以使关键的投入资源和销售渠道控制在自己的手中，从而使行业的新进入者望而却步，防止竞争对手进入本企业的经营领域。企业通过实施纵向一体化战略，不仅能保护自己原有的经营范围，而且能扩大经营业务，同时还能限制所在行业的竞争程度，使企业的定价有更大的自主权，从而获得较大的利润。例如，IBM 公司自己生产微机的微处理器、记忆晶片和需要安装的软件，设计和组装微机，并直接将最终产品销售给用户。IBM 公司采用纵向一体化战略的理由是该公司生产的许多微机零部件和软件都有专利，只有在公司内部生产，竞争对手才不能获得这些专利，从而形成进入障碍。

(7) 进入高回报产业。企业现在利用的供应商或经销商有较高的利润，这意味着他们经营的领域属于十分值得进入的产业。在这种情况下，企业通过实施纵向一体化战略，可以提高其总资产回报率，并可以制定更有竞争力的价格。

(8) 防止被排斥。如果企业的竞争者是纵向一体化企业，那么企业实施纵向一体化战略就具有防御的意义。因为竞争者的广泛纵向一体化能够占有许多供应资源或者拥有许多顾客或零售机会。因此，企业应该实施纵向一体化战略，否则会面临被排斥的境地。

2) 纵向一体化战略的局限性

纵向一体化战略的局限性主要体现在以下五个方面。

(1) 带来风险。企业实施纵向一体化战略会提高企业在行业中的投资，提高退出壁垒，从而增加商业风险，有时甚至会使企业不可能将其资源调往更有价值的地方。由于在所投资的设施耗尽以前放弃这些投资成本很大，所以，实施纵向一体化战略的企业对新技术的采用常常比非一体化企业要慢一些。

(2) 代价昂贵。纵向一体化迫使企业依赖自己的场内活动而不是外部的供应源，而这样做所付出的代价可能随时间的推移而变得比外部寻源还昂贵。产生这种情况的原因很多，例如，纵向一体化可能切断来自供应商及客户的技术流动。如果企业不实施纵向一体化战略，供应商则愿意在研究、工程等方面积极支持企业。再如，纵向一体化意味着通过固定关系来进行购买和销售，上游单位的经营激励可能会因为是在内部销售而使竞争有所减弱。相反，在从一体化企业内部某个单位购买产品时，企业不会像与外部供应商做生意时那样激烈地讨价还价。因此，内部交易会减弱员工的积极性。

(3) 不利于平衡。实施纵向一体化战略的企业中存在一个在价值链的各个阶段平衡生产能力的问题。价值链上各个活动最有效的生产运作规模可能不太一样，这就使得完全一体化很不容易达到。对于某项活动来说，如果它的内部能力不足以供应下一个阶段的生产，差值部分就需要从外部购买。如果内部能力过剩，就必须为过剩部分寻找顾客，如果生产了副产品，就必须进行处理。

(4) 需要不同的技能和管理能力。尽管存在一个纵向的关系，但是在供应链的不同环节可能需要不同的成功关键因素，企业可能在结构、技术和管理上各有所不同。熟悉如何管理一个具有不同特点的企业是实施纵向一体化战略的主要成本。例如，很多制造企业会发现，投入大量的时间和资本来开发专有技能和特许经营技能以便前向一体化进入零售或批发领域，并不能够给企业的核心业务增值，拥有和运作批发、零售网络也会带来很多棘手的问题。

(5) 延长时间。实施后向一体化战略的企业进入零配件的生产，可能会降低企业的生产灵活性，延长企业将新产品推向市场的时间。如果一家企业必须经常改变产品的设计和模具以适应购买者的偏好，就必须花费时间来实施和协调由此所带来的变化。从外部购买零配件通常比自己制造要便宜一些，简单一些，使企业更加灵活、快捷地调整自己的产品以满足购买者的需求偏好。绝大部分汽车制造商虽然拥有自动化的技术和生产线，但他们还是认为，从质量、成本和设计灵活性的角度来讲，从专业制造商那里购买零配件会获得更多的利益。

案例赏析

采用纵向一体化战略的典范

YOUNGER(雅戈尔)公司通过 20 多年的努力和摸索，逐步确立了以纺织服装为主业、房地产和国际贸易为两翼的经营格局，旗下拥有上市公司 YOUNGER 集团股份有限公司以及各类子公司近四十家。该公司在 2003 年的中国 500 强企业中名列第 155 位。2003年实现销售额 101.2 亿元人民币，比上年增长 46.17%；实现利润 6.58 亿元人民币，比上年增长 12.3%；出口创汇 5.21 亿美元，比上年增长 41%；实现税收 3.48 亿元人民币，比上年增长 23.51%。该公司名列 2001—2003 年全国服装行业销售、利润"双百强"第一名。2003 年"YOUNGER 国际服装城"被中国服装协会确认为中国最大的服装先进制造业基地。YOUNGER 公司积极向服装产业的上下游拓展，不但向商业、零售、连锁方向发展，组建庞大的分销网络，还向上游的纺织面料进军，建立了自己的纺织面料城。YOUNGER 公司采用纵向一体化战略投巨资打造了一条纺织、服装和分销零售网络商业链条。

中国服装产业通过几十年的努力，经历了几个重要的发展时期，尤其是近二十多年来，中国服装业随市场结构的改变，从产业结构上发生了具有历史意义的重大变化，YOUNGER 公司就是其典型代表之一。

(资料来源：《案例：雅戈尔纵向一体化战略驱动力分析》(wenku.baidu.com))

四、混合一体化战略

混合一体化战略指处于不同产业部门、不同市场且相互之间没有特别的生产技术联系的企业之间的联合。混合一体化战略的实现途径有：

(1) 产品扩张型：与生产和经营相关产品或服务的企业进行联合。

(2) 市场扩张型：与其他地区生产同类产品或服务的企业进行联合。

(3) 毫无关联型：与生产和经营彼此之间毫无联系的产品或服务的企业进行联合。

典型代表企业——Enron(安然)公司

Enron 公司的前身是美国休斯敦天然气公司，20 世纪 80 年代末之前的主业是维护和操作横跨北美的天然气与石油输送管网络。美国休斯敦天然气公司于 1985 年兼并了经营对手——联合北方，而后更名为 Enron 公司。此后，Enron 公司逐渐放弃了自己经营的天然气主业，把巨资投向金融、水电、网络、通信、电子等多个行业并向国外大规模扩张。1986 年初，Enron 公司开始放弃能源交易，将眼光投向金融领域，利用金融衍生工具使能源商品"金融化"。

1990 年后，Enron 公司开始跨国并购电站、水厂，其经营范围先后延伸到欧洲、俄罗斯、中国等地，并不断建立各类子公司和合伙公司。1999 年，公司再次转向通信领域，利用互联网成立了全球第一家商品交易网站，并借助网络平台开展能源及期货、期权等衍生工具交易。

Enron 公司不断通过直接投资、并购或控股等方式实行混合一体化战略，盲目地向各行业和国外大规模扩张，放弃一度经营的能源主业，开展多元化经营，涉足众多行业，从而使企业难以实施有效管理，以致背负沉重的债务，最终破产。

Enron 公司实施混合一体化战略的成效主要体现在：跨产业经营，可以控制多个产业的若干生产经营单位，防范和抵御风险，熨平收入波动；增加产品种类，获得范围经济和规模经济利益，避开各国的反垄断法，将企业的成熟技术应用于新的产业。

Enron 公司实施混合一体化战略的不足主要体现在：放弃主业贸然进入其他行业，加大了管理风险，导致管理失败，如公司贸然进入金融领域，原有的管理人员并不熟悉新业务领域的基本特点，从而很难制定出每项业务的正常发展策略；涉及行业过多，企业规模过大，带来了巨额的内部交易费用，如通过关联交易暗箱操作，实行交叉补贴粉饰企业业绩；减少了资金使用的灵活度，致使公司陷入全面危机。

(资料来源：《从安然公司破产谈企业混合一体化战略》(wenku.baidu.com))

第四节 成长型战略Ⅲ：多样化战略

SUN 公司的多元化战略

1987 年底，SUN(太阳神)公司的前身"黄江保健品厂"在广东东莞黄江镇挂牌，随后，黄江保健品厂参加了由国家体委举办的全国第一次保健品评比活动，而"生物健"一举获得了"中国运动营养金奖"，并得到了媒体的广泛报道。1988年初，"生物健"技术的持有人怀汉新辞去公职，投入"生物健"的研发，将黄江厂的厂名、商品名和商标统一更改为"SUN公司"，当年实现销售收入750万元人民币。

SUN公司企业战略一直是"以纵向发展为主，以横向发展为辅"，即保健品发展为主，多元化发展为辅。1990年，销售额跃升至24亿元人民币，同年，怀汉新重金聘用一批青年人才，换下了一同创业的9位高层元老，并导入当时颇为先进的CI(企业形象识别系统)战略。1993年，SUN公司的营业额高达13亿元人民币，市场份额最高时达63%。此时，怀汉新开始了多元化战略发展之路，接连投资了包括房地产、石油、边贸、酒店业、化妆品、电脑等在内的20多个项目，在全国各地进行大规模收购和投资。短短两年时间，SUN公司投入到这些项目中的资金高达34亿元人民币，但不幸的是，这些项目没有一个成为新的"SUN公司"，全部血本无归。

1995年底，SUN公司在香港上市后，股价直跌，1997年亏损159亿元人民币，股价一度跌至港币9分左右。此时，怀汉新主动从总裁位置上引退，请来哈佛MBA工商管理硕士王哲担任企业总裁，但不了解中国保健品行业的王哲并没有能挽救SUN公司，并导致企业人才外流、市场销售继续下滑。

(资料来源：《多元化战略案例：太阳神、春都》(wenku.baidu.com))

思考：SUN公司的多元化战略为什么没有成功？多元化战略的适用条件有哪些？

〜〜〜〜〜〜〜〜〜〜〜〜〜〜〜〜〜〜〜〜〜〜〜〜〜〜〜〜〜〜〜〜〜〜〜〜〜〜〜

多样化战略也称多元化战略，指一个企业的经营业务已经超出一个行业的范围，从而在多个行业中谋求企业的发展，同时增加新产品种类和增加新市场的战略。企业实施多元化战略，往往是期望抓住产品/市场上的多种机遇，从而长期地保持业务增长态势，并追求最大的经济效益。

一、多样化战略的类型

1. 集中多样化战略

增加新的但与原有业务相关的产品或服务，被称为集中多样化战略，或相关多样化战略、同心多样化战略。集中多样化战略的实现途径有：

(1) 市场开发型：企业以现有产品或服务为基础，开发新市场。

(2) 产品开发型：企业以现有市场为对象，开发新产品或服务。

(3) 产品/市场开发型：企业以新开拓的市场为对象，开发新产品或服务。

2. 横向多样化战略

向现有用户提供新的、与原有业务不相关的产品或服务，被称为横向多样化战略。横向多样化战略的出发点是现有用户。

3. 混合多样化战略

增加新的与原有业务不相关的产品或服务被称为混合多样化战略。混合多样化战略可以从组织内部或外部产生，但更多的是通过对其他组织的合并、收购及合资经济来实现。

选择混合多样化战略的原因主要如下。

(1) 企业能抓住富有吸引力的市场机会，提高企业的绩效。

(2) 企业内具有某种特殊知识或技能的人才，开创新的事业部门可充分发挥他们的潜能。

(3) 企业有较大的现金流量，对某些机会较多但现金流量出现困难的企业实施兼并，可以以较低的代价获得新的市场发展机会。

(4) 企业能够向具有更优经济特征的行业转移，以改善企业的整体盈利能力和灵活性。

(5) 企业能够通过向几个不同的市场提供产品和服务来分散风险。

(6) 企业能够从协同中获利。

二、多样化战略的利益分析

1. 获得协同效应的作用

合理的多样化发展，特别是集中多样化的发展，可以充分挖掘企业的资源和核心能力，发展更多的业务，为企业提供更广泛的利润源泉。

(1) 企业可以利用研究开发能力的相似性、原材料的共同性、生产技术设备及工艺等方面的关联性，充分发挥技术协同作用，生产跨行业的新产品。

(2) 利用现有销售渠道、营销技能、顾客基础和品牌声誉，充分发挥销售协同作用，经销不同经济用途的跨行业产品。

(3) 以雄厚的资本实力，从事跨行业的多元投资活动，以谋取高额风险收益。

2. 分散投资风险

企业实施多样化战略能使企业的生命周期与产品的生产周期相分离，从而分散企业的经营风险，提高企业的应变能力。

企业实施多样化战略可以使投资组合有利于规避非系统风险。投资组合所形成的产业之间的关联是负向的，规避风险的效果更为理想。

3. 寻求新的经济增长点

企业可以通过实施多样化战略，进入高增长、高收益、高附加值的新兴产业，以减轻在现有产品市场上的竞争压力。

三、多样化战略的适用条件及存在的风险

企业在决定实施多样化战略之前，必须认真考虑自身的条件能否保证这一战略的成功实施。多元化战略的适用条件主要考虑：企业拥有核心竞争力；企业的财务结构稳健，财务状况较好；企业原主业所处生命周期位置；具备战略实施的外部条件；企业领导者具有驾驭多元化战略实施的能力。

多样化战略的实施存在着一定的风险；特别是当企业贸然采取不相关的多元化战略时，这种风险很可能会增大到危及企业的生存。产生风险的主要原因有：资源的分散配置；运营费用增加；产业选择错误；缺乏必要的人才资源等。

第五节　稳定型战略

稳定型战略指企业在战略规划期所期望达到的经营状况基本保持在战略起点的范围和水平上的战略，又称维持型战略。该战略最大的特点就是企业遵循与过去相同的战略目标，保持一贯的成长速度，同时不改变基本的产品或经营范围。从企业经营风险的角度来看，稳定型战略的风险是相对较小的，对于那些曾经成功地在一个处于上升趋势的行业和一个不大变化的环境中活动的企业会很有效。稳定型战略本质上追求的是在过去经营状况基础上的稳定。稳定型战略具有如下特征。

(1) 企业对过去的经营业绩表示满意，决定追求既定的或与过去相似的经营目标。比如，企业过去的经营目标是在行业竞争中处于市场领先者的地位，稳定型战略意味着在今后的一段时期，依然以这一目标作为企业的经营目标。

(2) 企业战略规划期内所追求的绩效按大体的比例递增。与增长型战略不同，这里的增长是一种常规意义上的增长，而非大规模的和非常迅猛的增长。实行稳定型战略的企业，总是在市场占有率、产销规模或总体利润水平上保持现状或略有增加，从而稳定和巩固企业现有竞争地位。

(3) 企业准备以过去相同的或基本相同的产品或劳务服务于社会，这意味着企业在产品创新上的投入较少。

从以上特征可以看出，稳定型战略主要依赖于前期战略。它坚持前期战略对产品和市场领域的选择，以前期战略所达到的目标作为本期希望达到的目标。因而，实行稳定型战略的前提条件是企业过去的战略是成功的。对于大多数企业来说，稳定型战略也许是最有效的战略。

一、稳定型战略的类型

1. 按偏离战略起点的程度划分

1) 无增战略

无增战略可以看成是一种没有增长的战略。采用无增战略的企业可能基于以下两个原因：一是企业过去的经营相当成功，并且企业内外部环境没有发生重大变化；二是企业并不存在重大的经营问题或隐患，因而企业管理者没有必要进行战略调整，或者害怕战略调整会给企业带来资源分配的困难。在这两种情况下，企业管理者和职工可能不希望企业进行重大的战略调整，因为这种调整可能会在一定时期内降低企业的利润总额。采用无增战略的企业除了每年按通货膨胀率调整其目标外，其他暂时保持不变。

2) 微增战略

微增战略是企业在稳定的基础上，略有增长与发展的战略。

2. 按企业采取的防御态势划分

1) 阻击式防守战略

阻击式防守战略的指导思想是"最有效的防御是完全防止竞争较量的发生"。其具体操作方法有：① 企业投入相应的资源，以充分显示企业已经拥有阻击竞争对手进攻的能力；② 不断明白无误地传播企业的防御意图，塑造出顽强的防御者形象，使竞争对手不战而退。

2) 反应式防御战略

反应式防御战略，即当对手的进攻发生以后，针对这种进攻的性质、特点和方向，企业采用相应的对策，施加压力，以维持原有的竞争地位和经营水平。

二、稳定型战略的适用条件

采取稳定型战略的企业，一般处在市场需求及行业结构稳定或者较小动荡的外部环境中，因而企业所面临的挑战和发展机会都相对较少。但是，有些企业在市场需求以较大的幅度增长或是外部环境提供了较多的发展机遇的情况下也会采取稳定型战略。一般来说，这些企业是由于资源状况不足以使其抓住新的发展机会而不得不采取相对保守的稳定型战略。下面分别讨论企业采取稳定型战略的外部环境和企业自身实力的适用条件。

1. 企业所处的外部环境

外部环境的相对稳定会使企业更趋向于采取稳定型战略。影响外部环境稳定的因素很多，大致包括以下三个方面。

(1) 宏观经济状况。宏观经济在总体上保持总量不变和总量低速增长，会使得某一产业的增长幅度降低，那么该产业内的企业就会倾向于采用稳定型战略以适应外部环境。

(2) 产业的技术创新度。如果企业所在的产业技术相对成熟，技术更新速度较慢，企业过去采用的技术和生产的产品无需经过较大的调整就能满足消费者的需求，并与竞争者相抗衡，那么企业可以考虑采用稳定型战略。

(3) 消费者需求偏好的变动。如果消费者的需求变动较为稳定，那么企业可以考虑采用稳定型战略。

2. 企业内部实力和期望

企业发展过快，可能导致其经营规模超出企业的承受能力；如果强行发展，则会发生低效率的情况；所以当企业实力还不够强大的时候，不建议采用发展型战略，反而需要稳中求进，选择稳定型战略积聚力量。

正因为考虑到企业实力还不够强大，管理层不期望贸然前进，也不希望承担较大幅度改变现行战略所带来的风险，会主动选择稳定型战略。

总体来说，当市场需求、行业结构及外部环境相对稳定时，企业适合采用稳定型战略。

三、稳定型战略的优、缺点

1. 稳定型战略的优点

稳定型战略的优点主要有以下五点。

(1) 企业的经营风险相对较小。由于企业基本维持原有的产品和市场领域，保持着原有的生产领域和渠道，从而避免了开发新产品和市场的巨大资金投入、激烈的竞争抗衡和新产品开发失败所带来的巨大风险。

(2) 避免因改变战略而改变资源分配的困难。由于经营领域主要与过去大致相同，因而稳定型战略不必考虑对原有资源的增量或存量的调整，相对于其他战略来说，显然要容易得多。

(3) 防止企业因发展过快而导致的弊端。在行业迅速发展的时期，许多企业无法看到潜伏的危机而盲目发展，从而造成资源的巨大浪费。

(4) 给企业一个较好的修整期，使企业积聚更多的能量，以便为今后的发展做好准备。

(5) 保持人员安排上的相对稳定。企业能够充分利用已有的各方面人才，发挥他们的积极性和潜力，减少人员调整、安置所造成的种种矛盾及招聘、重新培训的费用。

2. 稳定型战略的缺点

稳定型战略的缺点主要有以下三点。

(1) 稳定型战略的执行是以市场需求、竞争格局等内外部条件基本稳定为前提的，否则就会打破战略目标、内外部环境、企业实力之间的平衡，使企业陷入困境。因此，如果环境预测有问题，稳定型战略也会有问题。

(2) 特定细分市场的稳定型战略也会有较大的风险。由于企业资源不够，企业会在部分市场上采用竞争战略，将企业资源重点配置在细分市场上，因而如果对细分市场把握不准，企业可能会更加被动。

(3) 稳定型战略会使企业的风险意识减弱，甚至形成害怕风险、回避风险的文化，这就会大大降低企业对风险的敏感性、适应性和冒险的勇气，从而增加风险带来的危害性和严重性。

稳定型战略的优点和缺点是相对的，企业在具体的执行过程中必须权衡利弊，准确估计风险和收益，并采取合适的风险防范措施。只有这样，才能保证稳定型战略的优点得到充分发挥。

第六节　收缩型战略

收缩型战略指企业从目前的战略经营领域和基础水平收缩和撤退，且偏离起点战略较大的一种经营战略。与稳定型战略和增长型战略相比，收缩型战略是一种消极的发展战略。一般的，企业实施收缩型战略只是短期的，其根本目的是使企业挺过风暴后转向其他的战略。有时，只有采取收缩和撤退的措施，才能抵御竞争对手的进攻，避开环境的威胁，从而迅速的实行自身资源的最优配置。可以说，收缩型战略是一种以退为进的战略。

一、收缩型战略的特征

收缩型战略的特征主要表现在以下三个方面。

(1) 企业对现有的产品和市场领域实行收缩、调整和撤退战略，比如放弃某些市场和某些产品线系列。从企业的规模来看是在缩小，同时一些效益指标，比如利润率和市场占有率等，都会有较为明显的下降。

(2) 企业对资源的运用采取较为严格的控制和尽量削减各项费用支出，往往只投入最低限度的经管资源，因而收缩型战略的实施过程往往伴随着大量的裁员，一些奢侈品和大额资产的暂停购买等。

(3) 收缩型战略具有明显的短期性。与稳定型和增长型两种战略相比，收缩型战略具有明显的过渡性，其根本目的并不在于长期节约开支，停止发展，而是为今后的发展积蓄力量。

二、收缩型战略的类型与适用性

1. 适应性紧缩战略

适应性紧缩战略是企业为适应外界环境而采取的一种战略。外界环境包括经济衰退、行业进入衰退期、对企业产品或服务的需求减小等。

适应性紧缩战略的适用条件：企业已预测或感知到外界环境对企业经营的不利性，并且认为采用稳定型战略尚不足以使企业应对不利的外部环境。

2. 失败型紧缩战略

失败型紧缩战略是企业由于经营失误造成企业竞争地位虚弱、经营状况恶化，为最大限度地减少损失、保存实力而采取的一种战略。

失败型紧缩战略的适用条件：企业出现重大问题，如产品滞销、财务状况恶化、投资已无法收回等。

3. 调整型紧缩战略

调整型紧缩战略是企业是为谋求更好的发展机会，使有限的资源分配到更有效的使用场合而采取的一种战略。

调整型紧缩战略的适用条件：企业存在一个回报更高的资源配置点。

三、收缩型战略的优、缺点

1. 收缩型战略的优点

收缩型战略的优点主要有以下三点。

(1) 帮助企业在外部环境恶劣的情况下，节约开支和费用，顺利地渡过难关。

(2) 在企业经营不善的情况下最大限度地降低损失。在许多情况下，盲目而且顽固地坚持经营无可挽回的事业，而不是明智地采用收缩型战略，会给企业带来致命的打击。

(3) 帮助企业更好地实行资产的最优组合。如果不采取收缩型战略，当企业面临一个新的机遇时，只能运用现有的剩余资源进行投资，这样会影响企业在这一领域发展的前景；相反，通过采取适当的收缩型战略，企业往往可以将部分资源转移到这一发展点上，从而实现企业长远利益的最大化。

2. 收缩型战略的缺点

与上述优点相比，收缩型战略也能为企业带来一些不利之处。

(1) 实行收缩型战略的尺度难以把握，因而如果盲目使用收缩型战略的话，可能会扼杀具有发展前途的业务和市场，使企业的总体利益受损。

(2) 实施收缩型战略会引起企业内外部人员的不满，使员工情绪低落。企业实施收缩型战略常常伴随着不同程度的裁员和减薪，而且在某些管理人员看来这意味着工作的失败和不利。

小　　结

密集型成长战略是一种在现有的业务领域内寻找未来发展的各种机会的战略。企业的经营者在寻求新的发展机会时，首先应该考虑现有产品是否还能得到更多的市场份额，然后应该考虑是否能为其现有产品开发出一些新市场，最后，应该考虑是否能为其现有的市场发展若干有潜在利益的新产品，以及为新市场开发新产品的种种机会。

稳定型战略指企业在战略规划期所期望达到的经营状况基本保持在战略起点的范围和水平上的战略，又称维持型战略。

收缩型战略指企业从目前的战略经营领域和基础水平收缩和撤退，且偏离起点战略较大的一种经营战略。与稳定型战略和增长型战略相比，收缩型战略是一种消极的发展战略。一般的，企业实施收缩型战略只是短期的，其根本目的是使企业捱过风暴后转向其他的战略。

练　习　题

一、单项选择题

1. 在某一品牌婴儿用品的包装上都有这样一句话："成人同样适用"，表明该企业采取的战略是(　　)。

A. 市场渗透战略　　　　　　　　B. 产品开发战略

C. 市场开发战略　　　　　　　　D. 多元化战略

2. 不属于发展战略的是(　　)。

A. 密集型成长战略　　　　　　　B. 一体化成长战略

C. 多样化战略　　　　　　　　　D. 收获战略

3. 当(　　)的时候发生向后一体化。

A. 一个公司生产自己的原料

B. 一个公司有自己的产品分销渠道来源

C. 一个公司集中在单一的行业中

D. 业务间没有联系

4. 说服不用香水的妇女使用香水属于(　　)。

A. 市场开发战略　　　　　　　　B. 市场渗透战略

C. 地理扩展战略　　　　　　　　D. 市场争夺战略

5. 当企业(　　)时，会采取多元化战略。

A. 在其行业中有市场影响力并且是市场的领导者

B. 可以控制战略性和战术性行动

C. 是市场跟随者，有安稳的市场地位

D. 有过剩的资源、能力和核心竞争力

6. 实行纵向一体化战略的企业可以通过如下方式获得凌驾于其竞争者之上的市场势力，除了(　　)。

A. 改进的流程创新　　　　　　　B. 运作成本的节约

C. 提高质量控制　　　　　　　　D. 市场成本的回避

7. 某企业为国内经营多年的制药企业，近期成功研制了一种预防新型流感的疫苗。该企业管理层计划将此疫苗规模化生产，并同时在国内市场和国外市场销售，预计该疫苗的销售可为企业未来数年带来较高的净收益。该企业进军国外市场的计划属于(　　)。

A. 市场渗透战略　　　　　　　　B. 市场开发战略

C. 产品开发战略　　　　　　　　D. 多元化战略

8. 国美电器和大中电器是两家知名的家电零售企业，国美电器和大中电器的合并属于(　　)。

A. 多元化战略　　　　　　　　　B. 横向一体化战略

C. 纵向一体化战略　　　　　　　D. 产品开发战略

二、多项选择题

1. 下列具有不同特征的企业中，可以选择前向一体化战略的有(　　)。

A. 销售环节利润率较高的企业

B. 供应环节利润率较高的企业

C. 现有上游供应商供应成本较高的企业

D. 现有下游销售商销售成本较高或可靠性较差的企业

2. 下列具有不同特征的企业中，可以选择后向一体化战略的有(　　)。

A. 销售环节利润率较高的企业

B. 供应环节利润率较高的企业

C. 现有上游供应商供应成本较高的企业

D. 现有下游销售商销售成本较高或可靠性较差的企业

3. 密集型成长战略主要包括(　　)。

A. 市场渗透战略　　　　　　　　B. 市场开发战略

C. 产品开发战略　　　　　　　　D. 集约化增长战略

E. 品牌增值战略

三、简答题

1. 什么是密集型成长战略？它包括哪些类型？

2. 什么是一体化战略？它包括哪些类型？

3. 纵向一体化战略的优势有哪些？

4. 多元化战略的优点有哪些？

5. 稳定型战略有哪些类型？

四、案例分析

案例 1

CD 集团的多元化战略

CD(春都)集团的前身是始建于 1958 年的洛阳肉联厂。自 1986 年生产出中国第一根西式火腿肠开始，CD 集团曾以"会跳舞的火腿肠"红遍大半个中国，市场占有率最高达 70% 以上，资产达 29 亿元人民币。

在火腿肠成功后，公司开始多元化扩张，依托肉制品产业，发展了以肉制品加工、低温肉、生化制药、饮品制造、包装材料、饲料加工以及养殖业为核心的七大支持产业，公司成为工业、商业、贸易、旅游、服务为一体的大型企业集团。净资产从最初的 2000 万元人民币的肉类加工企业到一个净资产达到 135 亿元人民币的跨行业的多元化企业集团。一时间企业经营项目繁杂、相互间关联度低，与原主业之间也无任何关联，且投资时间又很集中，为后来的失败留下隐患。

1998 年，公司的经营走向恶化。公司的 CD 牌火腿肠从市场占有率极盛时的 70% 下降到 20% 左右。CD 饮品集团兼并的河南内黄县的冬夏枣茶项目已经停产，在洛阳高新区、郑州市建立的饮料厂根本就未正常生产过，一大堆用西班牙政府贷款购买的设备在车间中闲置，该项目曾投资 3 亿多元人民币，至今未见其饮品上市。公司所属的九圣集团生产的"利心牌"养命宝，在国内有一定的声誉，是一个极好的产品。但是因为公司频繁更换品牌，最终淹没在市场中，其他的所谓支柱产业也全面陷入困境。如今 CD 集团上百条生产线全线停产，企业亏损高达 67 亿元人民币，并且欠下 13 亿元人民币的巨额债务。

(资料来源：《MBA 经典案例：中国企业多角化战略失败案例分析》(wenku.baidu.com))

讨论：案例中的企业多元化战略属于哪种类型的多元化？你认为 CD 集团多元化战略失败的主要原因是什么？多元化战略的弊端有哪些？

案例 2

F 公司一体化战略

全球性汽车销售量下降促使汽车制造商纷纷采取削减产量、减少品牌投入、裁员和降低生产能力等措施，以对公司运营进行调整；与此同时，F(福特)公司还准备实行多元化经营，向下游企业拓展，以寻找新的机会，提高营业收入并降低经营成本。下游企业包括购车贷款、汽车租赁、保险、汽车零部件、服务和维修等。下游业务不仅具有高于汽车销售业务的利润率，还有其他一些优势。

F 公司一直希望将自己的形象重新定位于"世界领先的为消费者提供汽车产品和服务的公司"，而不只是一家汽车制造商。除了继续加强其传统的汽车制造业务外，F 公司一直在下游企业中寻找回报率更高的业务，如 F 汽车信贷公司、Hertz 汽车租赁、直销和电子商务等。这些业务最显著的特点是可以收集客户对汽车偏好的相关信息，并将这些信息反馈到汽车制造厂。实际上，1999 年，F 公司收购 KwikFit 公司的目的之一就是获取客户数据。

为了使公司的售后服务、汽车维修和保养业务发挥更大的作用，通用汽车(欧洲)公司和 F 公司分别通过 Vauxhall MasterFit 行动计划和 RapidFit 启动了各自的项目，以保证他们的特许经销商能够赢得一些老型号汽车的服务和维修业务。同时，汽车制造商收购独立的经销商并对其冠以自己的品牌也渐成潮流，一些汽车制造商还收购了大型汽车经销商的多数股份。

随着汽车变得越来越复杂，汽车技术更加先进。汽车制造商们也在不断探索车内互联网和通信系统业务的新机会，最有前景的技术包括导航系统、安全和防卫控制系统以及移动多媒体功能等。例如，通用汽车的 OnStar 多媒体业务可以提供声控服务、紧急情况帮助、被盗车辆跟踪以及电子邮件等服务项目。

重点是要接触客户并直接向他们销售产品，而不是一次性的销售汽车。汽车制造商希望建立起长期的、在所有权全周期范围内的客户关系战略；同时，他们也希望同二手车的潜在客户建立联系，以保证更充分地利用产品的生命周期，这样他们就可以利用自己的客户群基础进行交叉销售，并促进其他产品和服务(如修理、汽车按揭、信贷等)的销售。

(资料来源：www.shangxueba.com)

讨论：(1) F 公司可以实施一体化战略的其他领域有哪些？属于什么类型的一体化战略？

　　　　(2) F 公司成功实施多元化战略要具备什么条件？

　　　　(3) F 公司从哪些途径培育企业的核心竞争力？

实 践 练 习

结合企业总体战略的制定，邀请企业家代表走进课堂与同学们进行零距离接触，重点讲解企业公司层战略在制定过程中所面临的问题。

要求：

1. 任课教师按照课程实训方案的要求及时进行实训的安排，在实训过程中给予学生必要的指导，并认真批改课程实训报告，给出学生实训成绩，按优、良、及格与不及格四个等级打分。

2. 学生完成一份 1000 字左右的实训报告。

第六章 竞 争 战 略

 学习目标

(1) 了解成本领先战略、差异化战略和集中化战略的定义、优势及风险。

(2) 掌握实施成本领先战略的适用条件和企业应具备的技能，掌握实施成本领先战略的途径。

(3) 掌握差异化战略的适用条件和实施。

(4) 掌握集中化战略的适用条件和实施。

引例

在下坡路的行业中成功——美国 SW(西南)航空公司的低成本战略

彼得·德鲁克把行业分为三个类型：成长型、成熟型和走下坡路的行业，他并不认为只有成长期的行业才有发展机会，相反，成熟期和走下坡路的行业仍然有其发展机会，这三种行业只是有其不同的特性。

在成长型行业，对其产品或服务的需求在发展速度上肯定比经济或人口的增速快。因此，未来属于成长型行业，它需要成为创新的榜样，需要主动承担风险。

成熟型行业需要成为引领行业发展潮流的风向标。通过管理，它需要具有灵活性和随机应变的能力。成熟型行业需要经常变换满足需求的方式。因此，成熟型行业需要以企业联盟、合作关系和合资企业等方式迅速适应这种变化。

在走下坡路的行业，企业首先需要想方设法逐步地、系统化地、有目的地降低成本和稳步提高质量和服务，即巩固企业在行业内的地位，而不是一味地追求数量上的提升，这只是数量上的此消彼长。

诚然，成长型的行业需求大于经济或人口增速，其拥有最光明前景。但是在成熟期甚至是走下坡路的行业，也有发展的机会，比如美国 SW 航空公司。

自 20 世纪 70 年代以来，美国航空业一路坎坷，如 1973 年的阿拉伯石油禁运，1979—1980 年间的石油价格飞涨，20 世纪 80 年代初的经济不景气，1990—1994 年以海湾战争为始的航空业大衰退，航空业 20 世纪 90 年代赤字总额累计 80 亿美元，仅 1992 年亏损额就高达 20 亿美元。2001 年的 911 事件和后来的 SARS 疫情，2008 年次贷危机等等屡屡重创美国航空业，造成了大量航空公司亏损乃至破产。

在这个走下坡路的大行业背景下，一家 1971 年才开始营业的美国 SW 航空公司，从仅有 56 万美元、3 架波音 737 客机、经营短程航运业务的地方性小公司，发展至目前拥有超过 300 架波音 737 客机，每天发出超过 2700 个班机，员工超过 3.5 万人的大公司。2015 年从载客量上计算，SW 航空公司是美国第二大航空公司，全球第三大航空公司；从收入上也位居全球第七。最关键的是，SW 航空公司是唯一一家从 1973 年开始，每年都盈利的航空公司，甚至在 911 事件后全美航空业都陷入亏损泥潭的 2001 年，SW 航空公司也在盈利！

SW 航空公司在美国航空业日渐衰退的大环境下的成功，源于其贯注始终的低成本战略、高质量服务、"员工第一"的价值观。这和德鲁克的对于在走下坡路行业的企业发展之道的论断一致：走下坡路的行业需要系统化、有目的地降低成本，同时稳步提高质量服务，巩固行业内的地位而不追求占有率或数量上升。

一、贯彻始终的低成本战略

SW 航空公司的低成本战略有三个核心要素：主动选择细分市场、重组价值链体系获得成本优势、财务安全的低成本扩张。

1. 主动选择细分市场

短途航线因单位成本高、利润薄，还面临汽车等交通工具的竞争，大公司无意在这个市场发力。在这种情况下，SW 航空公司主动选择了短途航线，并主动把汽车作为竞争对手，SW 航空公司董事长凯勒赫(Herbert Kelleher)说："我们在与汽车竞争，而不是飞机。我们正在降低我们的价格，这样就可以与福特、克莱斯勒、通用、丰田和尼桑相竞争。客运量早就在那儿，那他在陆地上，我们把他从高速公路上拉起来，把他放在飞机上。"这一独特的市场定位实现了与航空大公司的差异化竞争，也打开了一个新的市场。

可以说，细分短途市场这一方式奠定了 SW 航空公司成功的战略基础，明智地躲避了与美国各大航空公司的正面交锋，另辟蹊径去占领别人不屑去争取但是却是潜力巨大的低价市场。而由于与汽车竞争的基本理念，对其低价的要求就不是与普通航空公司打价格战，而是长期性的低价，这对其制定组织体系和执行方式提出了严苛的要求。

通过开通中等城市之间的短途航线进行市场细分。不同于大航空公司选择的"枢纽式大型航空港 + 高利润长途航线"，SW 航空公司不飞国际航线，避免和大型航空公司直接竞争；SW 航空公司只选择短途航线并起落在城市的二流机场，有效降低了管理成本和运营成本，从而降低了票价。凯勒赫曾经说过："我们常常受到引诱，想改变我们的服务方式。时常听到'你们为什么不飞往伦敦，那儿生意多得很'。这都是旁门左道，不是我们的作风。"

长期性保持低价并深入人心。有别于其他航空公司有不同舱位且票价不一，以及必须依赖电脑软件设计各种票价和打折使公司航班收入最大化的做法，SW 航空公司不设头等舱，只有两种票价，即淡季价和旺季价。这种长期的低价策略简单明了，深入人心。比如 1987 年，SW 航空公司到达拉斯和休斯敦之间的单程票价为 59 美元，而同期其他航空公司同一区间的单程票价则为 79 美元。

短途航线必须低成本获得竞争优势。短程飞航服务因为起降次数频繁、在登机门上下旅客的次数较多且时间较长，营运成本自然要比提供长途飞航服务高。在这种情况下，谁能提供成本最低的短程服务，谁就占有优势。细分市场的现状决定了 SW 航空公司存活的关键必然是提高效率来降低成本。

2. 重组价值链体系获得成本优势

SW 航空公司只有波音 737 飞机一种机型，一方面是因为耗油低，零备件匹配性强，适航的机场众多，另一方面是机械师、飞行员、空乘人员和维护工程人员可以集中精力去熟悉同一机型，使用、维修都便利，同时，大规模向波音公司采购飞机还有折扣。

同时，SW 航空公司还取消了头等舱，把波音 737 飞机头等舱改成了普通舱，增加了 12 个舱位。

不和其他航空公司形成联运服务，这使 SW 航空公司能够专注于自身的经营，不需要为其他公司的航班延误、航班取消和行李托运错误操作等问题负责和支付费用，从而提高了自身的经营效率。

飞行中不提供点餐服务，只供应饮料与花生，较长点的旅程，则多提供饼干之类的点心。为省人力，常把这些点心放在登机口让旅客自取。在美国，1 顿盒饭值 6 美元，实际各种隐含成本则需要 60 美元，这样做不但可以省去一笔昂贵加热设施(热饭等)的费用，将加热设施位置进行改造，还可以增加 6 个座位。波音 737 飞机乘务员通常是 4 到 5 个人，而 SW 航空公司仅 2 个人，大大节约了成本。另外，没有了餐饮服务，飞机到达后，打扫卫生就简单了，又可节省时间。

SW 航空公司不排座位，采用先到先坐制。登机前一小时开始报到，报到手续完成后，每位旅客会拿到一张可重复使用的塑胶登机证，上面只有序号。旅客以每 30 人为一组，号码较小的旅客先登机。因此，旅客登机的时间非常快，减少了等待的时间，加快了飞机运转速度。

SW 航空公司刚开始只有得克萨斯州三大城市休斯敦、达拉斯、圣安东尼奥相互间的点到点飞行，飞行距离为 600～700 km，大约 45～50 分钟。公司发展到现在也继续坚持航程在 1～2 小时内的点对点短途航线。一方面这样为旅客提供直达航班，另一方面飞机的寿命并非简单地按年数计算，飞机的一起一落为一个架次，飞机寿命主要取决于飞机的起降架次。点对点的航班，在运送同等数量旅客时，与经停航班相比，SW 航空公司的飞机起降架次要少。起降架次的减少，不仅仅意味着起降费等直接费用的减少，更意味着飞机寿命的延长和飞机维修维护成本的降低。

SW 航空公司建立了自动验票系统，加快了验票速度。在此基础上，SW 航空公司减少了地勤服务和机务人员，每架飞机仅仅需要 90 名员工就可以开航，比其他航空公司几乎少用一半员工。

SW 航空公司自建售票系统，充分采用直销中心售票，是全美最早使用网上售票的航空公司，1995 年就开始在互联网上售票。通过直销手段控制销售成本，不通过旅行社售票，也不提供送票上门服务，将更多的价值"取之于民，还之于民"，避开了高额的代理手续费用。

在 SW 航空公司有一句经典格言："你别想让飞机待在地上就能给你挣钱。"因此，为了在短时间内完成换班归航的工作，区别于其航空公司的飞行员空等待命的做法，SW 航空公司的全部机组人员都会一起协助打扫客舱、清理飞机并在登机口帮助旅客登机。SW 航空班机从抵达目的地机场，开放登机门上下旅客，至关上登机门再度准备起飞间的作业时间，平均为 15 分钟。短短 15 分钟内，要更换全部的机组人员，卸下近百袋的邮件，再装上数量相近的邮件，并为飞机加满 4500 磅重的油料。一样的作业内容，大陆航空与联合航空则平均需要 35 分钟才能完成。根据 1995 年时的一个测算，在同等周转量下，SW 航空公司要少用 35 架飞机，按当时 2800 万美元的飞机价格计算，加上零件就是 13 亿美元的成本节约。

3. 财务安全的低成本扩张

在 SW 航空公司的发展中，不论业务范围如何扩展，都始终坚持最初制定的"与汽车竞争"的低价、短航线业务方向，并为此严格成本控制，不曾偏离。但以低成本为核心的企业，往往这样的企业竞争力有限，常落入底层的红海竞争中，故而通常都会向上竞争，去抢夺更丰厚利润的市场。

People Express 是众多模仿 SW 航空公司模式成立的低成本航空公司之一，该公司后来成为全美成长最快的航空公司，稍具规模后，公司开始购买大型飞机，为追求扩大公司规模，在长途市场与其他大公司竞争，最后破产倒闭。

怎么会这样？许多公司误以为谁能先拿到最大的市场占有率，谁就是赢家。凯勒赫指出："市占率与公司获利并无直接关系，为了增加 5% 的市占率，多花 25% 的成本，值得吗？" SW 航空公司选择了一条财务安全基础上的低成本扩张路线。

SW 航空公司非常重视财务状况，有稳健的资产负债表，保持平均 50% 左右的资产负债率，在业界也可以说是最低的，同时利润增长率最高，资信等级最高，获得产业最高的标准普尔信用评级 A，是全球少数几家拥有投资级信用的航空公司之一。

尽管如此，SW 航空公司从不冒险扩张，每年增加的飞机中，相当一部分都用在了原有市场上，用来进一步加大航班量，对新增城市航线尤其慎重。

1971 年启动时，SW 航空公司只飞达拉斯、休斯敦和圣安东尼奥 3 个得克萨斯州的城市。20 世纪 80 年代中期，美国航空(American Airline)与 US airways 为了进军加州市场，大举买下当地营运状况不错的航空公司，最后却以亏损收场。而 1989 年触角尚未伸入加州的 SW 航空公司，选择在此时乘虚而入进入加州。

到 1994 年，SW 航空公司已连续保持 22 年盈利，并且成功走过 1990—1994 年海湾危机引起的航空业大危机的考验，并趁着行业大危机，在 1994 年并购了 Morris 航空公司。

正是因为居安思危，当危机真正来临时，就可以利用竞争对手的疲弱来加强自己的地位。SW 航空公司手握资金，静静等待每一次行业艰难期到来时，用最低成本攻城拔寨。

2001 年的 911 恐怖袭击发生之后，在愈加艰难的市场环境中，又有数家航空公司消失，2002 年美联航申请破产保护；2004 年 9 月 US Airways 申请破产保护；2004 年 10 月美国第三大航空公司 Delta 走向破产边缘。

911 事件发生当天，SW 航空公司持有 10 亿美元流动资金，很好地防止了因旅客大量减少带来的现金流枯竭的危险。在美国民航业，SW 航空公司有着优质的资产负债结构和最高的信用等级，从而能够以较合理的利率及时筹集到 11 亿美元，以支付必需的各项费用。

911 事件发生时，SW 航空公司的可供座英里单位成本是最低的。911 事件后客流量急剧减少，各公司不得不大幅降低票价，SW 航空公司则能够将票价降得更低，保证了当时的客流量和实现了经营活动的现金净流入，SW 航空公司 2001 年全年的平均客座率达 68.1%，与往年相差不多。

2001 年，SW 航空公司运送旅客 6445 万人次，较上年增长 1.2%，飞机利用率 11.17

小时,与往年持平,净资产收益率 13.7%,当年实现净利润 5.11 亿美元,较去年只下降 15%,SW 航空公司在 2001 年的表现,可谓有备无患的典范。

2001 年 911 事件以后,美国航空业运力减少了 15%~20%,而 SW 航空公司则净增加了 30 架飞机,2002 年运力增加 5%,2003 年增加 4%,与整个市场形成鲜明对照。

吉姆·柯林斯曾这么说过 SW 航空公司:"这个公司最有意思之处在于,它就是在动荡环境下成长壮大的。航空业每经历一次大规模的缩减开支或遭遇一次艰难时期,SW 航空公司在业界的地位就升高一些,市场份额就扩大一点。"

二、稳步提高服务质量

在追求低成本的同时,美国 SW 航空公司并没有降低服务的品质,它拥有最佳的飞行安全记录、最年轻的飞机队和最高的"完航"指数,无论从航班准点起降,还是从旅客申诉情况评比结果来看,均居领先地位。SW 航空公司是美国民航界唯一连续多年获得行业"三冠王"称号的公司,并获得"航班准点率冠军""顾客满意率冠军(即投诉率最低)""行李转送准确率冠军"的殊荣。而在其他的航空公司中,没有任何一家航空公司曾同时拥有这三项冠军超过一个月。

SW 航空公司的总裁每年都会固定参加一线部门的工作(检票口、行李通道),与员工一道,亲自动手,领导层以身作则,以实际行动做员工的表率而不是简单、象征性地视察和慰问。

SW 航空公司拥有最佳的飞行安全记录。这个记录有赖于它严格的安全检测和维护,使它的飞行安全标准超过联邦航管局的标准。SW 航空公司拥有最年轻的飞机队,平均机龄只有 8 年。SW 航空公司是美国航空公司中唯一一家要求副驾驶必须具有 FAA 颁布的 737 机长资格的公司,SW 航空公司同时要求副驾驶的飞行时间最少必须达到 1000 小时。

只要条件允许,SW 航空公司往往避开那些空中交通容易堵塞、空中流量控制较大的枢纽型机场,选择大城市原有的小机场或者卫星城机场。这样可以避免与竞争对手在同一机场起降,将航班延误降到最低,提高航班正点率,节约旅客的旅行时间,同时也增加了飞机的飞行时间。

旅客每在 SW 航空公司乘坐一次航班,就可获得一个积分,在 12 个月内积累到 16 分时,即可获得一张不受限制的往返程机票。在 12 个月内乘坐 50 个往返程,还可为同伴预定一张无限制免票,SW 航空公司每年送出数百万张免费机票。根据 SW 航空公司的统计,自 1987 年 SW 航空公司推出"常旅客计划"来,有 86%的免票得到使用,对 SW 航空公司来说,也不会增加太多的成本。因为 SW 航空公司的平均客座率只有 65%左右,也就是说,SW 航空的航班有足够的空座提供给旅客,而同时不会增加成本。反而,正因为 SW 航空公司慷慨的免票政策,吸引了更多的旅客,带来了更多的收入。

如果旅客已经通过 SW 航空公司电话订票中心订票或购票,在 24 小时内取消,SW 航空公司不收取任何费用。这给了旅客选择更低票价的机会,且无须为此付出代价。SW 航空公司不会因此造成太大的损失,因为几乎没有旅客会因为票价高低问题取消原有订票。而对于其他由于旅客自身原因导致的订票取消,不收取任何费用,则又体现了 SW 航空公司真正为旅客着想的服务态度,树立了良好的公司形象。

SW 航空公司也是美国国内唯一一家提供国内旅行两件免费行李托运的航空公司,此种政策与执飞美国国际航线的行李政策完全一致。这也是 SW 航空公司盯住国际市场转机旅客的一个服务举措。

SW 航空公司的服务质量是一个长期目标，根据用户需求动态变化。比如短途不提供餐食，但在其开通的较长航线也有提供，毕竟服务质量才是发展的根本。

三、注重团队精神、企业价值观和文化的打造

如前面所述，SW 航空公司采取的商业模式并非复杂难懂，很快就有一些后进者如 Vanguard、美西(America West)、Reno 及 Kiwi Air 等，企图复制 SW 航空公司的经营策略，但是，他们却没有成功。例如，美西航空，1981 年成立，短短 4 年间即成为美国第十大航空公司；不过 2 年后，却落到需要同法院申请破产法保护的地步。

对此凯勒赫曾经表示："无形资产是竞争对手最难剽窃的东西，因此我最关心的就是员工的团队精神、企业的文化与价值，因为一旦丧失了这些无形资产，也就断送了可贵的竞争优势。"

商业模式和策略是容易复制的，但是团队精神、企业价值观和文化才是竞争对手无法打造的无形资产。

1. 以员工为核心的企业价值观——"赚钱、给每位员工提供稳定的工作，并让更多的
　　人有机会乘飞机旅行"

SW 航空公司对外始终宣称是"以人为本"的公司：SW 航空公司最重要的资产是其优秀的员工，而不是飞机、航线或其他资产。当然，口号谁都可以提，宣传谁都可以做。但 SW 航空公司真正做到了以人为本，连续三十五年未裁员的记录，连续的员工利润分成，业界最低的员工流动率。

1990—1994 年期间，美国经济的极度不景气，严重影响到了航空业，当时整个民航业损失 130 亿美元，裁员 12 万人，而 SW 航空公司仍保持了盈利，并且未裁一名员工。

在 2001 年 911 事件后，其他航空公司裁员 10 万人，SW 航空公司没有裁减一名员工，不仅如此 SW 航空公司筹集 1.98 亿美元保证 2000 年的员工利润分成和 2001 年第四季度的员工成本节约奖。

员工第一，表现在工资福利上。SW 航空公司的成本水平是行业领先的，而在工资福利占总成本的比重上，SW 航空公司又几乎是最高的。

根据来自 Aviation Daily 的一项研究，在员工工资福利上，SW 航空公司是支付水平最高的航空公司之一。以 2004 年第一季度为例，SW 航空公司飞行员的工资在美国国内第三高，机务人员工资列第一位，空乘人员工资第五高。SW 航空公司的工资比例要比其他低成本航空公司高出 10%～15%，且 SW 航空公司的员工多年收入持续提升。由于 SW 航空公司的持续盈利，其员工利润分成，几乎是业内最好的。

SW 航空公司支付给员工的工资福利要高于航空业的平均水平，而 SW 航空公司员工工作的高效率则带来了更低的成本优势。

2. 以员工为核心的团队精神——"员工第一，顾客第二，只有快乐的员工才有满意的
　　顾客"

员工第一，相应地，在 SW 航空公司，旅客第二。但这不影响 SW 航空公司的员工向旅客提供优秀的服务，SW 航空公司从不认为旅客永远都是对的，强迫员工无论何种情况下都以旅客为中心，违背了 SW 航空公司的价值原则。

SW 航空公司每年都会接到 1000 封左右的投诉信，投诉该公司没有提供其他公司的一些较好的服务。该公司带着总裁签名的回信是这样说的："感谢你搭乘本公司的航班，但是我们没有计划提供你所需要的服务。若你需要这些服务，请你搭乘其他航空公司的航班，若你不需要这些服务，请你再次搭乘本公司的航班。"写得有情有理，实现了公司的"有所为，有所不为"的战略。SW 航空公司"有所为，有所不为"的根本目的在于为特定的消费群体服务，让这些消费群体满意。

强调团队精神，那么就要避免官僚化。作为一家大型公司，美国 SW 航空公司保持扁平的组织架构。绝大多数员工随时可以通过电话和副总裁级的人员直接沟通，而总裁会在周末凌晨和地勤人员一起清洁飞机。当员工认为自己受到应有的人性化对待并且受到关怀和尊重时，他们也会为乘客提供加倍热诚周到的服务，并充分尊重顾客。但 SW 航空公司始终倾向于按小公司管理，努力将公司结构简单化，规章制度最简化，从而避免公司的僵硬。正如其创始人 Herb 所说，SW 航空公司成功的重要因素之一就是公司能够始终保持对外的敏捷快速反应。

强调团队精神，就需要透明化。SW 航空公司全力通过各种途径，使员工取得他们所需要的信息，SW 航空公司的员工知道同行们在做什么，而开辟新航线或其他重大公司事件，SW 航空公司都是在让员工知道后，才对外宣布。另外，SW 航空公司还对员工公开公司的业绩和各种表现、公司的财务状况、航班的具体情况以及旅客的来信等。SW 航空公司认为，如果员工能够及时知悉重要信息，就可以更加迅速地做出调整，以同样的步调工作，提高公司效率，公司的决策也可以更快更好地得到执行。

3. 提倡员工的战斗精神的企业文化

SW 航空公司的员工从不害怕与众不同。相反，SW 航空公司肯定、鼓励并奖励员工在工作中发挥其主动性和创造性，让员工创造不同!

在日常工作中，SW 航空公司不像其他公司那样，制定出名目繁多的规章制度，明确限定每个岗位应该做什么，不应该做什么。SW 航空公司的规章制度几乎是最弱的，有意创造出一种无边界、无束缚的工作环境。SW 航空公司将传统所谓的"人力资源部"更名为"人民部"，营造一个符合公司企业价值的工作环境，让员工能够愉快地为公司效力，为顾客提供高品质的服务。在这种环境下，员工可以不墨守成规，可以自由地进行工作，特别是在面对顾客时，如遇到特殊情况，即便超出了自己的职责范围，他们往往也会努力保证顾客在 SW 航空公司有一个舒适、难忘的旅程。

SW 航空公司管理者主要扮演的是公司价值与文化的维护者，而非传统模式中对每位员工进行控管的监督者角色。

传统航空公司，如美联航航空公司曾将自己在 1994 年前的公司文化，概括为命令—控制型文化，即强调等级森严的层级制度，强调命令和遵守。其结果是，员工只局限于完成本职工作，缺乏与其他部门和人员的沟通和协调，忽略了工作的整体性，忽略了所有工作的中心目的是为旅客提供优质服务。1994 年，美联航变成员工持股公司之后，才开始了公司文化方面的一系列变革，变革的中心目标就是强调员工之间的沟通与协调。美联航此后数年间的努力也证明了公司文化变革的艰难性。

4. 多样化、经常性的激励和庆祝活动加强公司与员工关系

激励方面，SW 航空公司设计的薪资与奖金制度并不复杂，但与其他着重个人表现公

司不同的是,SW 航空公司偏向采取按航次计薪、集体奖励的方式来维护并提升团队精神。另外,SW 航空公司对于工作一年以上的员工实施分红制度,并要求员工投资 1/4 的红利所得于公司的股票上。目前 90% 的 SW 航空公司员工持有公司的股票,约占 SW 航空公司流通在外股数的 10%。公司多年盈利也让员工获得额外收益。

在 SW 航空公司,庆祝活动是经常性的,在任何可能的情况下,SW 航空公司不惜花费大量时间和金钱筹办各种庆祝活动,为的就是让员工之间建立更密切的互动和人际关系,这种庆祝使员工能够产生归属感,更加珍惜共有的回忆。

每隔两个月,SW 航空公司就会表扬 10 到 12 名堪为表率的优秀员工。这些员工由各部门的员工或旅客提名选出。获得表扬的员工,受邀前往位于总部的总裁办公室,总裁将当众念出获奖者的表扬内容,并赠送一枚奖章和两张免费机票,然后与总裁合影留念,并刊登在 SW 航空公司的自办杂志上。

SW 航空公司每年举行"年度颁奖晚会",这是 SW 航空公司最热闹的经常性庆祝活动,公司会表彰表现优异的员工。作为最高奖项的"创办人奖",得奖者不仅要在工作岗位上成绩突出,还必须服务社区,为公司提出最具创意的构思和方案等。此外还有"总裁奖",得奖人必须实际发扬 SW 航空公司的价值观,在工作中热情对待旅客和同事,以身作则,在工作中表现幽默感等。

除了以上常设性的庆祝活动外,SW 航空公司还有其他各种各样的非经常性奖项,如"社区关系特别奖""好邻居奖""幽默奖""创意奖""年度最佳发型奖"等。

以上种种从员工出发的制度设计,让员工从内心理解 SW 航空公司的价值观,也理解公司的"低成本战略"。消费者之所以选择 SW 航空公司,这是因为公司持之以恒地提供他们所希望的——低票价、可靠的服务、高频度和顺便的航班、舒适的客舱、了不起的旅行经历、一流的常旅客项目、顺利的候机楼登机流程以及友善的、幽默的客户服务。

SW 航空公司的启示:

在面临行业寒冬的今天,创业者在开始创业的时候,未必一定要去最热门的上升期行业拼杀,那里已经聚集了太多同样的创业者,最火爆的互联网里倒下的人也是最多的。利用自己的在传统行业的优势,也可以在走下坡路的行业里,找到自己的竞争优势。降低成本,提升效率,从而能提供更好、更便宜的服务,任何时候都是有市场的。

(资料来源:《在下坡路的行业中成功——美国西南航空的"低成本战略"》(zhuanlan.zhihu.com))

思考: 如何有效实施成本领先战略?

提示:
★成本领先战略的目标是成为整个行业中成本最低的制造商。

★差异化战略是企业针对大规模市场,通过提供与竞争者存在差异的产品或服务来获取竞争优势的策略。

★集中化战略针对某一特定购买群体、产品细分市场或区域市场,采用成本领先或产品(服务)差异化来获取竞争优势的战略。

第一节　成本领先战略

一、成本领先战略概述

成本领先战略也称低成本战略，是指企业通过有效途径降低成本，使企业的全部成本低于竞争对手的成本，甚至是在同行业中最低的成本，从而获取竞争优势的一种战略。

1. 成本领先战略的动因及优势

从简单的意义上讲，利润(A)为售价(P)与成本(C)的差，即 $A = P - C$。为使利润最大化，在售价不变的情况下就必须使成本尽可能地降低，这是低成本战略最朴素的动因。具体而言，实施低成本战略主要动因包括以下四点。

(1) 保持领先的竞争地位。企业处于低成本地位上，可以抵挡住现有竞争对手的对抗，即在竞争对手在竞争中不能获得利润、只能保本的情况下，企业仍能获利。

(2) 增强讨价还价能力。面对强有力的购买商要求降低产品价格的压力，处于低成本地位的企业在进行交易时握有更大的主动权，可以抵御购买商讨价还价的能力。当强有力的供应商抬高企业所需资源的价格时，处于低成本地位的企业可以更加灵活地解决困难。

(3) 形成进入障碍。企业已经建立起的巨大的生产规模和成本优势，使欲加入该行业的新进入者望而却步，形成进入障碍。

(4) 降低替代品的威胁。在与替代品竞争时，低成本的企业往往比本行业中的其他企业处于更有利的地位。

总之，采用成本领先战略，可以使企业有效地面对行业中的五种竞争力量，以其低成本优势来赢得竞争优势。当然，对成本领先战略的理解要注意以下五个方面。

(1) 成本领先并不等同于价格最低。如果企业陷入价格最低而成本并不最低的误区，换来的只能是把自己推入无休止的价格战。因为，一旦降价，竞争对手也会随着降价，而且由于比自己成本更低，因此具有更多的降价空间，能够支撑其进行更长时间的价格战。

(2) 成本领先战略一般要求企业成为整个行业内(唯一)的成本领先者，而不只是争夺这个位置的若干企业中的一员。许多企业未能认识到这一点，从而在战略上铸成大错。当渴望成为成本领先者的企业不止一家时，企业之间的竞争通常很激烈，因为每一个百分点的市场占有率都被认为是至关重要的。除非企业能够在成本上领先，并"说服"其他企业放弃其战略。

(3) 成本领先并不意味着可以忽视产品质量或是降低服务品质。企业要在本行业做到成本领先需要具备降低成本的能力并掌握有效的途径，例如，企业只有通过在内部加强成本控制，在研发、生产、销售、服务和广告等领域内把成本降到最低限度，才有可能成为行业中的成本领先者。而企业如果试图通过采用廉价、劣质的原材料或是通过降低服务品质等手段来节约成本是十分不明智的，这样只会加速企业的灭亡。

(4) 成本领先与产品特色的取舍。如果企业的产品具有鲜明的特色，那么企业在实行成本领先战略时，就必须充分考虑是否能以牺牲产品的特色为代价。因此，企业在采用成本领先战略时，是降低成本还是更强调产品特色，需要谨慎权衡，深思熟虑。

(5) 成本领先战略强调以低价格向价格敏感型的用户提供标准化的产品，企业凭借其成本优势，可以在激烈的市场竞争中获得有利的竞争优势。例如，在企业所在的市场上，如果购买者对价格敏感，那么奋力成为行业中成本最低的供应商就是一个明智的选择；否则，成本再低也未必有意义。

2. 成本领先战略的风险

成本领先战略也存在风险，可以归纳为下述四个方面。

(1) 生产技术的变化或新技术的出现可能使得过去的设备投资或产品学习经验变得无效。

(2) 行业中新加入者通过模仿、总结前人经验或购买更先进的生产设备，使得他们的成本更低，从而能够以更低的成本起点参与竞争，后来居上。这时，企业就会丧失成本领先地位。

(3) 由于采用成本领先战略的企业其力量集中于降低产品成本，从而使他们丧失了预见产品市场变化的能力。即使企业所生产的产品价格低廉，却不为顾客所欣赏和需要。这是成本领先战略最危险之处。

(4) 受通货膨胀的影响，生产投入成本升高，降低了产品的成本/价格优势，从而不能与采用其他竞争战略的企业相竞争。

成本领先战略带来风险的一个典型例子是 20 世纪 20 年代的 F 汽车公司。F 汽车公司曾经通过限制车型及种类、采用高度自动化的设备、积极实行后向一体化措施等，以及通过严格推行低成本化措施，取得过所向无敌的成本领先地位。然而，当许多收入高、同时已购置了一辆车的买主考虑再买第二辆车时，更偏爱具有风格的、车型有变化的、舒适的和封闭型的汽车，而非 F 汽车公司生产的敞篷型 T 型车。F 汽车公司为把被淘汰车型的生产成本降至最低而付出了巨额投资，这些投资成了一种顽固障碍，使 F 汽车公司的战略调整面临极大代价。

因此，经营单位在选择成本领先战略时，必须正确地估计市场需求状况及特征，努力使成本领先战略的风险降到最低。

二、实施成本领先战略的条件和企业应具备的技能

1. 实施成本领先战略的条件

企业实施成本领先战略，应具备以下条件：

(1) 现有竞争企业之间的价格竞争非常激烈。

(2) 企业所处产业的产品基本上是标准化或者同质化的。

(3) 实现产品差异化的途径很少。

(4) 多数顾客使用产品的方式相同。

(5) 消费者的转换成本很低。

(6) 消费者具有较大的降价谈判能力。

2. 实施成本领先战略的企业应具备的技能

企业实施成本领先战略，除具备上述外部条件之外，企业本身还必须具备如下技能和

资源:

(1) 持续的资本投资和获得资本的途径。

(2) 生产加工工艺与技能。

(3) 认真的劳动监督。

(4) 设计容易制造的产品。

(5) 低成本的分销系统。

三、实施成本领先战略的途径

企业要想获得成本优势主要有两种方法:一是在企业价值创造的每一个环节上实行有力的成本控制手段;二是重新构建新的成本更低的价值链。不管采用哪种方法,都离不开下面五种途径。

(1) 实现产品大批量生产。这是实施成本领先战略最重要的途径。生产产量越大,单位平均成本越低;同时随着规模的扩大,有形成本会降低,无形成本也会降低。目前我国汽车行业在成本上比不过日本、韩国,与生产规模有很大关系。比如一汽与丰田同为拥有15万名职工的汽车制造企业,一汽的产量是40万辆,而丰田则是500万辆,生产规模的差距决定了成本的差距。

(2) 做好供应商营销,搞好协调与配合,以降低成本和分摊成本。供应商营销,也就是企业通过与上游供应商(如原材料、零配件等)建立长期稳定的合作关系,以获得廉价、稳定的上游资源,并能影响和控制供应商,对竞争者建立起资源性壁垒。

(3) 塑造企业成本文化,实现成本的有效控制。追求成本领先的企业应着力塑造一种注重细节、精打细算、严格管理、以成本为中心的企业文化。企业要在控制好外部成本的同时控制好内部成本;把握好战略性成本的同时把握好作业成本;注重短期成本的同时更要注重长期成本。要使"降低成本"成为企业文化的核心,企业所采取的一切行动和措施都应体现这个核心。

(4) 加强生产技术创新,实现生产设备的现代化。创新是一条永远不变的市场竞争法则。技术革新和革命、生产设备的现代化,会使企业的成本大幅度地降低。如F汽车公司通过传送带实现了流水线式的汽车生产方式,大幅度降低了汽车的生产成本,进而实现了让汽车进入千家万户的梦想。

(5) 利用领先优势,选准时机,打好"价格战"。发动价格战的企业一定是具有成本领先优势的企业,当和竞争对手采取同样的价格时,成本较低的企业可以获得较高的利润率,但那并不代表它可以获得绝对较高的利润量,因为它的市场份额不一定比对手大,还可能不如对手。打价格战也要选准时机,衡量企业自身的产品是否适合价格战,还要考虑价格战对企业造成的影响。

~~~~ 知识链接 ~~~~

1. 保持竞争优势思想是企业实施成本领先战略的动因

从竞争的角度看,不论企业采取何种战略,成本问题始终是企业战略制定、选择和实施过程中需要考虑的重点问题。如何为企业赢得成本优势和竞争优势，是企业战略管理的重要内容，也是企业实施成本领先战略的动因。

2. 节约思想是企业实施成本领先战略的动力

节约可以以相同的资源创造更大的价值，可以使有限的资源延长使用时间。在市场经济条件下，节约不仅是卖方所追求的，也是买方乐意接受的，买方所期望的是同等质量下价格最低。正是人们的这种追求，形成了企业实施成本领先战略的原动力。

3. 全员参与思想是企业实施成本领先战略的基础

在影响成本的诸多因素中，人的因素占主导地位，人的素质、技能、成本意识以及降低成本的主动性都会对成本产生重要影响。在企业的经济活动中，每一个人都与成本有关。因此，降低成本必须全员参与，树立起全员的成本意识，调动全员在工作中时刻注意节约成本的主动性，这是企业实施成本领先战略的基础。

4. 全过程控制思想是企业实施成本领先战略的保障

成本产生于企业经营活动的各个环节，从产品设计、材料采购、产品制造到产品销售及售后服务的全过程中，时刻都有成本产生。因此，控制成本不是控制哪一个环节的成本，尤其不能误解为只控制制造成本，必须全过程控制，从而达到综合成本最低。只有综合成本最低，才能保障成本领先战略的实施。

第二节　差异化战略

引例

HDL(海底捞)终于上市了！靠吃货推动的 HDL，真正做出了品牌差异化。

2018 年 9 月 26 日，HDL 正式在香港上市，股票代码为 06862.HK。开盘即涨幅不断，总市值超千亿港元。

一个新的独角兽的确立，给餐饮界带来了不小的震动。

一直以来，中国餐饮界以菜品的质量作为衡量一家餐饮店优劣的指标，甚至在一定程度上能够决定其顾客认可度与经营盈利。

进入现代社会后，在传统的餐饮模式上又将环境体验、价格竞争以及服务好坏作为评价餐馆等级的综合指标。

但值得一提的是，所有这些要素仅作为辅助手段，餐馆依然延续了综合各方要素的中庸经营之路。

在餐饮界中所占市场份额较大的火锅，因其现吃现烫，辣咸鲜，油而不腻，解郁除湿，种类丰富，口味各异，各取所需，因而老少皆宜，广受欢迎。

火锅行业因自身特色使其迅速发展至全国各地。在新兴火锅店层出不穷、同质化严重的情况下，HDL 却如黑马般冲出行业群中，一枝独秀，成为火锅界的"大佬"。

深究其中原因，不外乎两个字——服务！

在环境、菜品、服务、价格等餐饮企业发展需要重视的要素中，环境、菜品、价格要素都会直接影响企业的成本与收益。

HDL 在发展初期并不具备丰厚的资金底蕴，为此，服务是唯一的突破口。

老话说：伸手不打笑脸人。热情的服务与诚恳的态度，给顾客如沐春风之感，使得 HDL 顾客的回头率越来越高。

此后，HDL 又拓展了美甲、手护、皮鞋清理以及供应吃饭围裙、婴儿车等一系关怀消费者利益的服务项目，将服务这一要素做到了极致。

营收情况显示出了服务要素做到极致的成果：2017 年 HDL 营收总额是 106.37 亿元人民币，较上年同期增长了 36%。2018 年上半年，HDL 实现营业收入 73.42 亿元人民币，同比增长 54.4%。连续登顶火锅行业销售第一。

HDL 的成功源于其精准的定位。

将服务属性置于餐饮属性之上，做到现有行业的极致，在业内真正做到了品牌差异化，这是其在整个餐饮行业激励竞争中找到的成功竞争策略。

而随后不断完善的供应链，使口味、价格、环境都得以提升，并进一步将服务在体验环节中突出，成功使火锅这种并非刚需的餐饮门类具有持续消费的吸引力。

然而，服务这一属性不仅仅是餐饮界的专属，在现今服务行业容纳百川的情况下，任何面向大众消费者的行业都可以通过钻研某一要素来兴建自身的品牌知名度与消费者对自身品牌的认可。

例如，美团外卖致力于客户足不出户就能成功就餐；锤子手机新品依靠某一特定性能获得锤粉的拥护；拼多多依靠低价与性价比赢得用户等。可以预见，随着 HDL 的上市，越来越多的餐饮企业将会更加重视服务要素，类比至其他企业，增强自己的产品特色，做到品牌差异化，或许是突围的策略之一。

（资料来源：《海底捞终于上市了！靠吃货推动的海底捞，真正做出了品牌差异化》(k.sina.com.cn)）

思考：什么是差异化战略？如何实现差异化？该战略的优势有哪些？

~~~~~~

一、差异化战略概述

1. 差异化战略的含义

差异化战略又称别具一格战略、差别化战略，是指为使企业产品、服务、企业形象等与竞争对手有明显的区别，以获得竞争优势而采取的战略。这种战略的重点是创造被全行业和客户都视为具有独特性的产品或服务。差异化战略的方法多种多样，如产品的差异化、服务差异化和形象差异化等。实现差异化战略，可以培养客户对品牌的忠诚。因此，差异化战略是使企业获得高于同行业平均水平利润的一种有效的竞争战略。

2. 差异化战略的优势

差异化战略的优势主要体现在以下五个方面。

(1) 削弱购买商讨价还价的能力，建立起客户对企业的忠诚。企业通过差异化战略，一方面使得购买商缺乏与之可比较的产品选择，降低了购买商对价格的敏感度；另一方面通过产品差异化使购买商具有较高的转换成本，使其依赖于企业，从而建立起客户对企业的忠诚。

(2) 增强企业对供应商讨价还价的能力。这主要是由于差异化战略提高了企业的边际收益，较高的收益可以更好地应对供应商压力。

(3) 形成强有力的产业进入障碍。差异化战略使企业建立起客户忠诚度，使得新进入者无法在性能上与之竞争。

(4) 在面对替代品威胁时，由于企业具有独特的产品或服务，使其所处地位比其他竞争对手更为有利。

3. 差异化战略的风险

波特认为，推行差异化战略有时会与争取占有更大的市场份额的活动相矛盾，它往往要求公司对于这一战略的排他性有思想准备，即这一战略与提高市场份额两者不可兼顾。在建立公司的差异化战略的活动中总是伴随着很高的成本代价，如广泛的研究、产品设计、高质量的材料或周密的客户服务等。企业使用差异化战略往往会以成本为代价。即便全产业范围的客户都了解该企业产品的独特优点，也并不是所有客户都将愿意或有能力支付如此高的价格。因此，实施差异化战略也有风险，具体体现在以下四个方面。

(1) 可能丧失部分客户。如果采用成本领先战略的竞争对手压低产品价格，使其与实行差异化战略的厂家的产品价格差距拉得很大，在这种情况下，客户为了大量节省费用，会放弃取得实行差异化战略的厂家的产品，转而选择物美价廉的产品。

(2) 客户所需的产品差异的因素下降。当客户对产品的特征和差别体会不明显时，就可能发生忽略产品差异的情况。

(3) 大量的模仿缩小了客户所能感觉得到的产品的差异。特别是当产品发展到成熟期时，拥有技术实力的厂家很容易通过逼真的模仿来减少产品之间的差异。竞争对手的模仿可以缩小客户感觉到的产品的差异，这是随着行业的成熟而发生的一种普遍现象。事实上，企业能否通过差异化产生竞争优势，在一定程度上取决于其技术和产品是否易于被模仿。

(4) 过度差异化。首先，客户是否选择那些具有鲜明特性和独特功能的产品，不仅取决于这些产品与竞争对手的产品的差异化程度，而且也取决于客户的相对购买力水平，并受经济环境的影响。如果获得成本领先优势，对手提供的产品价格非常低，以至于两者之间的价格差额足以抵消取得差异化定位的企业产品的特征和形象，那么试图通过差异化取得竞争优势的企业将面临风险。事实上，当经济和购买力水平下降时，客户会把注意力从产品的特色和包装转移到最一般的实用价值的功能上来，对一些基本的生活用品尤其如此。因此，如果企业试图通过差异化来取得竞争优势，一方面要清楚自己产品的特色，产品是拥有独特的功能还是仅仅多了一些附加的功能；另一方面还要分析差异化能否作为客户购买的长期基础，如客户对这种差异的重视是否会轻易改变等。其次，客户需要的产品差异的地位和作用在逐渐下降，当客户变得成熟时就可能发生这种情况。例如，20 世纪 80 年代，沙发在我国流行时，很多家庭对沙发的折叠功能特别喜欢和重视，以至于沙发生产企业可以凭此给沙发一个很高的加价。而实际上，折叠功能并不需要商家付出太多的生产费用。但后来人们逐渐意识到折叠沙发并没有给他们带来更多方便，折叠功能的作用就此下降了。

二、差异化战略的适用条件

1. 外部条件

企业实施差异化战略应具备如下外部条件。

(1) 企业可以通过多种途径创造与竞争对手的产品之间的差异，并且这种差异被客户认为是有价值的。

(2) 客户对产品的需求和使用要求是多种多样的，即客户的需求是有差异的。

(3) 采用类似差异化途径的竞争对手很少，即真正能够保证企业是"差异化"的。

(4) 企业在不断地推出新的特色产品。

2. 内部条件

企业实施差异化战略还必须具备如下内部条件。

(1) 企业具有很强的研究开发能力，研究人员要有创造性的眼光。

(2) 企业具有以其产品质量或技术领先的声望。

(3) 企业在这一行业有悠久的历史，或吸取其他企业的技能并自成一体。

(4) 企业具有很强的市场营销能力。

(5) 企业研究与开发、产品开发以及市场营销等职能部门之间要具有很强的协调性。

(6) 企业具备能吸引高级研究人员、创造性人才和高技能职员的物质设施。

(7) 企业拥有与各种销售渠道强的有力的合作。

三、差异化战略的实施

差异化战略包括产品差异化、服务差别化、人员差异化、渠道差异化和形象差异化，因此可以从这几个方面实施。

1. 产品差异化

产品差异化所指的产品不仅包括产品本身的特征、性能、一致性、耐用性、可靠性、易修理性等，还包括工作质量、产品特色、产品设计等方面的差别化，具体如下。

(1) 工作质量：企业应始终坚持以客户的需要为起点，以客户的 100%满意为终点的理念，全身心投入到为客户提供产品的工作中。

(2) 产品特色：产品特色是对产品基本功能的某些增补，是使产品具有竞争优势的具体表现。

(3) 产品设计：产品设计是综合性的活动，企业在产品设计起始阶段，应充分考虑客户需要，考虑客户应用产品的环境特点，设计出不同的产品。

2. 服务差别化

服务差别化就是企业在订货、交货、设备安装、客户培训和客户咨询、维修保养等多种服务上与竞争者所区别，从而给企业带来别具一格的良好形象。

(1) 订货：企业可采用多种方式，如电话订货、邮件订货等，为客户提供订货的便利。

(2) 交货：产品或服务如何及时、准确、文明地送达也是客户关注的一个方面，企业在产品交货上，应站在客户的角度来考虑如何选择最佳的送货方式来满足客户需要。如和物流公司、航空公司取得合作协议，将产品送至客户指定的地点。

(3) 设备安装：除了企业为确保产品在预定地点正常使用而必须做的工作外，企业还应为客户提供安装调试指导服务，以更好地服务客户，保证设备的安全性和及时运行。

(4) 客户培训和客户咨询：针对客户公司的雇员进行培训，以便在后期设备维护和保养上得到专业的指导服务，使产品运行时间长、可靠性高。若不能及时培训，企业还应提供客户问题咨询服务，为客户提供解决问题的方法。

(5) 维修保养：客户在购买本司产品之后，企业将在约定的期限内提供维修保养服务。

3. 人员差异化

企业通过聘用和培养比其竞争者更优秀的人员，以获得人员差异化优势。企业为员工定期开展专业的知识培训，满足员工对知识的需要。受过专业培训的员工一般具有以下五种明显的特征。

(1) 称职：本岗位的工作能够出色地完成。

(2) 可靠：员工始终如一、准确无误地完成本职工作。

(3) 负责：对客户的要求和困难能迅速作出反应。

(4) 沟通：员工尽力了解客户情况，并将有关信息准确地传达给客户。

(5) 谦恭：友好，尊重他人，并善于体谅他人。

4. 渠道差异化

企业可以通过专销、直销、量贩、连锁经营等方式找到自己独特的销售渠道。

5. 形象差异化

企业可以通过显著的标志，借助文字与视听媒体，塑造良好的企业环境，策划公关营销事件等方式构建企业形象识别系统，提升企业美誉度，扩大知名度，在消费者心中树立与众不同的企业形象，从而牢牢抓住客户。

第三节　集中化战略

引例

G 电器的集中化战略

G(格力)电器是唯一一家坚持专一化经营战略的大型家电企业。著名财经杂志美国《财富》中文版揭晓的消息表明：作为我国空调行业的领跑企业，G 电器股份以 7.959 亿美元的营业收入、0.55 亿美元的净利润，以及 6.461 亿美元的市值再次荣登该排行榜第 46 位，入选《财富》"中国企业百强"，成为连续两年进入该排行榜的少数家电企业之一。不仅多项财务指标均位居家电企业前列，而且在 2002 年空调市场整体不景气的情形下，G 空调的销售实现了稳步增长，销量增幅达 20%，销售额及净利润均有不同程度的提高，取得了良好的经济效益，充分显示了专一化经营的魅力。

波特曾经指出"有效地贯彻任何一种战略，通常都需要全力以赴"的战略原则，以及"如果企业的基本目标不止一个，则这些方面的资源将被分散"的战略后果。正因为如此，许多企业在商战中选择和确定了自己的专一化发展战略，并且运用这种发展战略取得了明显的经济效益。G 电器就是一个这样的企业。

G 电器的专一化战略并不是"一篮子鸡蛋"的战略。把专一化战略当成"一篮子鸡蛋"的战略完全是一种理论上的糊涂、逻辑上的混乱。截至 2013 年，当不少厂家都在为产品的出路犯难，甚至为吸引消费者的眼球不惜祭起降价大旗的时候，G 电器向北京、广州、上海、重庆等大中城市投放了一款高档豪华的空调新品——"数码 2000"，它以其智能化的人体感应功能、安全环保的一氧化碳监测功能和独具匠心的外观设计，受到了各地消费者特别是中高收入阶层的空前欢迎，掀起了一轮淡季空调市场少有的抢购热潮。

缘何在众多空调降价之时，价格昂贵的"数码 2000"却能在淡季热销？因为"数码 2000"已经不再是普通的"一篮子鸡蛋"。它的过人之处在于采用了世界独创的人体感应和一氧化碳感应两项新技术，使空调步入"感性化"时代，具有智能化和环保两大优势。当用户推开家门，不用动手，空调就会自动开启，徐徐凉风或阵阵温暖随之而来；用户忘记关空调或房间没有人活动时，空调会自动关机；空调还能感知室内有毒气体——一氧化碳的含量，当其即将达到危害人体健康的浓度时，会自动连续不断地发出阵阵蜂鸣般的警报声，提醒用户注意打开门窗通风换气，以降低"煤气中毒"现象的发生。不仅如此，G 电器还将"彩色背光液晶显示技术""塑料外观电镀镶件技术"以及"直流变频技术"等国际领先技术在世界上首次运用到了"数码 2000"上。凝聚了众多新技术的"数码 2000"，历经 5 年的潜心研究和 360 多天恶劣环境的可靠性试验，不仅功能卓越、外观精美，而且其稳定性技超群雄。

事实雄辩地说明：面对空调市场混乱无序的竞争，一贯坚持专一化经营的 G 电器，不仅产品已涵盖了家用空调和商用空调领域的 10 大类、50 多个系列、500 多种品种规格，还成为了国内目前规格最齐全、品种最多的空调生产厂家，形成了业内领先的主导优势，而且充分地显示了 10 多年来，该企业的专业化技术积累、雄厚的技术开发实力和经济效益再增值的潜在能力！

如果说 G 电器在经营上取得了骄人的成绩，那么首先是 G 电器在发展战略上取得了成绩。这种成绩突出的表现在 G 电器对专一化战略认识上的深刻、贯彻中的坚定和实践中的准确把握。

(资料来源：《格力空调专一化经营的魅力何在？》(www.doc88.com))

思考：什么是集中化战略？集中化战略的优势有哪些？如何实现集中化战略？

一、集中化战略概述

1. 集中化战略的含义

集中化战略也称专一化战略、目标集中战略，是指将企业的经营活动集中于某一特定的购买群体、产品线的某一部分或某一地域性市场，通过为这个小市场的购买者提供比竞争对手更好、更有效的服务来建立竞争优势的一种战略。

集中化战略同成本领先战略、差异化战略的区别在于，集中化战略将注意力集中于整体市场的一个狭窄部分，围绕"很好地为某一特殊目标服务"建立企业的战略思想，企业所开发推行的每一项职能化方针都要考虑这一战略思想。

企业可以通过差异化战略服务于某一细分市场，也可以通过低成本战略实现企业战略目标，因而集中化战略具体有两种形式：一种是差异集中化战略，即在细分市场中寻求差异化优势；一种是成本集中化战略，即在细分市场中寻求成本优势。

2. 集中化战略的优势

将目标集中于特定的部分市场，企业可以更好地调查研究与产品有关的技术、市场、顾客以及竞争对手等各方面的情况，做到"知彼"。集中化战略的优势主要体现在以下三个方面。

(1) 以特殊的服务范围来抵御竞争压力。集中化战略往往利用地点、时间、对象等多种特殊性来形成企业的专门服务范围，以更高的专业化程度构成强于竞争对手的优势。例如，位于交通要道或人口密集地区的超级商场具有销售优势；口腔医院因其专门的口腔医疗保健服务而比普通医院更吸引口腔病特别是牙病患者。企业选择适当的产品线或专门市场是集中化战略成功的基础。如果选择市场广泛的产品或服务进行集中化经营，反而可能会失败。

(2) 以低成本的特殊产品形成优势。例如，可口可乐公司利用其特殊配方而构成的低成本，在饮料市场长期保持其竞争优势。这一优势的实质是差别化优势，能同时拥有产品差别化和低成本优势则一定可以获得超出产业平均水平的高额利润。

(3) 以攻代守。当企业受到强大的竞争对手全面压迫时，采取集中化战略以攻代守，往往能形成一种竞争优势，特别是对于抵抗拥有系列化产品或广泛市场的竞争对手明显有效。例如，挪威的造船企业难以在整体上与欧洲以及美国、日本等国实力强大的造船企业匹敌，但其因制造破冰船而大获成功。另外，针对多品种糕点企业的广泛市场，专营的蛋糕店常能成功占有一席之地。

二、集中化战略的适用条件

集中化战略一般是集中一点进攻竞争对手的弱点，或是通过专有的业务活动方式以低成本形成对竞争对手的优势，要获得这方面的优势，企业需要具备以下条件。

(1) 拥有特殊的受欢迎的产品。

(2) 拥有专有技术。瑞士手表以其高质量的生产技术始终控制着名贵手表市场。

(3) 拥有不渗透的市场结构。由于地理位置、收入水平、消费习惯、社会习俗等因素的不同而形成专门化市场，这些市场之间的隔离性越强，越有利于集中化战略的实施。例如，专为大型建筑物提供中央空调系统的远大中央空调集团实施的集中化战略。

(4) 拥有不易模仿的生产、服务以及消费活动链。例如，为顾客开辟服装专门设计、定制服务的服装企业拥有自己的专门化市场。

当然，上述构成集中化战略的条件需要企业去寻找和创造，已具备专一化战略优势的企业仍须不断改善自身的地位或巩固已有市场。

三、集中化战略的实施

1. 实施方法

集中化战略的实施方法包括单纯集中化、成本集中化、差别集中化、业务集中化和地区集中化等。

(1) 单纯集中化。单纯集中化是企业在不考虑成本差异化的情况下，选择或创造一种产品、技术和服务，为某一特定顾客群体创造价值，并使企业获得稳定可观的收入。

(2) 成本集中化。成本集中化是企业采用低成本的方法为某一特定顾客群提供服务。成本集中化方法可以使企业在细分市场上获得比领先者更强的竞争优势。实际上，绝大部分小企业都是从实施集中化战略开始的，只是企业并不一定都能意识到它的战略意义，并采取更具有战略导向的行动。对于我国中小物流企业而言，面对世界经济一体化的趋势，提高对集中化战略的认识和运用能力具有重要的现实意义。

(3) 差别集中化。差别集中化是企业在集中化的基础上突出自己的产品、技术和服务的特色。集中化战略只服务狭窄的细分市场，而差别化战略要同时服务于较多的细分市场。同时，由于集中化战略的服务范围较小，可以对所服务的细分市场的变化作出更为迅速的反应。

(4) 业务集中化。业务集中化是企业在不过多考虑成本的情况下，按照某一特定客户群的要求，集中企业物流中的某一项业务，如准时制配送、流通加工、仓储等。对于一些非专业性的物流企业如制造企业，如果将物流竞争战略定为物流业务集中化，那么企业的其他业务可能就会被弱化，不能满足企业发展的需要，为保证企业发展战略的顺利实施，企业可能会考虑将物流业务外包给专业化的物流企业。当然，对于专业化的物流企业如第三、四、五方物流企业，业务集中不失为一种不错的选择，因为企业的竞争力可能会因此加强。

(5) 地区集中化。地区集中化是企业以地区为标准划分细分市场。如果一种产品能够根据特定地区的需要实行重点集中，也能获得竞争优势。

2. 集中化战略面临的风险

企业实施集中化战略也会面临一定的风险，具体体现在以下三个方面。

(1) 容易限锚获取整体市场份额。集中化战略目标市场具有一定的特殊性，目标市场独立性越强，与整体市场份额的差距就越大。实行集中化战略的企业总是处于独特性与市场份额的矛盾之中，选择不恰当就可能造成该战略的失败。与这一对矛盾相对应的是企业利润率与销售额互为代价。例如，为愿意支付高价的顾客而进行专门设计加工服装的企业，将失去中低档服装市场。有很多企业为了获得专一化优势的同时又进入广泛市场，这种矛盾的战略最终会使企业丢失其专有的市场份额。

(2) 企业对环境变化适应能力差。实行集中化战略的企业往往是依赖特殊市场而生存和发展的，一旦出现有极强替代能力的产品或者市场发生变化时，这些企业容易遭受巨大损失。例如，滑板的问世对旱冰鞋的市场构成极大的威胁。

(3) 成本差增大而使集中化优势被抵消。当为大范围市场服务的竞争对手与集中化企业之间的成本差变大时，会使针对某一狭窄目标市场服务的企业丧失成本优势，或者使集中化战略产生的差别化优势被抵消。因为这种成本差的增大将降低买方效益或者降低买方使用替代品的转移成本，使集中化市场与广泛市场之间的渗透增大，集中化战略所构成的成本优势或差别化优势则会逐渐消失。

小　　结

　　成本领先战略也称低成本战略，是指企业通过有效途径降低成本，使企业的全部成本低于竞争对手的成本，甚至是在同行业中最低的成本，从而获取竞争优势的一种战略。

　　差异化战略又称别具一格战略、差别化战略，是指为使企业产品、服务、企业形象等与竞争对手有明显的区别，以获得竞争优势而采取的战略。这种战略的重点是创造被全行业和客户都视为是独特的产品或服务。

　　集中化战略也称专一化战略、目标集中战略，是指将企业的经营活动集中于某一特定的购买群体、产品线的某一部分或某一地域性市场，通过为这个小市场的购买者提供比竞争对手更好、更有效的服务来建立竞争优势的一种战略。

练　习　题

一、单项选择题

1. 差异化战略的核心是(　　)。

A. 产品的差异化　　　　　　　　B. 生产过程(工艺)的差异化

C. 取得某种对顾客有价值的独特性

D. 取得某种对生产者有竞争优势的独特性

2. 形成竞争优势的三种基本竞争战略分别是成本领先战略、差异化战略和(　　)。

A. 多元化战略　　　　　　　　　B. 集中一点战略

C. 别具一格战略　　　　　　　　D. 一体化战略

二、多项选择题

1. 形成竞争优势的三种基本竞争战略分别是(　　)。

A. 成本领先战略　　　　　　　　B. 差异化战略

C. 集中化战略　　　　　　　　　D. 多元化战略

2. 企业获得低成本领先战略的有效途径是(　　)。

A. 扩大规模　　　　　　　　　　B. 控制成本驱动因素

C. 对价值链进行改造　　　　　　D. 降低规模

E. 对领导班子改造

3. 集中化战略的动因主要是(　　)。

A. 集中企业资源　　　　　　　　B. 战略目标集中明确

C. 避免在大范围内与对手竞争　　D. 避免与竞争对手正面冲突

E. 保证领先的竞争地位

三、简答题

1. 什么是成本领先战略？简述成本领先战略的优点。

2. 什么是差异化战略？成功实施差异化战略的主要途径有哪些？

3. 什么是集中化战略？简述集中化战略的优点。

四、论述题

1. 试评价沃尔玛"天天低价，始终如一"体现的战略思想。具体谈谈企业如何努力才能做到"天天低价"？

2. 试评价"人无我有、人有我精、人精我改、人改我创"体现的战略思想。该战略的内涵、使用条件及利弊有哪些？

五、案例分析

G 电器：回归竞争本质，走"专业化"发展道路

2012 年 G(格力)电器交出了一份漂亮的成绩单。

实现全年营业总收入 1001.10 亿元人民币，较 2011 年增长 19.87%；归属上市公司股东的净利润 73.8 亿元人民币，较 2011 年增长 40.92%。同时，G 电器的一些关键比率也得到进一步提升：2012 年，G 电器的销售毛利率达到 26.29%，销售净利率达到 7.5%，而 2011 年这两个指标分别为 18.07% 和 6.37%。

这一年，受全球宏观经济形势低迷、国内整体经济增长缓慢影响，又恰逢国内"以旧换新"政策和第一批"家电下乡"政策到期，中国家电市场整体呈下滑趋势。

数据显示，2012 年全年，我国家用空调销售 10 487.97 万台套，同比下滑 3.89%，冰箱销量 7602.3 万台，同比下滑 2.8%，洗衣机销量 5567.31 万台，同比下降 0.13%。

董明珠认为，在经济环境如此不好的情况下，G 电器能保持如此好的增长势头是因为 G 电器长期以来注重修炼"内功"，包括走专业化道路、拓展全产业链、建立自有渠道、重视技术积累等。

自 20 世纪 90 年代初，一大批家电上市企业纷纷开始了多元化探索。

例如，以电冰箱业务起家的青岛 HAIER，早在 1993 年上市之前就已涉足微波灶、真空包装机、空调器、磁控管、电磁炉、热水器、洗衣机、电风扇、吸尘器等领域；美的电器明确"坚持以家电制造业为主、多元化发展的经营方针"，要求强化空调器、风扇在公司经营结构中的主体地位，并选择开发高技术、高效益、高创汇的家电项目，同时稳步适度发展房地产、金融、证券投资等第三产业；而在 1994 年空调产品产销量及国内市场占有率位居全国第一的春兰股份(股票代码：600854)也在集团母公司的多元化发展道路中扮演了重要角色，大量投资于摩托车、洗涤机械等项目。此外，长虹、TCL 等都无一例外地选择了多元化。

走专业化道路

G 电器曾多次在年报中提到"坚持实施精品战略，走空调器专业化生产道路。"虽然 G 电器也有小家电等业务，但这些业务对总收入的影响微乎其微。

直至 2012 年，G 电器的空调分业务收入仍占总收入的 97.41%。而同年，M(美的)电器

的空调收入占总收入的 80.88%，青岛 HAIER 最大的收入来源——电冰箱业务收入只贡献了总收入的 31.8%。

走专业化道路，是朱江洪和董明珠的一致想法。工程师出身的朱江洪对产品品质有着不一般的执着，他认为：G 电器专注专业化生产，是因为考虑到各个行业都有风险，多元化分开资源投入，成功机会更少，而集中力量打好一个产品，能重点出击，取得质量技术的突破。

为实现专业化，公司投入了大量资金用于研发。G 电器拥有中国制冷行业唯一的国家工程技术研究中心，设有 3 大研究院、近 20 个研究所和 300 多个专业实验室；在业内拥有专利技术最多，已拥有国内外专利近 3500 多项，包括发明专利 350 多项，其中超低温数码多联机组、超高效定速压缩机等多项核心技术被国家权威部门鉴定为"国际领先"水平。

此外，G 电器还在拓展产品线上大下功夫。截至 2013 年，G 电器已生产包括家用空调、商用空调在内的 20 大类、400 个系列、7000 多个品种规格的空调，可以满足不同层次的消费需求。

建立"G 渠道模式"

1997 年，董明珠提出联合代理的模式：以资产为纽带，品牌为旗帜，把一个区域内多家大户捏合在一起，成立专营 G 品牌的股份制销售公司。

区域销售公司成立后，负责对当地市场进行监控，规范价格体系和进货渠道，以统一的价格将产品批发给下一级销售商；各地市级批发商也组成相应的合资分公司，负责所在区域内的 G 空调销售，但 G 电器在其中没有股份。此外，G 电器负责实施全国范围内的广告和促销活动，而当地的广告和促销活动以及店面装修等工作则由合资销售公司负责完成。G 专卖店体系是区域销售公司直接管理，由区域销售公司或下级经销商自建而成。

区域销售公司的设立一定程度上起到了稳定市场、调动各方积极性的作用，并带来了销售网络共享的优势。同时，凭借区域销售公司的支撑，G 电器也拥有了可以与连锁零售商抗衡的实力。

除了继续对区域销售公司销售模式进行完善和调整，G 电器还迅速发展零售终端——G 空调专卖店，提高专卖店在渠道类型中的占比。尤其是二、三、四线市场，专卖店成为渠道下沉的开路先锋。G 电器由此形成了独特的"专卖店"模式。

G 电器在稳固经销商方面不遗余力。公司早期就开始实施淡季贴息返利、年终返利以及不定期返利政策。为进一步巩固与经销商的关系，G 电器通过股份转让引进经销商为股东，通过产权关系，将公司与经销商利益捆绑。

随着经销商的实力不断壮大，G 电器与部分经销商之间也会出现一些利益摩擦。2008年，G 电器除了将不能适应公司发展的经销商进行了清理，加强专卖店的"关联性、统一性、连锁性"的建设，还直接出资经营深圳及珠海的销售公司，继续优化公司的销售网络。

截至 2013 年 11 月，G 电器在全国拥有 27 家区域销售公司、2 万多家专卖店。G 电器专卖店销售占比超过 60%，通过其他传统渠道销售占比 20% 以上，通过国美、苏宁销售占10% 左右。

逆向整合产业链

在企业发展初期，G 电器主要通过外部采购的方式获取核心零部件，如空调的"心脏"——压缩机就是来自国际知名品牌。但随着 G 空调产量的提高以及对质量要求的提升，外部供应商渐渐不能满足 G 电器的要求。于是，G 电器开始布局供应链上游。

早在上市时，G 电器就开始逆向整合产业链，如参股设立以生产空调器压缩机为主业的丹阳 G 电器。2004 年，为进一步完善供应链体系，除收购 G 新元，还收购了母公司 G 集团持有的珠海凌达压缩机 70% 股权、珠海 G 电工 70% 股权。这些收购的完成有利于提高公司的配套能力，降低成本，提高综合竞争能力和抗风险能力。

2009 年，G 电器与日本大金达成战略合作。双方除了联合生产压缩机、电机、模具等有形产品，也将进行技术上的联合开发，涵盖零部件开发、产品设计、空调整机技术到生产工艺等多个方面。

对于 G 电器来说，深化向后垂直整合在于做好压缩机、电机、电容等的研发及配套生产，高端的、核心的、影响关键质量的，能显著降低成本的关键零部件均由公司自己研制。截至 2013 年，G 电器关键零部件如压缩机、电机等自给率均在 50% 左右。

产业链控制力

在董明珠看来，G 电器一方面通过与经销商分享利益，以获得经销商对 G 电器的全力支持；另一方面通过向后整合拥有核心供应链，增强在整个供应链上的话语权，这些战略举措使 G 电器形成了很强的产业链控制力。

促使经销商支持均衡生产

与彩电、洗衣机不同，早期空调生产和销售具有很强的季节性。通常，每年 4 月至 8 月是销售旺季，9 月至次年 3 月是销售淡季。一般而言，空调厂商都会在旺季到来之前和旺季期间，进行零部件采购，并加大马力生产，淡季期间就保持少量生产或者停工。这样可能会带来很多负面的问题，如在销售旺季前，会出现一个采购的高峰，带来原材料和零部件的采购价格的上涨；在生产旺季期间，难免会需要员工加班加点干活，产品出现质量问题是很难避免的；而在淡季时，又可能出现机器闲置、员工无所事事的情况，这对于企业内部管理是不利的。

因此，对空调厂商来说，如果能保持全年均衡生产而非根据季节性生产是非常有益的，但这需要下游经销商从资金、仓储等各方面进行支持。

为促使下游经销商愿意在淡季投入大量资金，从 1994 年底起 G 电器面向经销商出台了一个新的销售政策——淡季让利。其中心内容是：空调销售淡季的产品定价，比销售旺季低一些，商家淡季向厂家打款可以拿到更多竞争力的价位，而且旺季提货同样享受淡季的价格优惠；淡季 6 个月不同月份定价各不相同，9 月最低，然后逐月上调，直至 4 月施行旺季价位。

把控上下游付款节奏

G 电器渠道控制力强的又一表现是，在进行上下游付款安排上获得强大优势。

对下游销售商，G 电器一直执行"先付款后提货"策略；对上游供应商，由于 G 电器具有规模优势，在采购时，因对上游供应商延期支付而形成大量应付账款，即应付账款较期末存货的比重很大。

质量把控

在朱江洪和董明珠看来，产品质量是 G 电器立足的根本，产品质量远比售后服务重要。

董明珠谈到"消费者买了产品指望着售后服务好，这种想法过时了，没有服务才是最好的服务。"

早在 1995 年，G 电器就成立了筛选分厂，其工作是对进场的每一个零部件进行质量"过滤"。董明珠认为："产品质量要从源头上把控，筛选分厂对产品零部件保驾护航，为产品质量上了一道安全保险。"

筛选工厂有一个筛选流程。对于新的外部供应商，首先需要通过样品检验，才具备供货资格；其次是每一批送来的货都要进行检验，检验合格才会采购。对于部分核心供应商，G 电器会要求它们设立 G 专用车间，并对如何设立车间提出一系列要求，甚至包括员工的年龄、学历、工资福利等。对于内部供应商，也是需要遵循"按质、按价、按时、按量"的原则。

除采购把控外，在产品的设计、生产、包装、运输以及安装、服务等全过程，G 电器也实行了严格的质量控制。通过"总裁禁令"和"八严方针"，对最常见、最容易发生的工艺程序做了看似不近人情的规定，对违反规定的员工采取最严厉的处罚方式：罚款甚至开除。

此外，G 电器设有"质量监督队"，专门监督检查在各环节中的质量问题和违反禁令的管理人员。为了让一线工人时时刻刻绷紧质量这根弦儿，G 电器还有一个著名的"放蛇行动"，就是在生产线上的某个环节故意加入一个有瑕疵的配件，看下面的质检程序能否发现。如果没发现，就要被处罚。

出于对 G 空调质量的信心，从 2005 年 1 月 1 日起，G 电器率先将家用空调售后保修期正式调整为整机免费保修 6 年。

（资料来源：《格力电器：回归竞争本质，走"专业化"发展道路》(xueshu.baidu.com)）

讨论：集中化战略的适用条件以及实现途径？并分析该战略的优缺点。

实 践 练 习

以小组为单位，在实际中调查一家企业，分析该企业采取了什么竞争战略？然后小组讨论该企业采用的竞争战略的得失。

要求：

1. 任课教师按照课程实训方案的要求及时进行实训的安排，在实训过程中给予学生必要的指导，并认真批改课程实训报告，给出学生实训成绩，按优、良、及格与不及格四个等级打分。

2. 学生完成一份 1000 字左右的实训报告。

第七章 企业并购与战略联盟

 学习目标

(1) 掌握企业并购的内涵、分类及并购后的战略整合。
(2) 了解企业并购的动因、内外生变量及流程。
(3) 掌握战略联盟的内涵及形式。
(4) 了解战略联盟的利弊及风险。

引例

为了给企业的业务找到有利可图的扩张方式，梅隆银行决定多元化进入金融服务行业，借此从货币管理中获得稳定的服务费收入流，从而降低梅隆收入的不确定性(主要由利润率引起的变动)。作为这种战略的一部分，梅隆以 14.5 亿美元收购了波士顿公司。波士顿公司是形象良好的货币管理公司，它为主要的委托机构(比如国家和企业养老基金)进行管理投资。在收购了波士顿公司之后，梅隆用 17 亿美元收购了一家共同基金的提供者——德福莱斯公司。梅隆差不多一半的收入来自金融服务费。

在被梅隆收购之后的不久，波士顿公司的问题开始浮出水面。最初，公司文化剧烈碰撞。在梅隆，许多经理过去在早上 7 点到达办公室，一天工作 12 个小时，仅拿到非银行业不太丰厚的普通的报酬。梅隆的管理风格是强调成本控制和节约，对于这一点经理人们都已经习以为常。波士顿公司的经理每天也投入 12 小时的时间，但他们能够得到相当的自主权、弹性的工作时间、高工资、不菲的额外收入和大量的绩效奖金。在绝大多数年景，波士顿公司的前 20 名高管每人年均收入在 75 万美元到 100 万美元之间。为了使波士顿公司更加符合要求，梅隆坚持让波士顿公司削减开支，引入新的制度来限制旅游娱乐和额外支出。

当威斯康星州养老基金向梅隆抱怨由波士顿公司打理的投资组合回报率过低时，事情便开始变得有些不妙，梅隆要求把这一投资组合变现，为此减少了 1.3 亿美元的收入。梅隆还把投资组合管理的责任人解雇了，声称这名管理人员正在进行非授权交易。然而在波士顿公司，许多经理把梅隆的行动看作对在收购之初就赋予波士顿公司营运自主保证的违背。他们指责梅隆对投资组合的变现过于草率，并声称他们的战略是经过梅隆高管同意的，不仅如此，即使利率下降(后来果真如此)这种战略依然会为自己证明。

由于对梅隆的干涉不满，波士顿公司资产部的七名经理包括部门 CEO 德斯蒙德·海斯伍德在内，计划对梅隆实施管理层收购。这一部门可谓波士顿公司皇冠上的明珠，管理着超过 260 亿美元的资产。海斯伍德曾经公开对梅隆的银行家们表示了蔑视，认为这些银行在投资业务方面一窍不通。梅隆拒绝了这一收购计划，海斯伍德迅速离开并开办了自己的投资管理公司。几天后，梅隆要求波士顿公司的雇员签署了限制他们离开并为其竞争对手海斯伍德工作的雇佣合同。13 名资深雇员拒绝签字之后便离开并加盟海斯伍德的货币管理公司。

海斯伍德及其团队叛离之后，随之而来的就是一系列有头有脸的委托人的背离。例如，亚利桑那州退休基金从梅隆提取 10 亿美元转移到海斯伍德的企业；弗雷斯诺郡退休基金向海斯伍德转移了 4 亿美元。正如一位委托人所说："我们与波士顿公司的关系可以追溯到 30 年前，和我们打交道的人离开了，所以我们也要离开"。

针对这一事件，弗兰克·卡候指出："很明显我们受到了伤害……但这一事件是不可控的。我们不会失去未来发展的动力。"其他人可没这么自信。在这一事件中，他们还看到了另外的东西，合并两种截然不同的企业文化是如此的困难，这样的合并导致管理层离职将会对任何企图通过收购创造价值的商业行为带来沉重的打击。

(资料来源：《借鉴纽约梅隆银行(BK.US)成长之路 托管业务或是银行转型重要选择》

(www.zhitongcaijing.com))

思考：梅隆收购波士顿公司是否成功？为什么会导致最后的结果？

提示：

★ 并购是兼并收购的合称，是指一家企业以现金、证券和其他形式购买取得其他企业的产权，使其他企业丧失法人资格和改变法人实体，取得对这些企业决策控制权的经济行为。

★ 战略联盟是两个或两个以上的经济实体(一般指企业，如果企业间的某些部门达成联盟关系，也适用此定义)为了实现特定的战略目标而采取的任何股权或非股权形式的共担风险、共享利益的长期联合与合作协议。

第一节　企业并购概述

一、企业并购与重组的盛行

并购已经在美国的企业之间流行多年，甚至有人认为这种战略是促成从 20 世纪 80 年代至 90 年代直到 21 世纪美国成功地进行行业重组的核心动力。

尽管合并和收购非常流行，也是企业成长的有效手段，并有可能使企业获得战略竞争力，但需要强调的是，外部环境条件的变化会影响合并和收购活动的类型。在金融危机中，信贷市场的紧缩使企业很难完成大规模的并购(100 亿美元以上)。然而，2011 年，这些活动又在美国重新兴起，其中第一季度的交易量增加了 45%，达到 2908 亿美元。而 2010 年同期仅为 2006 亿美元。在欧洲，尽管此类活动没有美国增长多，但第一季度的交易总量也有所增长,因为人们仍在担心这些国家的政府财政问题。另外,随着美元等货币的疲软,那些拥有较强货币国家的企业在跨国收购疲软国家的企业时,能获得更多的好处。

有证据表明,并购战略能一直创造价值是有挑战性的。一些研究结果显示,被收购企业的股东通常获得超额收益,而收购方股东通常只能获得接近零的回报。此外,在接近 2/3 的收购案中,实施收购的企业其股票价格在收购意向宣布之后立刻下跌,这种市场的负面反应被认为是投资者普遍怀疑收购者是否有能力获得协同效应以补偿收购溢价。有些时候溢价太高了。

合并是指两家企业同意在相对平等的基础上对两者的经营进行整合。最近,政府批准了美国联合航空和大陆航空“平等合并”的申请。新公司冠以“美国联合航空公司”的名称,但却使用的是美国大陆航空的制服、标语、和颜色,毫无疑问,从覆盖领域、国内和国际航线的分布以及地理中心的角度来看,这一新公司将成为美国最均衡的航空公司。尽管这两家航空公司的交易看上去像合并,但实际上合并的成分很少,主要原因在于交易的一方经常在各种特征上占据主导地位,如市场份额、规模、资产价值等。有趣的是,尽管联合航空的实力更强一些,但却由大陆航空的 CEO 杰夫·斯米塞克担任合并公司的 CEO。

收购是指一家企业通过购买目标企业的全部和部分股权及资产以获得对目标企业本身或资产的控制。完成收购之后,目标企业将完全由收购企业管理。尽管大多数合并在本质上都是善意的,但收购却不是如此,有善意收购也有恶意收购。接管属于收购的一种特殊类型,但是被收购企业并非出于自愿,因此,接管是一种恶意收购。例如,2011 年 3 月,Valeant 国际制药公司提出接管 Cephalon 公司,但遭到了董事会的拒绝,于是 Valeant 国际制药公司试图罢免 Cephalon 公司的董事。这笔交易最终也没能成功,因为几周之后,Teva 制药公司向 Cephalon 公司提出了 68 亿美元的善意交易。

某研究揭示,恶意监管者的“回报预告”能够预测出投标者和目标企业的股价是否会有显著的增长。这一研究进一步合理地说明了为什么即使被收购企业不情愿,仍然有企业愿意实施收购。通常,收购企业愿意为接管目标企业支付的价格是这类交易的核心问题。例如,Valeant 国际制药公司企图以 58 亿美元(每股 73 美元)的价格接管 Cephalon 公司,意味着 24.5% 的溢价。然而,Teva 制药公司以 68 亿美元(每股 81.5 美元)的价格购买 Cephalon 公司,意味着 39% 的溢价。

二、并购的含义及动因

1. 并购的含义

并购是兼并收购的合称,是指一家企业以现金、证券和其他形式购买取得其他企业的产权,使其他企业丧失法人资格和改变法人实体,取得对这些企业决策控制权的经济行为。

根据《中华人民共和国公司法》(简称《公司法》)第一百七十二条规定“公司合并可以采取吸收合并或者新设合并”。所谓吸收合并,是指两家或两家以上的企业合并成一家企业。经过合并,收购企业以支付现金、发行股票或其他代价取得另外一家或几家其他企业的资产和负债,继续保留其法人地位,而另外一家或几家企业合并后丧失独立的法人资格。

新设合并是指两个或两个以上的企业在合并以后同时消失在一个新的基础上成立一个新的企业。

收购是进入新业务的战略途径之一，通常有两种主要类型：其一是产业资本的行为，作为长期投资最终的目的是要加强被收购业务的市场地位；其二是金融资本行为，目的在于转手获利。当收购和合并不是出自双方共同的意愿时，称之为接管或敌意接管，有时也称恶意接管。

2. 并购的动因

企业并购是一项复杂的系统工程，除需投入大量的人、财、物资源外，往往还需要冒巨大的风险，但是全世界的企业并购波澜壮阔，范围广到足以荡涤每个角落，这主要源自并购动因的推动。推动企业并购的因素很多，从内部动因看，是企业对市场份额、效率、定价力量、更大规模经济下收益及趋利避害的追求，包括通过横向并购扩大市场占有率，获得规模经济效益；通过纵向并购降低交易费用，获得垄断利润；通过混合收购分散经营风险，实现技术转移以及资本有效配置；通过跨国并购，构筑在全球范围内的竞争力等。从具体目的看，包括更好地利用现有生产能力和销售力量，减少管理人员，获取规模经济效益，减少销售波动；利用新的供应商、销售商、用户、产品及债权人得到新技术，减少赋税等。

综合来看，企业并购的动因主要包括以下七个方面。

(1) 高效率的实现跨越式发展。企业可以通过内涵式也可以通过外延式并购获得发展，两者相比，采用并购外延这种外延方式的效率更高。尤其是在进入新行业的情况下，谁领先一步，谁就可以取得原材料、渠道、声誉等方面的先手，在行业内迅速建立领先优势，优势一旦建立，别的竞争者就难以取代。因此，并购可以使企业把握时机，赢得先机，增加胜势。

(2) 降低进入壁垒和发展风险。企业进入一个新的行业会遇到各种各样的壁垒，包括资金、技术、渠道、用户、经验等，这些壁垒不仅增加了企业进入这一行业的难度，而且提高了进入的成本和风险。如果企业采用并购方式，先控制该行业的原有的一个企业，则可以绕开这一系列的壁垒，以较低的成本和风险迅速进入这一行业。

(3) 实现优势互补的协调效益。不同的企业在不同的经营领域具有其优势，由此可以利用并购来发挥各自的长处，弥补各自的短处。并购后通常能使管理层业绩得到提高或产生某种形式的协同效应，包括生产协同效应、管理协同效应、经营协同效应、财务协同效应、技术协同效应等。

(4) 加强对市场的控制能力。在横向并购中，并购很明显的利益便是立即扩大市场占有率，而无需经过一番市场争斗。并购活动提高了并购企业的市场份额，从而带来垄断利润。根据哈佛商学院 PIMS(战略与绩效分析)模型的研究，企业之间在盈利能力和净现金流上所产生的差异，80%可以归于市场因素，其中最重要的是市场占有率，而提高市场占有率最有效的途径是并购。企业利用并购还可以争取客户，或进入陌生的市场，且一并攫取当地的客户与渠道。另外，在市场竞争者不多的情况下，由于并购而导致的竞争对手减少，企业可以提高讨价还价的能力，可以更低的价格获取原材料，以更高的价格向市场出售产品，从而提高企业的盈利水平。

(5) 增强企业的国际竞争能力。企业进入国外新市场，面临着比进入国内市场更多的困难，其主要包括企业的经营管理方式、经营环境差别、政府法规的限制等。通过采用并购东道国已有企业的方式进入，不但可以加快进入速度，而且可以利用原有企业的运作系统、经营条件、管理资源等，使企业在并购后能顺利发展。另外，由于被收购的企业与东道国的经济已紧密融为一体，政府对其限制相对较少，这也有助于企业跨国发展的成功。

(6) 获取价值被低估的企业。从理论上讲，在证券市场中，企业的股票市价总额应当等同于企业总体的实际价值。但由于信息的不对称性和未来的不确定性等多方面原因，上市企业的价值经常被低估。如果企业认为自己可以比目标企业的经营者做得更好，那么该企业可以收购目标企业，通过对其经营获取更多的利益，或在收购目标企业后经过整合包装重新出售，从而在短时间内获得巨额差价收益。

(7)避税。并购活动能使净营业亏损和税收减免得到递延，增加资产基础(通过重新估价)，实现税赋最小化。各国公司法中一般都有规定，一个企业的亏损可以用今后若干年度的利润进行抵补，抵补后再缴纳所得税。因此，如果收购企业每年产生大量的利润，而目标企业历史上存在着未抵补完的正额亏损，则收购企业不仅可以低价获取目标企业的控制权，而且可以利用其亏损进行避税。

三、并购的内外生变量

无论企业并购的理念动机和行为如何存在差异，并购的完成都离不开以下四个内外生变量。

1. 并购资源的供给

从理论上看，并购资源的供给是无限的，只要有足够的资源和实力，任何企业和资产均可成为并购的对象，并购资源的供给离不开经济体制的转变、经济增长方式的转变、经济周期的转变、重大经济事件的转变和产业升级调整的转变。

2. 并购资源结构及定价

由于没有一种经济社会能够完全供给人们所需要的并购资源，也就是说，并购供给事实上并非是理论上的无穷供给，因此必须对各种可能的供给形态予以挖掘。另外，并购资源结构的失衡也常常使并购行为无功而返，因为并购资源结构及定价的错位极大地制约着企业的并购成功率。

3. 并购资源的需求

相对并购资源的供给，并购资源的需求永远是并购行为主动方，因为再合理、再匹配的并购供给，如果没有并购需求的允诺，并购行为便无法成立，并购供给也就成为无效供给。所以，并购行为如同商品实现"惊险的跳跃"，关键在于并购需方，只要并购需方积极主动，并购行为就成功了大半。并购需求受经济增长与景气水平、竞争压力、并购管制程度、并购成本和资本市场发展指数影响。

4. 财富创造的潜力和水平

企业并购的目的或是基于竞争战略的考虑，着重中长期生存与发展；或是基于价值增值的考虑，着重短中线的投资回报。不论出于何种考虑，并购的最根本目的与动机在于财富创造，财富创造的潜能越大，并购的需求就越强。

四、并购的流程

对企业而言，并购的具体程序大体可分为以下七步。

1. 接触和谈判

双方可直接进行洽谈也可以通过产权交易市场,大多数企业的并购接触和谈判是秘密进行的,其目的在于防止对企业、雇员、客户、银行带来不利影响,避免企业股票在股市上波动,也有利于双方深入谈判。

2. 签订保密协议与并购意向书

对方在谈判时一般会签订保密协议,具体规定哪些信息应当公开,什么人才能知悉这类信息,如何对待和处理这些信息(事后归还和销毁)等。当双方签订保密协议后,若有一方违反保密协议的规定,则应赔偿损失或受到处罚,主要内容包括收购价格的数额和计算公式、收购对象的资产范围、收购时间进度安排、关键问题陈述和保证、特别条款(如需经政府批准的项目等)。双方签订保密协议后即可签订并购意向书。

3. 履行应当的谨慎义务

从签订保密协议到订立正式协议之前,有一个十分重要的被称为履行应当的谨慎义务的步骤,即谈判到一定阶段就制作意向书。这种意向书分为有约束力的和无约束力的两种。目标企业有义务对本企业及资产的关键问题、情况做陈述和保证,陈述必须真实、准确、完整,不能有虚假记载、误导性陈述或者重大遗漏,收购方有权对企业及有关资料文件进行检查,以保证并购顺利进行。

4. 确定价格

对目标企业的现有资产进行评估,清算债权、债务、确定资产或产权转让底价,以低价为基础,通过产权交易市场的招标决定成交价。

5. 签订并购协议

并购协议是整个过程中最重要、最关键的文件,要求全面、准确地反映谈判内容和双方意图。并购协议一般由律师起草和制作,主要内容有并购价格和支付方式,交易完成的条件(包括具备法律要求的有关方面意见)和时间,规定交易完成前的风险承担以及交易完成后的有关义务和责任。

6. 履行相关手续

相关手续包括归属所有者确认,并购双方的所有者签署协议(全民企业所有者代表为审核批准并购的机关)并上报政府有关部门备案、审查和批准,办理产权转让的清算、交割的和法律手续等。

7. 收购后整合

收购企业一般在收购完成后对目标企业的经营进行调整,使其与公司发展战略相符。

第二节　并购后的战略整合

一、经营战略整合

企业并购后,战略整合是其他整合的根本前提,衡量并购成败的关键因素之一是要看并购是否使企业的战略意图得以实现。换言之，并购是否服务于企业的长期发展战略。只有符合企业的长期发展战略，旨在提升核心竞争力、强化竞争优势的企业并购行为，才能为企业创造持续效益，才能为股东和利益相关者创造更大的价值。同时，并购是一项涉及企业所有权和控制权转移的系统工程，也是决定控制权增效的关键。因此，并购活动一般都与并购双方的战略安排和战略调整密切相关。

并购过程中的经营战略整合，是对并购和被并购企业优势战略环节进行整合，目的是提高企业整体的盈利能力和核心竞争力。核心竞争力既可以在主营业务领域获得，也可以通过并购获得。实际上，通过并购吸收与自身存在战略互补关系的企业，是企业快速获得核心竞争力的一个有效方式。但是与"内生"的核心竞争力相比，"外源"的核心能力只是潜在的，不能算作真正的企业竞争力，尚需经过排异期和适应期才能扎根内化为现实的核心能力。战略整合不仅要让企业获得新的核心能力，还要解决新能力与核心能力相互兼容的问题，既要保持并进一步强化核心能力，又要通过并购在新的经营领域获得新的竞争优势；赋予核心能力以新要素和新活力是企业在并购过程中需考虑的战略性问题。

二、企业文化整合

1. 企业文化整合的内容

企业文化分为两部分：思想意识和企业制度。思想意识又包括以下三项内容。

(1) 企业价值观：企业在追求经营成功中所推崇的基本信念和观念。企业价值观反映了一个企业的根本出发点。一些企业可能会把利润作为企业的价值观，当创新、服务与利润发生矛盾时，会自然选择后者。同理，其他一些企业可能会持有企业价值在于创新、服务、育人等不同的价值观。

(2) 企业经营方式：企业在经营管理过程中形成的处理人与人、人与物以及各种利益之间关系的准则。具体而言，包括企业对于雇主与雇员、消费者与生产者、企业利益与员工利益、当前利益与长远利益、企业之间相互利益等关系的处理，以及对于产品质量、操作规程、技术开发与改造、标准化定额、计量、情报、成本、财务、计划等问题的态度。

(3) 企业思维方式：企业对社会生活和经营过程中发生的事情的相对固定的看法和观点。

思想意识是企业文化中隐性的因素，企业制度则是企业文化中显性的因素。企业制度是为了保证企业的经营成功而给予企业员工行为以一定方向、具有规范性和强制性的文化。企业制度的核心是企业的管理制度。管理制度是企业在生产经营活动中制定的各种带有强制性义务，并能保障一定权利的各项规定，包括人事制度、财务制度、生产管理制度以及民主管理制度等一切规章制度。

2. 企业文化整合的具体操作

企业文化整合的具体操作如下。

(1) 确定文化异同点。任何两个企业的文化都会有差异，这就如同是世界上没有两片完全一样的树叶。企业文化的差异存在于各个方面，比如价值观、经营方式、思维方式、管理制度、社会声誉等。在进行企业文化整合的时候，首先要分析并购方与目标企业的文化差异和共同点，以便为下一步的整合工作提供决策依据。因此，并购方要从各个渠道了解目标企业的文化。这些渠道包括目标企业以前举办过的展示和介绍会议；目标企业内部资料上的文章；新闻媒体对目标企业的介绍和报道；其他企业对目标企业的看法和评价等。在详细掌握目标企业的文化特点之后，并购方可以聘请专业人士对目标企业的文化和并购方企业文化进行分析比较，从而得出彼此的相同点和不同点。有时，为了使这方面的分析更直观，企业专业人士经常将并购双方的企业文化"画出来"，即用图解来表示文化的差异和相同点，为企业文化整合提供可视化的分析基础。

(2) 找到文化整合的主要障碍。文化整合的主要障碍是在文化整合过程中可能起到阻碍作用的关键因素，它可以是某一个人、一个利益团体，也可以是原企业的一种制度等。随着文化整合步骤的执行，主要障碍将是一个十分活跃的因素，在文化整合过程中，新旧文化的冲突在所难免，因此，对主要障碍的预知和监控是企业在进行文化整合时必须要注意的问题。

(3) 整合双方企业文化。根据双方企业文化特点，在分析并购双方企业文化的异同和文化整合的主要障碍之后，并购方就要进行实际的整合工作。

3. 企业文化整合的关键环节

整合并购双方的企业文化要特别注意以下问题。

(1) 文化的移植要结合目标企业的实际情况。文化不能单独存在和移植，它必须依托于企业的实际情况，如果目标企业对并购方打算注入新文化有强烈的排斥感，并购方就应该根据目标企业的情况对移植的文化进行修改，目标企业的文化中必然存在适合其经营环境的合理成分，这些合理成分应该作为文化整合基础的一部分，不能全部予以抛弃，并购方应该努力寻找一种途径，使这些合理成分与并购方的主流文化相得益彰，从而共同发挥作用。

(2) 关注目标企业员工的物质需求。企业文化注重精神和制度的建设而不直接解决员工的物质需求，并购方不能一味地对目标企业的员工进行抽象的精神说教和制度管理，还必须用物质作为文化整合的保障。

(3) 整合不能操之过急。对于企业文化的整合，一开始往往会遇到来自目标企业员工的阻力，这就需要时间来找到一种目标企业员工都能够接受的方式，潜移默化地完成文化的整合。企图一蹴而就、大刀阔斧地进行改革只会加剧目标企业员工的成见与不满，不利于整合工作的稳定与进行。

(4) 根据不同员工采取不同的方法。进行文化整合需要目标企业所有员工的配合。因此，并购方应该根据不同的员工而采取不同的策略。对于高层管理人员，并购方应该采取比较直接的方式，通过面对面的分析和交流使他们充分意识到企业发展中存在的危机和整合的必要性与重要性，并向他们说明企业未来的前景和他们潜在的收益。对于普通员工，并购方的工作重点则要放在增强沟通与加深信任上，因为他们对全局情况了解较少，对改革持抵抗心理。

(5) 进行宣传与沟通。进行文化整合特别是向目标企业注入优秀文化的时候，必须向目标企业的员工做好宣传工作。并购方可以采取多种宣传手段，如标语、报纸、广播、电视等。同时，宣传内容应根据宣传对象的特点和要求来制作和传送。此外，宣传工作一定要做到这三点要求：清楚、具体和重复。只有讲清楚、讲具体了，才能被目标企业的员工了解，避免误会；只有重复，才能让介绍对象印象深刻。当然，对新文化的宣传绝对不能任意夸大，要实事求是、切实可行。

(6) 遵循以人为本的方针。无论并购方通过何种战略进行文化整合，一定要坚持"关心人、爱护人"的人本主义思想，不能将企业的发展凌驾于人的发展之上。这也就要求并购方在文化整合的过程中，应当给予目标企业员工充分的重视，尊重他们的感受和意见，为他们的个人发展创造良好的条件，从而最大限度地激发员工的主观能动性，从而帮助目标企业实现转型。

三、人力资源整合

人力资源整合的目的是要通过各种手段做到让双方员工接受并购，并能相互了解、相互理解、接受各自的差异，达成对未来共同的期望，以实现并购。通常，并购发生后，目标企业员工会产生压力感、紧迫感和焦虑感，进而出现人员流失的情况，如果关键人员大量流失，并购成效就会大打折扣。

留住关键人员是并购后人力资源整合的重中之重。"千军易得，一将难求。"这些关键人员是企业的战略性资产，是企业未来成功的关键，企业应采取切实可行的措施留住关键人员。在留住优秀员工的同时也要裁减冗员，但应解释并购后企业进行裁员的关键原因，尽管这可能会遭遇重重障碍。裁员，要讲原则，更要讲智慧，要积极坚决、谨慎稳妥，不能粗暴武断。企业还应有针对性地开展人力资源培训，给予员工接受指导与改进管理的机会，注重评价员工的适应性和工作能力，确保整合后的人力资源既具有相对连续性和稳定性，又具有竞争力。

四、组织与制度整合

组织是战略得以实施的基础，组织整合可以从两个方面入手。一是在战略牵引下重塑组织愿景和使命。组织整合是一项牵一发而动全身的工作，涉及组织内外的各种利益相关者的诸多利益，通过明确企业发展愿景和使命，可以使企业内外股东、管理者和员工增强大局意识，增强使命感和责任感。二是重构组织结构。重构组织结构的主要任务除改组董事会和调整管理层外，还包括职位分析、职能调整、部门设置、流程再造和人员调配，其目标是在企业并购后形成一个融规范性和效率性于一体、传承与变革有机统一的组织体系，形成一个开放性与自律性有机结合的权利系统，使整合后的管理层次和管理幅度更加科学合理，各事业部、战略业务单元和职能部门的责、权、利更加清晰。

制度整合体现在并购双方的人事、财务、营销和开发等职能制度的优势互补过程。通常，并购方会将本企业优秀的管理制度移植到目标企业，以改善其内部管理效率。同时并购方还会充分利用目标企业优良的制度弥补自身不足。对于那些组织健全、制度完善、管理规范、财务状况良好的企业，并购方可继续沿用其管理制度，以便保持制度的稳定性和连续性。但大多数情况下，在被并购企业中，制度落后、机制陈旧、思想保守、组织涣散、管理无序的居多。因此，将并购方的优良制度植入被并购企业就显得十分必要。在制度整合过程中，并购与要适时介入变革受到阻力的单位和部门，积极进行引导和疏导，使新制度得到切实贯彻和严格执行。

五、资产债务整合

企业资产包括流动资产、递延资产、固定资产、长期投资、无形资产和其他资产等。从并购整合的实践来看，一般着重于对固定资产、长期投资、无形资产的整合，而对流动资产、递延资产和其他资产的整合则主要通过财务处理来进行。资产整合可以选择出售、购买、置换、托管、回购、承包经营等多种形式进行。不良资产、非经营性资产与非主营业务资产可要求被收购企业原控股股东回购，这样不仅可以提高收购与资产的质量，也降低了收购与并购的实际成本与现金流出。对于目标企业长期不能产生效益的资产，或者不适应并购后总体发展战略的资产进行剥离出售。对于经营业绩和财务状况均欠佳的企业，并购后应对其果断处理，处置不必要的资产，迅速停止获利能力低的生产线。对于盈利稳定、原控股股东和原经营管理人员有经营管理优势而不符合产业发展范围的资产，可考虑由原控股股东经营或原经营管理人员承包经营。对于符合并购方确定的产业发展战略，同时又能很快改善企业资产质量、提高收益水平的资产，可以考虑直接购入。对于并购双方具有很强的互补性的资产，可以进行资产置换。对于专有技术、商标权、专营权及土地使用权等无形资产，并购后要继续充分发挥这些无形资产的作用。债务整合主要是将债务人负债责任转移或债转股。虽然债务整合没有从总体上减少或增加企业的资产总额，但通过调整债务结构，可以使企业的负债率调整到一个比较合理的水平。

六、财务整合

财务整合是指并购企业对被并购企业的财务制度体系、会计核算体系统一管理和监控，使被并购企业按并购企业的财务制度运营，最终达到对并购企业经营、投资、融资等财务活动实施有效管理和收益最大化。财务整合是企业扩张的需要，是发挥企业并购后财务协同效应的基础，是并购企业对被并购企业实施有效控制的根本途径，更是实现并购战略目的的重要保障。通过财务整合，并购企业得以建立健全高效的财务制度体系，实现一体化管理，从而使各种信息与数据得到最大限度的共享和高效利用。

在财务整合的过程中，尽管不同的并购企业有不同的做法，但一般原则是一致的，可以概括为"一个中心、三个到位和七项整合"，即以企业价值最大化为中心；对被并购企业经营活动的财务管理到位，对被并购企业融资活动的财务管理到位，对被并购企业的投资活动的财务管理到位；实行财务管理目标导向的整合，财务管理制度体系的整合，会计核算体系的整合，存量资产的整合，业绩评估考核指标的整合，现金流转内部控制的整合和被并购企业权责明晰的整合。

第三节　企业并购重组的风险分析与控制

一、对企业并购重组风险的分析

随着我国经济进入中高速增长阶段，上市企业面临的竞争愈发激烈，并购重组成为上市企业提高市场效率、优化资源配置的重要手段之一。企业并购重组是进一步提高现代化企业活力的重要途径，其通过整合优势资源能够使企业获得较大的发展空间，提高企业竞争力。与此同时，在企业并购过程中也存在着一定的风险，如投资风险、经营风险、文化整合风险、市场缺陷风险、产业政策风险等，企业通过分析这些风险并采取有效的措施，可以降低在并购重组过程中所要面临的风险。

二、对企业并购重组风险的控制

1. 投资风险

企业并购的本质是一种长期投资，包括交易前期费用、交易价格及后续启动发展生产的投资，尤其是后续投入难以预计，风险很大。为此，并购重组必须以经济效益为中心，充分研究并购企业的投入产出比，准确计算初始并购成本和启动及运营成本的关系，做好经济效益的综合测算，防止购入后投入大、产出小的情况发生。在初步确定并购目标后，并购企业重点要摸清重组企业的资产负债状况、盈亏状况和发展潜力。在选择转让对象时，要实地考察重组企业的实力及其以往的信誉。通过调查摸底，编制模拟资产负债表、损益表和现金流量表，对资产总额、负债总额、净资产状况、实际盈亏状况和资金使用情况进行分析进而得出对该企业的静态分析结论，结论还应经投资咨询机构的咨询、论证，最终为决策提供财务依据。此外，增加重组工作的透明度、公开化，也有利于防范投资风险。资产重组公开化包括两个方面：一是程序公开，从开始打算到初步接触，到有合作意向，再到签订协议等各个环节都应尽量公开；二是扩大选择范围，可以将股权放到市场上公开标价出售、拍卖，特别是上市企业，公开拍卖大宗股权不但有利于防止被投机者所利用，而且更容易找到合理的价格。

2. 经营风险

企业并购是一种通过资本形态的转化而实现产权转让，并以控制目标企业为目的的经济行为。企业并购的根本目的是增强企业核心能力。企业生存和发展的关键在于企业核心能力。企业核心能力的建立和强化是企业获得竞争优势的前提和基础。因此，企业并购的根本目的应在于不断地优化生产经营系统以强化企业核心能力，并能将其转化为企业的竞争优势。为了有效地培育和强化企业核心能力，企业在兼并过程中必须注意处理好两个方面的经营问题。一是多元化经营和核心能力的培育。尽管有效的多元化经营可以分散企业经营风险，提高企业现有资源的配置效率，实现企业利润增长点的能动转换，然而如果在不适当的时机选择了与企业现有产品无关的企业和资产，甚至涉足完全陌生的行业，其结果必然是经营风险不但没有被分散，而原有的核心能力却被降低，导致企业竞争优势的削弱。波特认为：由于科学技术的日新月异，企业已不可能在各个领域都取得竞争优势，在来自外部的竞争越来越激烈的情况下，一个企业在一个领域内与对手相抗衡已十分困难，更谈不上全方位竞争，因而必须专注于自己最擅长的领域，集中发挥企业的积累性学识。波特的观点应当引起高度重视。企业并购的大忌是不相关并购，我国企业以往的并购往往是盲目地扩大经营范围，发展一些自己并不熟悉的产业，这样不仅不能实现多元化经营，反而将企业的传统优势丧失殆尽。例如，韩国的现代、大宇等企业都是依靠政府扶持起来从"芯片到轮船"都生产的恐龙型企业，由于跨行业并购联合过度被关联企业拖垮，最终被市场所淘汰。

二是资本经营和产品经营。产品经营是企业通过内部资源的整合，包括成本控制，提高生产力，开发新产品、新市场等，以维护和保障企业的核心能力。资本经营对企业核心能力的效应是通过产品经营来实现的。在企业并购过程中应该对资本经营和产品经营同样重视，才能使并购真正成为培育和增强企业核心能力的有效手段。

3. 文化整合风险

资本运营的实质是企业文化、管理机制的扩张和融合的过程。每个企业都有一定的文化传统，这些文化传统体现在分配制度、激励制度、对内对外的反应机制、资源配置、管理理念等因素中。企业文化一旦形成，就有一定的稳定性和惯性，对外来文化的冲击会很自然地做出抵御性反应，形成文化冲突。并购后的文化冲突会在企业运作过程中产生不和谐的因素，造成企业内耗和管理效率的低下，给企业进一步发展带来极大的风险，在跨国并购中这种企业文化冲突甚至会升级为民族文化的冲突。据统计，在全球范围内资产重组的成功率只有43%左右，在那些失败的重组案例中，80%以上直接或间接起源于新企业文化整合的失败。著名管理大师彼得·德鲁克曾指出：与所有成功多元化经营一样，要想通过并购来成功地开展多元化经营，需要有一个共同的团结核心，即必须具有"共同的文化"或至少有"文化上的渊源"。最擅长使并购企业正常运转的公司，往往从一开始就以清晰的思路，从解决棘手的文化问题入手，制定出详细周密的计划，仔细地评估并购后可能给企业带来的一切文化方面的影响以及克服这一文化冲突的胜算把握，为并购成功铺平道路。如 HAIER 集团在 1995 年兼并原青岛红星电器厂时，对于这家曾是全国三大洗衣机厂之一，但在兼并前负债率高达 144%、资不抵债 1133 亿元人民币、拥有 3500 名职工的大型企业，HAIER 集团只是派去了三名企业文化中心管理人员，通过输入 HAIER 文化及管理模式，仅三个月就使红星电器厂扭亏为盈，半年盈利 50 多万元人民币，显示出文化融合和"无形资产盘活有形资产"的巨大潜力。实践证明，高度重视在被并购企业中融入并购企业的先进文化和管理模式，才能振奋精神，激励士气，转变机制，使被并购企业重新焕发出活力，才可能在不增加和少增加物质投入的情况下改变落后企业的面貌。

4. 市场缺陷风险

我国市场缺陷第一表现为市场体系的缺陷。企业并购往往需要中介机构提供大量服务，包括投资银行对并购的整体策划运作；会计师事务所和律师事务所提供相关的财务和法律服务；金融机构提供相应的担保融资服务。此外，还需要有完善的金融市场、产权市场、人才市场、信息市场、技术市场等相关市场配套服务。然而，我国市场体系既不完善也不配套，中介市场更是发展缓慢，中介组织普遍规模小、种类小、服务差，导致企业并购的成本和风险都较高。第二是与兼并直接相关的资本市场结构性缺陷。我国的资本市场中占有较大份额的是与企业关系不大的国债，股票和企业所占份额较小，国债的大量发行相应增大了企业发行股票和债券的难度，使企业并购的融资环境更为不利。第三是资本市场流通机制的缺陷。上市流通的股份只是企业总股本中的一小部分，企业的市场评价难免会发生扭曲，市场投机成分上升，并购消息的公布加剧了投资者的投机心理，使并购成本增加，风险相应增大。第四是信息披露的不完善以及市场运作的不规范。投机气氛严重扭曲对企业的市场评价，企业的市场表现根本无法作为并购决策的基础，加之市场信息难以准确反映企业的价值，这就加大了投资的不确定性。为此，政府必须加快建立产权交易、融资担保、会计审计、资产评估、法律咨询等全面的中介服务体系，加快推进证券市场建设，增加证券市场的开放度。证券市场的价格发现功能以及上市公司资产的流动性，有利于企业并购交易的公正性、公平性能较好地得到保证。此外，政府还要加强关联交易的审计，强化信息披露制度，对某些可能导致垄断经营的并购行为进行严格审查；通过制定《中华人民共和国反垄断法》和《中华人民共和国防止不正当竞争法》严厉禁止企业利用自己所掌握的内部信息、利用自己的权力搞内幕交易以牟取暴利的非法投机活动，约束投机者和外商的不正当并购行为。

5. 产业政策风险

正确的产业政策是企业并购有效性的保证。我国的产业政策和结构调整的重点主要是两个方面：一是新兴的有前途的产业，如计算机产业、信息产业、生物工程产业等；二是我国社会经济发展中短缺而又急需的行业。收购企业在做并购决策时应重点考虑重组对象是否符合国家产业政策，是否有高度的成长性；未来发展的前景如何，重组后参与市场竞争的潜力如何。通常国家产业政策重点支持的产业都是比较有前途的，收购企业应该重点选择符合国家产业政策导向、成长性较好、发展前景广阔但目前较为困难的企业。在跨行业并购时，应尽可能与我国现行产业政策及产业结构调整方向相一致；同行业并购时，并购企业应评价其产业在国家产业政策中的地位、国家是否扶持或支持、产业竞争是否激烈、行业增长是否缓慢等问题，以确定进一步扩张该产业的业务是否具有较大风险，这样可以有效地规避风险，提高企业并购的安全性。

第四节　战略联盟

引例

1997年10月，K(可口可乐)公司董事长罗伯特去世时，世界各地的M(麦当劳)快餐店全部下半旗志哀。

1998年3月，来自109个国家的1.8万M公司员工欢聚在佛罗里达州奥兰多市，召开两年一次的大会，K公司新董事长道格亲临现场祝贺，并表示将给其最大买家继续提供支持。

K公司也向其他餐馆提供饮料，但其与M公司的关系却不仅仅是买与卖的关系。由于K公司在世界许多国家都建立了销售网络，销售K产品的国家比M公司的国家多两倍，所以搭乘K公司的"快车"，M公司也迅速向世界各地进发。

M公司的董事长麦克尔说，两公司从与各国银行的关系到生产装备的设计，经常进行广泛的联系，以协同行动。但是，两公司的结盟没有任何书面协议为依据，K公司董事长说，两公司靠的是"一种共识和相互信任"。

1997年，M公司与D公司开始了长达10年的正式联盟，D公司的产品一部没有任何新意、制造粗糙的儿童电影——"会飞的橡胶"，在M公司的大力推销下，票房收入不菲。

在奥兰多市一座还没有对公众开放的D动物王国乐园中，M公司的员工被给予提前参观的特权，而M公司也赞助了其中一景点——恐怖园的建设。

在D动物王国乐园的外面，M餐厅展示着D动物王国乐园的各个有趣的动物和场景，员工身着有 M 标记的制服，M 餐厅的中央有一个巨大的 K 瓶在自动分发可乐。

1995 年以来，K 公司一直是 D 动物王国乐园唯一的饮料供应商，K 公司还帮助 D 公司开拓海外市场。

虽然 D 公司有包括 KD 和 IBM 在内的十几个大公司伙伴，以及无数小公司伙伴，但这并不影响其与 K 公司的合作。M 公司、K 公司和 D 公司联盟的最大特点是没有"一纸婚约"，一切全凭"君子协议"，即使签署协议，内容也相当模糊。M 公司的董事长说，自从与 D 公司签协议以来，还没有研究过协议。

协议的不固定性也正是其魅力所在，该聚则聚，该散则散，来去自由。三公司都强调，对联盟的控制权取决于各个国家的管理人员。例如，在欧洲，K 公司与 D 公司的合作相对较少，因为，欧洲注意力都给了世界杯足球赛。其次，松散的联盟只要能通过简单测试，即或者能增加收入、或者能减少成本，同时又不涉及资本，则结盟关系就会越变越深。

为什么不相互渗透，购买彼此的股份？M 公司和 D 公司都认为在一个自己没有经验的行业投资是浪费资本。

在消费行业与某企业联盟经常比接管该企业节约成本。例如，为挤进冰茶行业，魁北克麦片公司花费 17 亿美元收购斯纳普冰茶公司，而百事可乐公司并没出钱收购任何公司，只是与联合利华的分公司结盟，结果也取得了同样的效果，可谓事半功倍。

而彼此购买股份，被"一纸婚约"绑在一起的合并后的公司，则会面临很多问题，例如"磨合"问题、文化差异、大规模裁员等。双方管理人员工作方式的差异，必定导致因为一些问题议而不决，错失商机。

由于企业并购面临很多风险和困难，松散的联盟成为一种新的时尚。博思公司的咨询顾问估计，在过去，全世界大约出现了 3.2 万家公司的联盟，其中 3/4 是跨国联盟。目前，美国特大公司收入的 18% 来自各联盟。联盟的形式、规模各种各样，有合资企业，甚至还有连锁公司组成的家庭企业(如日本的集团经营等)。

这种新的现象受两个因素的驱动：全球化和核心竞争力。这些因素驱使各公司将产品销售到更多的地方，但同时他们也需要得到外界的帮助。当有人问 K 公司收入的多大比例来自联盟公司时，公司董事长回答："100%。"他解释说，这个饮料巨头赚的每一块钱都来自某种形式的经营伙伴，如罐装厂、分销商等。

像 K 公司、D 公司和 M 公司这样的消费巨头之间的合作，从一开始就建立在公司经营状况比较相似的基础上，他们从事的行业变化速度也比较慢，形式不会在一夜之间发生翻天覆地的变化。但是，变化仍是一个威胁。比如，如果 M 公司在另一快餐公司的进攻下，逐渐失去市场份额，那么情况会怎么变化呢？

(资料来源：《可口可乐，一个百年品牌演绎的营销神话》(wenku.so.com))

思考：什么是战略联盟？战略联盟的利弊有哪些？

一、战略联盟概述

1. 战略联盟的含义

战略联盟是两个或两个以上的经济实体(一般指企业,如果企业间的某些部门达成联盟关系,也适用此定义)为了实现特定的战略目标而采取的任何股权或非股权形式的共担风险、共享利益的长期联合与合作协议。

2. 战略联盟产生的背景

(1) 世界经济一体化。全球经营一体化为跨国公司提供了很好的经营机会,因为只有全球市场才能满足他们巨大的胃口。不过更为激烈的国际竞争也给跨国公司的经营带来了困难,迫使他们不得不寻找新的竞争方式。虽然跨国公司的具体目标各不相同,但是企业大多采用战略联盟的方式作为实现战略调整的手段和方法。

(2) 科学技术的飞速发展。近50年来,科学技术的发展速度超过了历史上的任何一个时期。科技革命所带来的影响是前所未有的,科研成果不断地将产品推向高科技化和复杂化,一种新产品的问世往往涉及越来越多的技术领域,经过越来越多的生产和经营环节。因此,无论从技术上还是从成本上讲,单个企业依靠自身的有限能力无法面对当今科技发展的要求。

(3) 实现总体战略目标。战略联盟以一种全新的思维和观念,为企业的扩张、全球战略目标的实现提供了一条新的途径,传统的与所有权密切相关的股权安排正在被新兴的以合作为基础的战略联盟所代替。采用战略联盟形式进行合作,既可以保存原有资源,又能在共享外部资源的基础上,相互交换经营所需的其他资源,从而能实现企业全球战略目标。

(4) 风险并获规模和范围经济。激烈变动的外部环境对企业的研发提出三点基本要求:不断缩短开发时间、降低研究开发成本、分散研究开发风险。通过建立战略联盟,扩大信息传递的密度与速度,可以避免单个企业在研发中的盲目性和因孤单作战引起的重复劳动和资源浪费,从而降低风险。

(5) 防止竞争损失。为避免丧失企业的未来竞争优势,避免在如竞争、成本、特许及贸易等方面引起纠纷,企业间通过建立战略联盟,加强合作,可以理顺市场、共同维护竞争秩序。

(6) 提高企业的竞争力。在产品技术日益分散化的今天,已经没有任何企业可以长期拥有生产某种产品的全部最新技术,单纯一个企业已经很难掌握竞争的主动权。战略联盟的出现,使传统的竞争对手发生了根本的变化,企业为了自身生存的成功,需要与竞争对手进行合作,即为竞争而合作,靠合作竞争。企业建立战略联盟可使其处于有利的竞争地位,或有利于实施某种竞争战略,最终的目的是提高企业竞争力。

3. 战略联盟的特点

(1) 边界模糊。战略联盟并不像传统的企业具有明确的层级和边界,而是形成一种"你中有我,我中有你"的局面。

(2) 关系松散。战略联盟主要是契约式或联结式的,因此合作各方之间的关系十分松散,兼具了市场机制与行政管理的特点,合作各方主要通过协商的方式解决各种问题。

(3) 机动灵活。战略联盟的组建过程也十分简单,无需大量附加投资,而且合作各方之间关系松散,解散方便,所以战略联盟适应变化的环境。

(4) 动作高效。战略联盟中的合作各方都将核心资源加入到了联盟中,因此联盟可以高效动作,完成一些企业难以完成的任务。

二、战略联盟的形式

1. 合资

由两家或两家以上的企业共同出资、共担风险、共享收益而形成企业，是目前发展中国家尤其是亚洲、非洲国家普遍采用的联盟形式。合作各方将各自的优势资源投入到合资企业中，从而使其发挥单独一家企业所不能发挥的效益。

2. 研发协议

为了某种新产品或新技术，合作各方通过签订联发协议，汇集各方的优势，大大提高了成功的可能性，加快了开发速度，各方共担开发费用，降低了各方的开发费用与风险。

3. 定牌生产

如果一方有知名品牌但生产力不足，而另一方有剩余生产能力，则有剩余生产能力的一方可以为对方定牌生产。这种战略联盟的形成，对于有剩余生产能力的一方，可充分利用闲置生产能力，谋取一定利益；对于拥有品牌的一方，可以降低投资或并购所产生的风险。

4. 特许经营

合作各方通过特许的方式组成战略联盟，其中一方具有重要无形资产，可以与其他各方签署特许协议，允许其使用自身品牌、专利或专用技术，从而形成战略联盟。拥有方不仅可获取收益，并可利用规模优势加强对无形资产的维护，也有利于受许可方扩大销售、谋取利益。

5. 相互持股

合作各方为加强相互联系而持有对方一定数量的股份，这种战略联盟中各方的关系相对更加紧密，而各方的人员、资产无需全部合并。

三、战略联盟的发展阶段

1. 挑选伙伴阶段

企业在联合与合作之前，首先要树立明确的战略目标，并据此来寻找或接受能帮助实现战略意图、弥补战略缺口的合作伙伴。这是一项艰巨的任务，它需要高级管理层了解各方在一定时间内的目的和战略。

一个合适的联盟伙伴需要满足的基本条件：能够共担风险，带来本企业所渴望的技术、技能、知识和进入新市场的机会等。在文化上相容、相似的企业比有较大文化差异的企业更适合成为联盟伙伴。

2. 设计谈判阶段

企业的高级管理层应就联盟的共同目标与主要的中层管理者和技术专家进行沟通。另外，由于联盟伙伴之间往往存在着既合作又竞争的双重关系，合作各方应对联合与合作的具体过程和结果进行谨慎细心的谈判，摒弃偏见，求大同、存小异，增强信任。

3. 实施控制阶段

战略联盟的最终目的是通过联盟提高企业自身的竞争能力。联盟内的企业应该把通过联盟向对方学习作为一项战略任务，最大限度地尽快将联盟的成果转化为企业的竞争优势。联盟往往需要双方进行双向信息流动，每个参加联盟的企业都应该贡献出必要的信息供各方参考，从而提高联盟的成功率。同时企业要合理控制信息流动，保护自身的竞争优势，防止对方得到企业应予以保护的关键信息，做出有损企业的行为，因为联盟伙伴极有可能成为企业将来的主要竞争对手。

四、战略联盟的优势和局限性

1. 战略联盟的优势

战略联盟的优势主要体现在以下四个方面。

(1) 有利于开拓市场。在世界经济区域集团化以及新贸易保护主义盛行的背景下，企业要想在国际市场中占有一席之地，仅仅依靠自身的力量已远远不够，通过与其他企业相互合作，才能不断开发新的市场。例如，美国在线(America Online)公司和日本最大的移动运营商 NTT DoCoMo 公司结成战略联盟，联合开发日本无线网络通信服务市场；对于美国在线公司来说，与 NTT DoCoMo 公司的联盟有助于其扩大在日本市场的影响力，对于 NTT DoCoMo 公司来说，有利于其在美国市场上站稳脚跟，并扩大它在美国市场上的影响力。

(2) 有利于获取技术和人才资源。随着技术创新及其推广速度的加快，企业在充分利用和改进原核心优势产品的同时，还必须拓展新的技术领域。当今科学技术迅猛发展，没有哪个企业能长期垄断一切技术。并且，新技术的开发成本很高，是一项投资巨大的工程。一方面，企业通过战略联盟，不仅可以减少不必要的重复投资，而且还可相互交流信息、传递技术，加快研究与开发的进程。例如，IBM 公司是世界上最大的计算机生产厂商，但却不能单独研发出所有的电脑技术，仍需要与微软、英特尔等其他公司合作。另一方面，实施战略联盟有利于获得人才资源。例如，通用汽车公司与日本铃木汽车公司达成协议，在产品规划、设计、工程、研发、采购等关键部门采用人员互换制度，联合研制出雪佛兰 YGM-1 概念车。

(3) 有利于减少风险。企业之间实施战略联盟可以通过同合作伙伴共同分担风险、产品组合多元化、更快进入市场和获取收益、减少投资成本等方法，减少各方的经营风险。另外，如果企业进行跨国联盟，还可以减少政治风险。

(4) 有利于实现规模经济。企业实现战略联盟可以将同类产品的生产经营结合成一个整体，通过进一步分工，强化技术进步，使不同企业之间的资本、技术、人力、信息等资源得到有效、灵活的整合，最大限度地降低产品成本，提高规模经济效益。

2. 局限性

战略联盟与任何的企业战略一样，也有其不可避免的局限性。大多数企业的管理者认为其所面临的最大问题是对联盟的控制权。据调查，美国企业的管理者比欧洲和亚洲的同行更担心失去对联盟的控制权。美国企业的管理者更倾向于避免达成双方各占50%的合资企业项目，因为他们担心不能保持住对联盟的控制权。然而，只要管理机制设计得当，控制权问题就可以得到合理解决。

战略联盟与并购一样，寻找合适的伙伴是联盟构建过程中所遇到的最大难题。如果合作各方不匹配乃至不相容，容易产生消极的后果。若比较顺利，寻找到合适的伙伴，随着联盟进程的发展，合作各方的配合将越来越有成效，还可进一步发展为兼并收购。

~~~~ 案例赏析 ~~~~

1997 年，皮克斯和迪士尼签下了一份长达 42 页的新合约，合约一共包括 5 部电影，皮克斯是制作方，迪士尼负责市场和发行，双方平分制作费和票房。但是迪士尼还将得到发行收入，更重要的是，它拥有电影最终的版权。

合作期间，两家公司出品的电影有《玩具总动员》(Toy Story)、《玩具总动员 2》(Toy Story 2)《怪兽电力公司》(Monsters Inc.)、《海底总动员》(Finding Nemo)、《超人特工队》(The Incredibles)以及《汽车总动员》(Cars)。

在初期的一段时间，皮克斯的电影通过迪士尼发行，迪士尼有在片头的署名权，后来皮克斯上市，两家一度闹瓣，最后终止了合约。

自终止合约后，皮克斯虽然运作良好，但其影片质量一直在下降，《头脑特工队》上映后稍稍扭转了这一颓势，但看看皮克斯的动画计划就会发现，他们现在仍在制作以前那些合作电影的续集。你会失落地发现，继《头脑特工队》之后，皮克斯似乎已经江郎才尽，就想着该怎么圈钱，做些毫无创意的续集。

由于是续集，迪士尼仍然会在这些影片中打上 Logo，分得一部分片酬。因为迪士尼拥有《玩具总动员》《海底总动员》以及《超人特工队》的版权，它与皮克斯签订的协议中也阐明了迪士尼可以拿到这些续集片酬的 35%，也就是获得大部分电影利润。除非皮克斯能再定期制作出像《头脑特工队》那么有创意的影片，否则它只能任迪士尼宰割。

再后来就是皮克斯被迪士尼收购了，皮克斯变成迪士尼的一个工作室，成为迪士尼的全资子公司。

(资料来源：《皮克斯往事(三)：二十年前的 5000 万，二十年后的 74 亿》(zhuanlan.zhihu.com))

~~~~ 知识链接 ~~~~

战略联盟的威胁——欺骗战略联盟协定的动机

1. 逆向选择

通常，潜在合作伙伴可能会夸大自己为联盟带来的技术、能力和其他资源。在联盟中的某个伙伴承诺提供给联盟某些资源，而实际上，既未掌握又不能获得这种资源，这时欺骗就可能发生，这种欺骗行为称为逆向选择式欺骗。

若合作伙伴所提供的资源和能力很难通过观察去评估，或者这个评估过程的成本非常高昂，逆向选择就可能发生。若公司能轻易地识别出另外其他公司夸大其所拥有的能力和资源，便不会与其进行战略联盟，而是选择其他联盟伙伴来发展所需的技术和能力，或者由内部自行发展其所需的技术与能力，或者干脆放弃这个机会。

　　然而，对于战略联盟合作伙伴所宣称的能力和资源，公司要想评估其精确性并不容易。这个过程取决于信息量的多少，很有可能这些信息是公司完全没有掌握的。例如，要评估某潜在合作伙伴所宣称的与政府关系的真实性，公司自己必须就要具有政府关系背景。又如，潜在合作伙伴宣称自己熟知市场行情，要评估这种说法的真实性，就需要具备一定的市场行情知识。虽然有些公司能够对其潜在合作伙伴的各种说法进行准确而简便的评估，但这种战略联盟又或许不是真正需要的那个联盟。如果伙伴宣称其拥有更多的是无形资产，就越难预测它是否真能为联盟创造价值，如"本地化的知识"或"与重要政坛人物的关系"等。

　　2. 道德风险

　　联盟伙伴拥有很高质量的资源和能力，但却没有将这些资源和能力分享给其他联盟伙伴，此种形式的欺骗就称为道德风险。例如，在工程建筑行业的联盟中，合作伙伴答应把最具有天分和受过最好培训的工程师派到联盟中工作，而实际上被派往联盟的是一些素质较低的工程师。这些工程师非但不能给联盟带来成功，反而可以从另外方派遣的资深工程师那里学到不少知识。通过这种方式，不诚实的公司就可以很顺利地把联盟中合作伙伴的知识财富转移到自己公司来，而转移的媒介就是这些素质较低的工程师。

　　在失败的联盟里，合作伙伴之间会相互谴责对方公司触犯了道德风险。例如，迪士尼公司和皮克斯电影公司组成的联盟最后就落得这样一个下场。

　　道德风险存在于某些联盟，但这不能说明所有的联盟都充满了恶意或虚伪。更多的情况是联盟形成后，随着环境的变化，联盟内部必须进行战略方面的改革。例如，在个人电脑产业早期阶段，康柏公司依靠一家独立分销商的渠道销售电脑。然而，当个人电脑市场竞争日益激烈，互联网、邮购和所谓的电脑超市成为更加时尚的分销渠道时，与康柏公司合作的始终依靠传统销售渠道的公司就必须进行变革，否则它的市场必然萎缩。在20世纪90年代初期，康柏公司传统的销售渠道已经不能及时供货，为满足需求量较大的客户，传统的销售分销商实际上都是通过一些现代渠道，如在当地电脑超市购买康柏电脑，然后传运给顾客。康柏公司从依靠一个分销商转变到向其他分销商供货，就有道德风险的嫌疑——至少在原先那家分销商看来是这样的。然而，康柏公司认为这种转变反映了个人电脑行业的经济需求。

　　3. 敲竹杠

　　即使联盟中可以摆脱逆向选择和道德风险的危机，但还有一种形式的欺骗行为不容忽略，就是敲竹杠。联盟形成以后，合作伙伴必须针对联盟进行投资，然而此种投资却只在联盟情境下才具有价值，而在联盟之外几乎没有价值。例如，来自联盟双方的管理者必须发展高度信任的关系，这种密切的关系只对联盟内部的交易是有价值的，而与联盟之外的实体进行交易时，这种关系的经济价值几乎为零。又如，联盟中的一方为了配合另一方，把制造设备、分销渠道以及一些重要的公司政策变得更加以用户为导向。公司对自身进行适当调整，对于联盟的发展是很有必要的，但是可能不利于公司与联盟之外实体的交易。

五、战略联盟的实施原则以及需要考虑的问题

根据理查德·林奇的研究，战略联盟的实施应遵循以下三个原则：达到战略目标；在增加收益的同时减少风险；充分利用宝贵资源。如果一个联盟达不到这三项原则，那么它就是非战略性的、不成功的、无效率的。以寻找便利、提高经营效率或拯救财务危机为目的而组建的战略联盟可能会带来令人失望的结果。战略联盟与兼并收购相比，因满足了这三项原则故具有优势。实际上，在企业达成一项并购所花费的时间内，可以构建出数个联盟，而且不必承受招致额外债务负担的风险，也可避免并购中最常见的弊病，即公司文化和管理风格不相容使并购整合失败。

因此，战略联盟实施中还需考虑以下问题。

1) 竞争

大多数的联盟协议规定，参与联盟的企业不得与联盟涉及的领域发生直接的竞争，但是参与联盟的企业在签署这个协议时应务必谨慎，因为各方企业的战略地位在将来可能会发生巨大变化，与联盟发生冲突是联盟各方所不愿看见的。联盟各方所拥有的技术应当进行适当保护，否则，就有可能被其中一方用于私自目的，甚至被用来与主要竞争对手成立另一个联盟。即使拥有先进的技术，有些企业也不愿意立即把它应用到关系不牢固的联盟中。因此，必须在联盟各方建立起高度信任关系后再投入新技术，这样做可避免对方的侵害。

2) 风险

组建联盟可以分担风险但不可逾越风险。无论协议制定的过程是多么小心谨慎，技术上的失败仍是技术开发联盟失败的主要原因之一。美国麦肯锡咨询公司发现技术开发联盟的失败率是 50%，原因就在于技术开发的风险很高。在许多技术开发联盟中，联盟本身并没有失败，而是技术开发遇到了突破上的困难，因而联盟没能达到最终目的。

3) 战略转换

有的联盟是为了克服各方固有的弱点、取长补短而建立的。然而随着时间的推移和战略环境的变换，当其中一家企业的弱点不再存在时，它的战略也应该随之发生转换，这样联盟存在的基础就发生了变化，其他企业将不得不改变合作战略。

4) 经营运作

联盟和其他企业的一个共同特点是，一旦总体战略制定正确，是否成功将有赖于管理者的经营运作，若选择了不善经营的管理者很可能会导致联盟的失败。另外，在联盟中，一合作方若过于相信对方处理问题的能力，尤其是当这些问题被认为是在对方熟练操作的领域内，其结果常常是遭遇失利的。正因为有的管理者忽视了联盟与单一企业在管理上的共性和个性，没有对联盟给予足够的重视和支持，联盟往往因缺乏有力的支持而机能失调。

小　　结

并购是兼并收购的合称，是指一家企业以现金、证券和其他形式购买取得其他企业的产权，使其他企业丧失法人资格和改变法人实体，取得对这些企业决策控制权的经济行为。

收购是指一家企业通过购买目标企业的股票和资产以获得对目标企业本身或资产实行控股权的行为。

战略联盟是两个或两个以上的经济实体(一般指企业,如果企业间的某些部门达成联盟关系,也适用此定义)为了实现特定的战略目标而采取的任何股权或非股权形式的共担风险、共享利益的长期联合与合作协议。

战略联盟的形式主要有合资、研发协议、定牌生产、特许经营、相互持股。

战略联盟的实施应遵循以下三个原则:达到战略目标;在增加收益的同时减少风险;充分利用宝贵资源。

练 习 题

一、判断题

1. 战略联盟各个合作企业之间通过契约联结,关系松散。　　　　　　　(　　)

2. 企业变革是企业战略推进的唯一方式。　　　　　　　　　　　　　(　　)

3. 合资企业是企业战略联盟中的一种形式。　　　　　　　　　　　　(　　)

4. 在静态市场,企业战略联盟的动因是保持市场领先地位。　　　　　(　　)

5. 在动态市场,企业战略联盟的动因是获得进入限制市场的渠道。　　(　　)

6. 并购是一种具有独立法人资格的企业的经济行为,并不一定是一种市场行为。(　　)

二、单项选择题

1. 两个或两个以上企业经过协商后,将股权(包括资产与负债)合并在一起,原有的法人地位不复存在,而后统一构成一个具有新的法人地位的新企业,这种方式被称为(　　　)。

A. 吸收合并　　　　B. 新设合并　　　C. 收购　　　　　　D. 并购

2. 按并购双方所在行业来分,并购可以分为(　　　)。

A. 友好并购　　　　B. 横向并购　　　C. 纵向并购

D. 混合并购　　　　E. 现金并购

3. 企业可以选择的国际进入方式有(　　　)。

A. 出口　　　　　　B. 许可经营　　　C. 战略联盟与合资

D. 跨国并购　　　　E. 建立全资子公司

4. 企业并购的动因包括(　　　)。

A. 突破行业和市场进入的障碍　　　B. 加快行业和市场进入的速度

C. 增加市场份额和影响力

D. 加快新产品和新技术的开发速度,克服多元化的难处

三、简答题

1. 试分析我国企业实施并购战略的动机。

2. 战略联盟有何特征?企业之间为什么要进行战略联盟?

3. 企业并购对企业发展有何战略利益?

4. 战略联盟有哪几个发展阶段?

四、案例分析

数字化转型实践案例分析　建立经济战略联盟

数字化转型不再是一个时兴的词汇,许多企业行针步线、身体力行,已经取得阶段性的效果。业务数字化与组织重构的先后顺序,是摆在企业数字化转型面前的现实问题。早在 2017 年,由浪潮发起联合思科、IBM、迪堡多富、爱立信共同成立的"一带一路"数字化经济战略联盟正式成立。

"一带一路"数字化经济战略联盟将整合成员企业全球一流的 IT 产品、技术和解决方案,与中国进出口银行、中国国家开发银行、中国出口信用保险公司、中非发展基金有限公司等国家级金融机构一起,为"一带一路"相关国家信息化建设提供"数据中心＋云服务"、智慧金融、智慧家庭、智慧税务、智慧城市等领域世界一流的整体技术解决方案和金融资金支持,加快数字丝绸之路建设。

作为中国信息化建设的主力军,浪潮基于在中国这一最复杂 IT 市场数十年的政企信息化实践,形成了领先的 IT 产品和成熟的建设模式。目前,浪潮服务器稳居中国第一、挺进全球前四,业务已推广至全球 113 个国家和地区,重大项目覆盖了"一带一路"一半的国家,广泛输出中国成熟信息化技术与理念,融入当地社会发展,让"中国方案"变成"世界方案",成为"一带一路"信息化建设的强力推动者和最佳实践者。

中国政府倡导的"一带一路"得到众多国家的积极响应,然而任何国家的信息化建设都不可能由一家企业单独完成,必须整合全球最优秀的企业和解决方案共同建设。为此,浪潮提出构建"一带一路"数字化经济战略联盟的设想,并与其合资合作伙伴思科、IBM、迪堡多富、爱立信四家企业快速达成共识,共同推动了联盟的正式成立。这一行动也得到了中国进出口银行、中国国家开发银行、中国出口信用保险公司以及中非发展基金有限公司等国家政策性金融机构的积极响应,为联盟提供强有力的金融资金支持。

得益于数字化技术的飞速发展与推广应用,数字化转型无疑成为企业转型最为现实可行的路径。许多企业行针步线、身体力行,并取得阶段性的效果。

(资料来源:《数字化转型实践案例分析　建立经济战略联盟》(cloud.inspur.com))

讨论:"一带一路"背景下提出的数字化经济战略联盟的设想,从中你能得到哪些启发?

实 践 练 习

1. 以小组为单位,在实际中(或在网络上)调查一家企业,分析该企业采取的并购战略,然后小组讨论、交流,阐述所采用的并购战略的得失。

2. 以小组为单位,在实际中(或在网络上)调查一家企业,分析该企业采取战略联盟的依据、效果,然后小组讨论、交流,阐述所采用的战略联盟的得失。

要求:

1. 任课教师按照课程实训方案的要求及时进行实训的安排,在实训过程中给予学生必要的指导,并认真批改课程实训报告,给出学生实训成绩,按优、良、及格与不及格四个等级打分。

2. 学生完成一份 1000 字左右的实训报告。

第八章 国际化战略

 学习目标

(1) 理解企业国际化的含义。

(2) 了解企业国际化发展历程。

(3) 熟悉企业国际化战略的动因及模式。

引例

HW 的国际化之路

HW(华为)一开始不能直接和大型跨国公司进行正面的竞争,所以在初期采取了在发达国家和发展中国家进行"撒种子"的策略。

1995 年,HW 在中国电子百强企业中排名第 26 位。当时,国内通信设备市场方兴未艾,HW 的市场地位和行业影响力不断上升。然而,1995 年及随后的 3 年,中国通信市场的竞争格局发生了剧烈变化。

一方面,由于当时国际市场的衰退,世界上大型电信设备制造商纷纷进驻中国市场以弥补它们在其他市场的损失。另一方面,20 世纪 80 年代中后期,国内新生了 400 多家通信制造类企业,国有企业、民营企业、多种所有制背景的公司纷纷崛起。因此,中国通信设备市场由原来的产品短缺、供不应求发展到了中外产品撞车、市场严重过剩、竞争环境日益恶化的尴尬局面。

所以,HW 面临着企业发展上的一些重大困境,例如,日益饱和的国内市场、大量未被充分利用的生产能力,以及较高的研究与开发成本。在这种情况下,为了生存,HW 开启了国际化历程。1994 年,任正非提出,"10 年后,世界通信行业三分天下,HW 将占一分。"

第一阶段:克服外来者劣势

当 HW 决定走出去的时候,它意识到会遇到各种阻碍。通常来说,与东道国本地的企业相比,外来者将面临更高的成本。这些成本来自文化差异、制度差异和市场差异,以及由于需要在跨国情境下协调各个子公司运营所产生的复杂的协调成本。就此而言,外来者劣势就是跨国公司在海外市场运作的时候发生的额外成本,东道国的本土企业是不会产生这个成本的。在 HW 开始国际化的早期阶段(1996—2004 年),克服外来者劣势是公司的首要任务。

把赢得价值敏感型客户作为第一步。

作为一个新兴市场的国际化公司,HW 与作为竞争对手的成熟跨国公司相比,缺乏先进的产品技术和丰富的国际化管理经验,HW 知道自己第一步要做的就是找到客户活下去。HW 最开始派员工出国的时候,并不知道自己的客户在哪儿。

所以,HW 采取了在发达国家和发展中国家"撒种子"的策略。这意味着 HW 往每一个国家或地区都会派出一到两个人,把他们作为"种子",希望他们能够开拓当地市场,找到潜在的客户。功夫不负有心人,最终 HW 养成了发现未被满足的需求的能力,同时 HW 用定制化的产品和服务来满足这类价值敏感型客户。

随着对国际市场理解的不断加深,HW 开始把国际化重点放在了发展中国家和新兴市场上。一开始,公司高管就知道他们并不能说服来自发达国家(如德国和法国)的大型运营商购买 HW 的产品。

因此,HW 一开始不能直接和大型跨国公司进行正面的竞争。然而,在发展中国家和新兴市场中,通信设备市场一直被大型跨国公司忽略,HW 认为这无疑是一个很有潜力的、待发掘的市场机会。所以,HW 决定开拓发展中国家市场,然后再慢慢地向发达国家市场渗透。

任正非在一次讲话中说道:"当我们计划国际化的时候,所有肥沃的土地都被西方的公司占领了。只有那些荒凉的、贫瘠的和未被开发的地方才是我们扩张的机会。"一名当时在刚果的员工回忆道:"虽然刚果动乱不断,但是对 HW 来说更容易做生意,因为如果西方公司想要这个市场的话,要支付高额的补贴,对于它们来说这类市场的利润和吸引力都是很低的。"

基于这种考虑,HW 先后进入了俄罗斯和拉丁美洲、非洲和亚洲市场。同时,由于这些市场和中国市场在某些程度上十分相似,市场发展水平都不成熟,本地消费者在这样的市场中通常对价格十分敏感,同时他们对产品的质量要求不会像发达市场那样高。所以,HW 能够很有效率地把中国市场的产品不需要做特别的调整和改动就转移到这些市场。

即使在发达国家,HW 最开始也是从已有的大型竞争对手所忽略的市场和小规模客户入手。早年在欧洲市场,HW 长时间地支持和关注小型的通信公司。HW 会主动地寻找一些小规模客户,发现其未被满足的需求,然后尽可能地用最低的价格、最高的性价比去满足他们。

例如,一家英国小型通信运营公司 Evoxus,需要和大型的通信公司(如英国电信)竞争,因而 Evoxus 就迫切需要通过节约成本来降低服务的价格。对于这种小型公司,它们很难负担得起巨额的设备费用和售后服务成本。因此,HW 找到这家公司,承诺提供更低价格的设备和免费升级服务。考虑到成本更低,而且产品功能和爱立信这些大型企业的产品类似,Evoxus 选择了 HW,最后也非常满意 HW 所提供的产品和服务。

第二阶段:站在全球的视角管理企业所面对的复杂性以取得协同效应

截至 2005 年,HW 已经扩张到世界各地,建立了很多海外子公司。HW 面临的下一个战略问题是:HW 在全世界的机构能否有效地运营? 怎么样才能实现全球协同? 每一家子公司都不是孤立的个体,而是一个投资组合中的一部分,HW 必须通过管理来实现协同效应。

利用全球资源来实现协同。

HW 提倡开放式创新来提高创新效率。通信产业一直被视为"富商俱乐部",这意味着如果 HW 不能掌握一定的专利和核心技术,它就无法和西方大型跨国公司展开直接的竞争。所以,HW 投入大量精力在建立全球研发网络上。截至 2014 年,HW 已经建立了 16 个研发中心、28 个合作研发中心,以及 200 多个与大学的合作项目。管理分布在世界各地的研发中心,对 HW 来说无疑是一大挑战。

HW 对这些研发中心有着清晰的建设计划。除了一些研发中心要考虑靠近竞争者外(如荷兰、芬兰和瑞典研发中心),海外研发中心最主要的职能就是支持 HW 技术的发展和提升。所以,研发中心地点选择的核心原则就是基于本地化的技术优势和人才。

例如,HW 在印度班加罗尔建立了研发中心,因为印度在软件开发和项目管理上有很强的能力;由于俄罗斯有很多数学家,因此 HW 在俄罗斯建立了研发中心,以服务于算法解决方案;在瑞典,有很多无线技术方面领先的专家,因此 HW 在瑞典建立了研发中心,来关注无线开发技术领域的发展。此外,HW 还在伦敦建立了全球设计中心,在日本建立了微型设计和质量控制中心,在美国建立了大数据运作系统和芯片中心。

最近,HW 在巴黎又建立了美学研发中心,因为巴黎是世界闻名的时尚和设计之都。由此可见,这些研发中心的职能都是被明确规定好的,并且避免了重复设置,这确保了协同作用在全世界范围内的发挥。通过全球的网络联系,HW 能够有效地获取来自全世界多重来源的知识,而这对于 HW 的技术和产品创新来说是十分关键的。

HW 内部的 IT 架构对于管理多地点的研发也有着重要的贡献。因为很多研发中心零散地分布在世界各地,所以 HW 不可避免地会遇到管理研发中心全球网络的挑战。只有这些研发网络发挥协同效应才能实现和支撑 HW 的竞争优势。基于此,HW 引入了一个基于全球的 IT 系统来管理分布在全球的资源。

在 IT 系统中,虽然每一个研发中心有不同的任务和需求,但科学家和工程师只要打开他们的电脑,就能相互交换信息和想法。基于 HW 的云中心,所有的信息都会被发送到世界各地相应的员工手中,这些员工就好像在同一个办公地点工作一样。在这种方式下,HW 在全世界所有的研发中心可以同时为了一个大型开发项目展开合作。

HW 也逐步培养了充分利用母国优势和东道国优势的能力,从而取得全球运作的协同效率。一方面,HW 在海外扩张中充分利用母国制造业的成本优势。当 HW 在海外积累到一定经验时,它也能把东道国的优势转移到母国市场。一个典型的例子就是 3G 在中国市场的成功应用。最开始,由于政府牌照发放时间的滞后,3G 无法在中国市场取得突破。HW 于是将 3G 首先引入欧洲市场。在长期的运作中,HW 积累了很多 3G 系统的商用经验,并且在经历过发达国家用户严格检验要求后,HW 对 3G 技术的应用驾轻就熟。在 2008 年全球经济下行时期,HW 依然能够成功获得中国 3G 市场 30% 的市场份额。

第三阶段:战略思维的转变——从追随者到产业领导者

截至 2014 年,HW 约 70% 的销售收入来自海外,在全球拥有 15 万员工,为全球 170 多个国家和地区的 30 亿客户提供服务。2013 年,HW 营业收入超过爱立信,开始成为全球最大的通信设备供应商,这标志着 HW 已经成为该行业的全球领导者。这一转变同样改变了 HW 的管理理念、思维和战略导向。

遵循共生哲学。

在追求行业领导地位的同时，HW 努力与供应商、其他合作伙伴和竞争对手建立价值生态系统。通过利用外部资源和能力，HW 努力为整个行业价值链创造最大化的价值。随着管理思维的转变，2013 年 12 月，任正非说，"HW 应该成为行业规则的维护者而不是破坏者。"换句话说，为了保持所有行业参与者的合理利润，HW 未来不会参与任何价格战。事实上，HW 很早以前就已经开始这样做。根据"市场定价、竞争定价"的营销策略，HW 提供具有最低综合成本和最高客户价值的产品和解决方案，而价格并不总是最低的。

2014 年，HW 在中国拥有 3500 多个合作伙伴，培养了 5000 多个 HW 认证网络工程师。在 2014 年 HW 中国企业业务服务合作伙伴大会上，HW 根据"开放创新和双赢战略"原则，推出了"一个平台+三种模式"的"大服务"生态系统。通过"一个平台"融合客户服务中心、备件、流程 IT、知识库、案例库、人才联盟、渠道精英俱乐部等服务能力，加强对合作伙伴的培育、激励和支持，打造面向客户统一的服务平台。

"三种模式"是指认证服务合作伙伴、授权服务合作伙伴和联合服务解决方案。在这个生态系统中，将致力于提供全生命周期的"大服务"解决方案；该方案涵盖了规划、设计、实施、运营和提升等各个阶段，围绕基础保障、业务使能、创新引领和人才联盟四大价值共享主线。该生态系统可以实现 HW 与合作伙伴的互补和对接。"一个平台"体现了价值贡献和能力共享；"三种模式"使得流程和业务能够平滑运作，秉承了 HW 合作共赢、按贡献分配价值的理念。

在 2015 年 HW 云计算大会(HCC)和 2015 年 HW 网络大会(HNC)上，HW 分别与合作伙伴打造了"开放、协作、共赢"的云生态系统和开放的敏捷网络生态系统。在第一届中国国际智能产业展览会(2015)上，HW 宣布将与合作伙伴建立智慧城市生态系统。在 2016 年 HW 中国合作伙伴会议上，HW 宣布将投资 2 亿元人民币与独立软件供应商(ISV)共同建设一个解决方案生态系统，为 ISV 合作伙伴构建分层支持系统。

在构建这些生态系统时，HW 遵循"聚焦"战略，即首先定义自己的市场定位和优势业务组合，然后在其他业务领域寻找战略合作伙伴。例如，在构建云生态系统时，HW 明确强调"上不碰应用，下不碰数据"的发展理念。此外，HW 遵循"集成"战略，首先确定核心合作伙伴，然后向其开放平台，为其提供市场机会。

近年来，为了开发第五代通信技术 5G，HW 开展了一系列合作活动。5G 技术是为了实现万物互联(人与人、物与物、人与物)。这意味着 5G 技术不仅作用于移动通信行业，而且是一个可共享的平台式网络，是整个社会的关键基础设施。另外，5G 技术能否在不同行业得到大规模的广泛应用，取决于 5G 技术和标准能否满足不同行业的个性化需求。

因此，5G 的研发需要各方的深入合作，包括跨行业合作。自 2009 年 HW 建立第一个 5G 研发团队以来，HW 与纽约大学、哈佛大学、斯坦福大学、剑桥大学和香港科技大学等 20 多所大学，德国电信、沃达丰、NTT DoCoMo(日本一家电信公司)、Telefonica(西班牙电话公司)、TeliaSonera(北欧一家电信运营商)和 Etisalat(阿联酋电信运营商)等 20 多家运营商，其他行业的领先企业(如宝马、大众、沃尔沃、西门子和博世等)，以及 10 多个 5G

全球行业机构建立了密切合作关系。

(资料来源：《华为的国际化之路如何走远》(finance.sina.com.cn))

思考：什么是国际化战略？如何实现国际化战略？

第一节 企业国际化概述

一、国际化及其发展历程

国际化一个最基本的特征就是它涉及两个或更多国家的经营活动，或者说其经营活动被国界以某种方式所分割。国际化经营和传统国内经营的最根本区别在于企业是否进行了产品、劳务、资本、技术等形式的经济资源的跨国传递和转化。一般来说，如果一个企业的资源转化活动超越了国界，这个企业就是在开展国际化经营。

企业国际化可以分为"内向型国际化"与"外向型国际化"。内向型国际化是指国内企业引进国外企业的产品、技术、资金、人力资源等要素或资源，从而使自己参与国际分工和国际市场竞争的过程，国内俗称"引进来"。外向型国际化主要指产品出口、技术输出、各种国外的合同安排、对外投资、建立海外子公司或分公司等的过程，国内俗称"走出去"。企业内向型国际化过程会影响其外向型国际化的发展，内向型国际化是外向型国际化的基础和条件，外向型国际化是内向型国际化发展的必然趋势和结果。发展中国家的企业国际化往往是从内向型国际化开始的。

1. 欧美企业国际化的发展历程

企业国际化的进程和发展方向在很大程度上受所在国家经济政策、体制、资源条件等的影响和限制。从 19 世纪初期到 21 世纪初期，欧美企业国际化经营经历了一个不断向更高层次演变的过程。这一过程大致可以分为三个比较典型的阶段。

(1) 初级发展阶段，19 世纪初期至第二次世界大战之前。这是欧美现代企业国际化的初级发展时期。第一家跨国公司始于 19 世纪初期，1815 年比利时的撒·高克里乐钢铁公司在普鲁士建立子公司。此外，其他国家的企业，例如，1865 年的德国拜尔化学公司、1867 年的瑞士雀巢公司等的跨国经营活动也逐渐增多。当时企业国际化经营活动的主要特点是以进出口贸易为主，包括直接出口和间接出口。为扩大出口，增强对海外市场的反应能力，企业常常设立专门处理国际业务的职能部门，如出口部或国际业务部，以重视国际化经营业务的展开；或者在国外建立办事处、分公司、合资子公司或全资子公司，以进一步降低海外经营成本或绕开贸易壁垒，并逐步将采购、营销、研发、人力资源等职能通过海外子公司进行管理，目的是进一步了解国外市场。

(2) 高速发展阶段，第二次世界大战以后至 20 世纪 80 年代。这是欧美企业国际化高速发展的时期。随着科技的迅猛发展、国际分工的不断深化以及世界市场的空前广阔，各国企业都以更为主动的姿态开展国际化经营。这一阶段突出的特征在于，企业国际化经营的产物——跨国公司成为世界经济的核心组织者和最主要的经济活动主体。对外直接投资成为企业国际化经营的主导方式，其发展速度远远超过了国际贸易。在这一阶段里，发达国家的现代企业在国际化经营中继续保持领先地位。跨国直接投资热潮从 1945 年持续到 20 世纪 60 年代末期，由美国企业主导。两次世界大战使欧洲经济遭受重创，美国企业获得迅速发展的机会，不但享有本国市场，还大量进入欧洲市场。第二次世界大战之后的重建使得欧洲和日本的跨国公司获得迅速发展壮大的机会，但是狭小的国家疆界限制了它们的发展空间。到 20 世纪 80 年代，日本和欧洲跨国公司的实力大大上升，甚至已与美国企业并驾齐驱。另外，一些新兴工业化国家和发展中国家的跨国公司也纷纷崛起，例如，韩国三星公司、巴西石油公司、墨西哥石油公司等，成为企业国际化经营中的重要的新兴力量。

(3) 全球发展阶段，20 世纪 80 年代以来。随着经济信息化和全球竞争的空前加剧，现代企业的国际化进入了一个崭新阶段，企业开始考虑从全球角度进行价值活动的布局，在世界范围内开展经营活动，形成全球一体化的生产体系。企业既强调发挥规模经济和范围经济，也时刻保持对当地市场的灵敏响应度，充分利用各国资源能力的差异性与竞争对手展开竞争，最终成长为超级跨国公司。超级跨国公司已经成为世界经济的主导力量，最大的跨国公司相当于一个中等国家的整体经济实力。随着企业国际化进程的进一步加剧，跨国公司在全球分工中的位置越来越重要，对全球经济的影响力越来越强。

2. 我国企业国际化的发展过程

中华人民共和国成立以来，尤其是改革开放后，中国作为一个特殊的发展中国家，企业国际化进程表现出了自己的特点。从企业双向国际化的角度看，我国企业国际化的历程基本可以划分为四个阶段，即间接或被动进出口阶段、直接或主动进出口阶段、设立海外代理机构阶段和成熟的多国导向阶段。

(1) 间接或被动进出口阶段(20 世纪 70 年代末至 80 年代初)。此阶段是我国企业国际化的起始阶段。企业没有直接与外商建立联系，而是利用其他公司的中介服务与国外建立间接的商务关系。所谓间接的商务关系，是指企业或者没有进出口权，或者没有从事国际商务的经验，因而只有通过国内其他的中介机构才能接到订单，从事产品和劳务的进出口业务。在这个阶段，企业国际业务不够充分，因此没有专门设立进出口部，而只是通过委托或专业外贸进出口公司以及依附企业内部原有部门开展产品和劳务的进出口业务。

(2) 直接或主动进出口阶段(20 世纪 80 年代初至 80 年代末)。此阶段是我国企业国际化的第二个阶段，即初期阶段。在这一阶段，我国企业主动开拓国际市场，引进先进技术，企业单独设置进出口部，直接与客户联系，建立销售网络，但企业还没有建立永久性海外分支机构。一方面，企业仍然以从事进出口产品和劳务为主，仍然需要依靠国际贸易专家为企业寻找订单。但是处于这一阶段的企业不再需要通过国内其他的专业进出口商作为中介，可直接从事进出口活动，从而将开展国际市场的命运掌握在自己的手里。例如，HAIER 集团为进军海外市场采取了直接出口、创造品牌、营销本地化的方式。另一方面，我国企业出于对国外资金和技术的渴望，20 世纪 80 年代，中外合资浪潮席卷中国各个行业。如 1982 年，沈飞汽车厂率先引进日本客车车身制造技术，生产中高档客车及客车专用底盘。此后，许多国际知名汽车企业如大众、丰田、奔驰等纷纷在中国合资建厂。

(3) 设立海外代理机构阶段(20 世纪 90 年代末至 21 世纪初)。在此阶段，企业从本质上仍然是以国内为导向，利用海外设置的常设机构或代理，投资兴办海外企业，直接在国外购买原材料，制造、销售产品，提供服务，企业内部设置国际部以便于开展国际贸易和对外投资。

我国一些优秀的本土企业为了塑造全球化的品牌形象，以在国际市场竞争中立于不败之地，更加注重本土化营销网络的建设，部分企业走上了研发国际化的道路。例如，20 世纪 90 年代以来，HAIER 集团开始整合全球技术资源，建立全球技术联盟，在世界各地设立了多家研发中心；长虹与微软等世界知名跨国公司组建九大实验室；美的与日本东芝签署了面向 21 世纪的技术合作协议等，这些企业间国际化合作协议的签署，使得我国企业的国际化进程迈向了一个新的高度。

(4) 成熟的多国导向阶段(21 世纪初至今)。此阶段是我国企业国际化的高级阶段。在这一阶段，企业国内业务部已不再具有支配地位，国际贸易和国际投资的比重已远远超过国内业务的比重，企业经营的重心由国内业务向国际业务转移。企业以全球化经营管理为中心，将国内市场看作国际市场的一部分，完全从国内导向型变成了国际导向型。从国际上的一些成功经验来看，企业国际化要有一个长期的战略规划，国际市场推广是一个长期的系统工程，许多基础工作一般是不能逾越的，切忌急功近利。有些国内企业单纯把国际化作为一种时尚去追求，在基础还没有夯实的情况下，为了国际化而国际化，那将是本末倒置。目前，我国很多企业的经营活动始终处于价值链的底端，在国外，来自中国的产品甚至被当作低附加值、低价格的代名词。即使标有"中国制造"的产品的国际市场份额在逐渐增加，但中国并没有出现如微软、通用之类的全球知名的跨国公司。由此可见，当前大部分中国企业依然处于国际化初级阶段，在国际市场竞争异常激烈的今天，要变"中国制造"为"中国创造"，中国企业要想获取独立的营销、研发和品牌等以往缺失的价值活动和能力，就要加速企业转型，形成自己独特的创新体系，从而提升国际竞争力、加快国际化进程，在国际上创立中国企业的知名品牌，占领"微笑曲线"的制高点。

二、企业国际化的内容

1. 产品国际化

产品国际化是指通过产品出口和进口的方式实现国际化。这是企业国际化最基本的方式，属于企业国际化的低级阶段。缺乏资金、拥有劳动力优势的发展中国家一般是利用加工贸易、补偿贸易等方式来实现产品的出口和进口。

2. 技术国际化

技术国际化是指技术从一个国家或地区有偿转移到其他国家或地区。技术的特征决定了技术国际化与商品国际化有很大的差别，其中最关键的是，技术的所有权与经营权是分离的，技术所有者或供应方只是暂时在一定条件下将技术的使用权转让给对方，而保留技术的所有权。技术国际化的对象是无形的技术知识，即知识产权，具体可分为专利、商标及专有技术。在技术国际化的发展过程中，其表现形式逐步呈现出多样化趋势。概括而言，技术国际化主要有许可经营、国际特许经营、交钥匙工程等形式。

3. 资本国际化

资本国际化是指资本的流动越出国界向国际方位扩展的趋势。由于资本具有货币资本、生产资本、商品资本三种职能形式，因此，资本国际化实际上是货币资本国际化、生产资本国际化和商品资本国际化的统称。

4. 品牌国际化

品牌国际化是使国内品牌成为国际品牌，即在国际市场上拥有较大影响力的品牌化过程，是把企业的品牌推向国际市场并期望达到广泛认可和获得特定利益的过程。随着竞争的深入，品牌竞争的重要性在当今企业的国际竞争中日益凸现出来，从某种意义上说，企业之间的竞争就是品牌的竞争，是培育品牌、保护品牌、发展品牌的竞争。众多世界级的企业均已打造出各自的世界级品牌，而且企业品牌国际化与企业的全球发展战略密切相关。从世界著名品牌的发展过程来看，往往是在国内竞争趋于激烈，企业无法获得持续发展的情况下转向国外，开拓国际市场，寻求新的发展空间；在国际市场中遇到新的竞争对手，接触新的消费者，开始有意识注意到自己的品牌形象，从而开展有关品牌国际化的研究。从 20 世纪 70 年代开始，随着日本国内市场竞争的加剧，日本企业不断向国外发展，其品牌也不断渗透到欧美等发达国家，其后发展到世界各地。由于日本企业的不懈努力，一大批日本品牌出现在世界各地，消费者逐渐认识并接受了日本的品牌，汽车行业、电子行业以及家电行业的品牌如丰田、本田、索尼、松下、东芝等都已经成为家喻户晓的全球品牌。

5. 融资国际化

融资国际化是指在国际金融市场上，运用各种金融手段，通过各种相应的机构而进行的资金或实物融通。当融资者与借款者之中有一方在外国，或即使双方都在同一国境内，但融资关系中所指的钱、物所有权在国外，受外国法律管辖或者依照国际惯例进行交易，都属于国际融资业务。实现融资国际化对于企业从国内市场走向国际市场有着非常重要的作用，它有利于企业在资金不足情况下的国际化进程。实现融资国际化的主要方式有企业海外上市、国际租赁、项目融资等。

第二节　企业国际化战略

一、企业国际化战略的含义及动因

1. 企业国际化战略的含义

企业国际化战略是指企业从国内经营走向跨国经营，从国内市场进入国外市场，在国外设立多种形式的组织，对国内外的生产要素进行配置，在一个或若干个经济领域进行经营活动的战略。企业国际化战略在很大程度上影响着企业国际化进程，决定企业国际化的未来发展态势。国际化战略是市场多元化战略的一种，必须能获得很好的协同效应、范围经济，才能实现更高的经济价值，而企业国际化战略是跨国公司为了把公司的成长纳入有序轨道，不断增强企业的竞争实力和环境适应性而制定的一系列决策的总称。

2. 企业国际化战略的动因

企业采取国际化战略的动因很多，可以是开发另一个国家的资源，或是寻求新的市场，或是通过对海外办事处或业务的战略定位来保护国内市场等，具体体现在以下四个方面。

(1) 寻求资源。企业往往会寻找不同的方法来降低其在其他国家的生产成本。由于市场在劳动力和知识等方面的不完善，如最低工资标准、劳动力的流动性、技术和专业技能的不同，导致了各国之间的资源成本存在差异。这些市场不完善性就转化为企业走向国际化的机会。

(2) 寻求市场。市场寻求者包括维持和保护现有市场、探索和发展新市场的企业。占领新的市场对实现企业国际化战略来说十分重要。

(3) 寻求效率。效率寻求者的目的在于以某种方式对现有资源投资的结构进行合理化调整，从而使投资能通过对分布在不同地理区域的活动进行统一管理而获利。寻求效率的企业有两类：一类是根据劳动分工将活动分布于发达国家和不发达国家，这类企业希望通过劳动分工享受规模经济的好处；另一类则是将活动分布于经济结构和收入水平类似的国家。

(4) 寻求战略性资产。战略性资产寻求者与效率寻求者是紧密相关的。这类企业可能追求一体化的全球性或区域性战略。战略性资产寻求者主要分为保护型和扩张型两类：保护型战略性资产寻求者，是指将业务分布在另一个国家以保护其本国基础的企业；扩张型战略性资产寻求者，是指通过在不熟悉的市场中建立竞争优势而进行首次扩张的企业。

二、企业国际化战略的模式

企业国际化战略的模式包括两部分内容：一是企业的国际化行为；二是选择适当的国际市场进入方式。在全球市场上，竞争的企业面临着两种典型的竞争压力，一种是降低成本的压力，应对这一压力要求企业更努力降低其价值创造的成本，将其单位成本最小化；另一种是地区调试的压力，地区调试压力的来源包括很多方面，如消费者在兴趣偏好上的差异、分销渠道的差异和东道国政府政策和要求的差异等，应对这一压力则要求企业对不同国家提供差异化的产品与营销政策，以满足各国因不同的消费者兴趣偏好、分销渠道以及政府政策而产生的多样化需求。但这些压力又给企业带来了相冲突的问题，即当企业面对地区调试的压力时，满足不同国家要求的定制产品可能涉及大量的重复劳动以及缺少标准化，其结果将会抬高成本，这与降低成本的压力是相矛盾的。

1. 全球化战略

全球化战略也称全球标准化战略，是指在全世界范围内生产和销售同一类型和质量的产品或服务，即向世界市场推广标准化的产品或服务。

企业采用这种战略主要是为了通过经验曲线和规模经济效益，实现成本领先，获得高额利润。企业根据最大限度地获取低成本竞争优势的目标来规划其全部的经营活动，将研发与开发、生产、营销等活动按照成本最低原则分散在少数几个最有利的地点来完成，但产品和其他功能则采取标准化和统一化以节约成本。

　　在成本压力大而当地特殊要求较少的情况下，企业采取全球化战略是最有利的。但是，在要求提供当地特色产品的市场上，这种战略是不合适的。

　　虽然全球化战略降低了企业所承担的风险，但也可能带来一些负面影响，如放弃了本地市场的一些发展机遇，或者该机遇要求产品进行本土化等。全球化战略对本地市场的反应相对迟钝，并且由于企业需要跨越国界的协调战略和业务决策，所以难以管理。

2. 多国化战略

　　多国化战略也称多国本土化战略，是指企业将大部分活动，如战略和业务决策权分配到所在国以外的战略业务单元进行，由这些战略业务单元向本地市场提供本土化的产品，把自己有价值的技能和产品推向外国市场，从而获益。该战略强调在不同国家的市场上提供与其消费者兴趣偏好相适应的产品，通过改变企业的产品或服务来增加利润。

　　多国化战略注重每个国家或地区之间的竞争，认为每个国家或地区的市场情况不同。多国化战略采用高度分权的方式，允许每个部门集中关注一个地理区域、地区或国家。简言之，每个国家消费者的需求、行业状况、政治法律制度和社会标准都各不相同，多国化战略让各国子公司的管理者有权通过将企业产品个性化来满足本地消费者的特殊需求和偏好。因此，该战略最大程度地优化了企业面对各个市场异质需求时的反应。

　　需要指出的是，多国化战略生产设施重复建设并且成本较高，在成本压力大的行业中不太适用。同时，实行该战略会使得企业在每一个东道国的子公司过于独立，最终有可能会失去对子公司的控制。

3. 跨国化战略

　　跨国化战略是指企业在全球激烈竞争的情况下，形成以经验为基础的成本效益和区位效益，转移企业内部的核心竞争力，同时企业也应注意当地市场的需要。简言之，跨国化战略力图同时取得全球化战略的效率和多国化战略的地方响应能力。

　　考虑到全球化战略和多国化战略均有难以克服的局限性，跨国化战略力求创造一个能够整合全球化效率和地方响应能力的资源配置方式和管理模式。

三、跨国组织

1. 跨国组织的含义

　　跨越边境经营贸易的组织被称为国际企业或跨国组织。在概念上，战略管理过程对跨国组织来说与纯粹的国内企业是一样的。但是，由于存在更多的变量和关系，所以该过程对于跨国组织来说更为复杂。跨国组织所面临的社会、文化、人口、环境、政治、政府、法律、科技、竞争机遇和威胁等因素几乎是无限的，并且这些因素的数量和复杂程度随着所生产产品的数量和所服务的地理区域的数量的增加而剧增。

　　与本国企业相比，识别和评价跨国组织的外部趋势和事件需要更多的时间和精力。地理上的距离、文化和国家的差异以及商业管理的变化通常使国内总部和海外业务部门之间的交流变得困难。因为不同的文化拥有不同的标准、价值观和职业道德，所以战略的实施可能比较困难。

例如，2013 年，经过多年的亏损后，家得宝关闭了在中国剩余的七家超市。廉价的劳动力和中国的公寓式生活方式是家得宝于 2006 年进入中国的原因，但该企业失败的原因是未能考虑中国当地的文化和习俗，没有获得民众的欢迎。

2. 国际业务的优势和劣势

1) 优势

企业有很多理由来制定和实施用于启动、继续或者拓展跨国商业运作参与度的战略。启动、继续或者拓展国际业务最大的优势可能是，企业可以为自己的产品或服务获得新客户，进而增加收入。收入和利润的增长是企业的常见目标，也通常是股东的希望，因为它是衡量企业成功的标尺。

启动、继续或者拓展国际业务的优势如下。

(1) 企业可以为自己的产品或服务获得新客户。

(2) 国外业务可以吸收超额产能，降低单位成本以及将经济风险分散到更多的市场上。

(3) 国外业务可以使企业在接近原材料或者劳动成本较低的地方建立低成本的生产设施。

(4) 国外市场上可能没有竞争对手，或者国外市场的竞争没有国内市场激烈。

(5) 国外业务可能会带来较低的关税、较低的税收和有利的政治待遇。

(6) 企业可以从他人那里学到知识、文化和商业管理经验，并且使企业可与外国潜在的客户、供应商、债权人和经销商进行联系。

(7) 全球市场而非仅仅国内市场的业务可以实现规模经营。较大规模生产和较高的生产效率可以实现较高销售量和较低的价格。

(8) 企业在国内市场的势力和声誉可能会获得极大的提高，如果企业参与全球竞争，赢得的声誉可能会转化为供应商、债权人、经销商和其他重要团体之间的更强大的谈判力量。

2) 劣势

不同国家的经济信息和营销信息的可用性、深度和可靠性存在着极大的不同，正如工业结构、商业管理、区域组织的数量和本质一样。启动、继续或者拓展国际业务也存在着劣势，具体如下。

(1) 企业的国外业务可能会被民族主义阵营获取。

(2) 当企业在做国际贸易时，可能会碰到不同的并且通常尚未了解的社会、文化、人口、环境、政府、法律、技术、经济和竞争力量，这些可能使企业间的交流难以进行。

(3) 境外的竞争对手的弱点通常被估计过高，并且他们的优势经常被低估。当开展国际贸易时，了解竞争对手的数量和性质比较困难。

(4) 各国之间的语言、文化和价值体系不同，从而造成交流障碍和人力资源管理上的困难。

(5) 在开展国际贸易时，了解欧洲经济共同体、拉丁美洲自由贸易区、国际复兴开发银行以及国际金融组织等区域组织是非常困难的，但通常又是必需的。

(6) 与两个或者多个货币体系交易可能是非常复杂的国际业务。

小　结

国际化一个最基本的特征就是它涉及两个或更多国家的经营活动，或者说其经营活动被国界以某种方式所分割。一般来说，如果一个企业的资源转化活动超越了一国国界，这个企业就是在开展国际化经营。

企业国际化战略是指企业从国内经营走向跨国经营，从国内市场进入国外市场，在国外设立多种形式的组织，对国内外的生产要素进行配置，在一个或若干个经济领域进行经营活动的战略。

企业采取国际化战略的动因主要包括寻求资源、寻求市场、寻求效率、寻求战略性资产等。

练　习　题

一、单项选择题

1. 企业国际化可以分为"内向型国际化"与(　　)。
A. 技术国际化　　　　　　　　B. 外向型国际化
C. 资本国际化　　　　　　　　D. 品牌国际化

2. 以下不属于国际化特征的是(　　)。
A. 涉及两个或更多国家的经营活动
B. 企业经营活动被国界以某种方式所分割
C. 企业的资源转化活动超越了一国国界
D. 本企业有少数在职外籍员工

二、多项选择题

1. 企业国际化战略的动因主要包括(　　)。
A. 寻求资源　　　B. 寻求市场　　　C. 寻求效率　　　D. 寻求战略性资产

2. 企业国际化的内容有(　　)。
A. 产品国际化　　　　　　　　B. 技术国际化
C. 资本国际化　　　　　　　　D. 品牌国际化
E. 融资国际化

3. 我国企业国际化的历程基本可以划分为(　　)四个阶段。
A. 间接或被动进出口阶段　　　B. 直接或主动进出口阶段
C. 设立海外代理机构阶段　　　D. 成熟的多国导向阶段

三、简答题

1. 企业采取国际化战略的动因有哪些？
2. 国际化战略的模式有哪些？

四、案例分析

HAIER 的国际化战略

HAIER(海尔)集团首席执行官张瑞敏说,企业的国际化道路可以分为三个阶段,即走出去、走进去、走上去。先要走出国门,到国际舞台上与跨国企业竞争;然后挤进主流市场,到主流渠道销售主流产品;最后做成当地的主流品牌。

走出去,即成本优势。

在走出去阶段,企业往往凭借成本优势,采用一般模式或贴牌模式,实现中国制造"Made in China"。但是如今价廉物美并不是中国商品的优势,而是中国企业的悲哀。很多走出去的企业对我国劳动力成本低存在片面认识。作为一个劳动力密集型的国家,中国企业往往过于依赖工人工资低廉的优势,忽视了技术人员工资也是比国外低一大截的现象。这种劳动力低廉同时技术含量少的现状,事实上降低了中国企业在世界市场发展自身品牌的可行性,不利于保持企业在国际市场上的长期竞争力。所以 HAIER 在国际化发展中不仅凭借着中国本土劳动力低廉的优势,同时还采用了国外本土化发展的模式,并未一味地恃着成本优势。

走进去,即产品优势。

在走进去阶段,企业往往凭借产品优势,优化产品结构,谋求产品设计和外观时尚独特、性能先进、品种多样等,实现中国创新"Creative in China"。

HAIER 在美国独家推出设计独特的小冰箱和酒柜等,占据了相应细分市场的最大份额。

产品结构要能促进企业持续竞争优势,须具备四个特性(4R):相关性(Relativity),效益性(Resentfulness)、稀缺性(Rareness)和难以完全复制性(Reproduction Imperfection)。产品结构通过四大利益增强企业竞争力,即经营性利益、财务性利益、反竞争性利益和相关者利益。

调整产品结构可以通过打造虚实两个平台来实现:一是产业优化平台(虚平台),合理化产品结构宽度;二是产品创新平台(实平台),合理化产品结构长度和深度。目前,少数企业已经在产品开发上具有一定的优势,但是还存在跻身当地市场主流产品领域的任务。比如 HAIER 已经实现小冰箱、酒柜成为美国第一的企业,但问题是小冰箱并不是美国市场上的主流产品,大冰箱才是。

从这个意义上讲,HAIER 现在只完成了国际化的第一步,仅仅是"走出去"了,离"走进去、走上去"和建立国际品牌,还有较远的距离。

走上去,即品牌优势。

在走上去阶段,企业必须形成品牌优势,实现中国创牌"Branding in China"。HAIER 在世界范围内的品牌化努力,逐渐见到成效。

要实现走上去,企业需要:

1. 创建雄厚的品牌资产

首先,提升顾客忠诚度。打造品牌就意味着放弃短期利益,长期不懈地满足客户需求,培养客户的忠诚度,最终赢得客户信赖;其次,定位文化符号。培养世界知名品牌还需要在产品中加入文化内涵。当前，国内只有"青啤"等极少数品牌堪称进入了全球知名品牌行列，其他许多知名品牌并不具有真正意义上的品牌价值，因为它们缺乏许多世界知名品牌所具有的深厚文化内涵。再次，强化品牌管理。海信商标被西门子恶意抢注一事，是我国企业在品牌管理方面存在漏洞的又一例证。"我们有世界级的产品，无世界级的品牌。""有品无牌"的最终结果就是中国企业很难在国际竞争中获胜。

2. 创建良好的组织

HAIER 创国际化品牌的目标非常明确，一只脚站"实"国内市场，一只脚走"稳"国外市场，共同支撑 HAIER 国际化品牌。在国外市场，HAIER 通过海外建厂等措施实现品牌本土化，汇集多个国家的品牌，本土化为 HAIER 品牌国际化。这些使 HAIER 国际化品牌战略取得初步成功。但是品牌国际化的操作模式并非每个企业都可以借鉴。中国企业是否采用出口创牌的国际化战略，需要在综合分析后再确定。过多强调品牌会走向另一个极端，创造国际品牌需要一个过程。中国企业要提高国际竞争力，缺少的不仅仅是品牌这一个因素，资金、技术、成本优势、渠道等等都存在不足。如果仅仅为了品牌国际化，即使有利于获取其他优势的机会也要放弃的话，就会顾此失彼。没有对全局的把握，即使品牌国际化战略成功，也不会为企业带来最终的成功。强创品牌的国际化战略特色是需要的，但不要走向极端，作茧自缚，要在全局中来考虑问题。在确立国际化品牌为战略目标时，应重点审视企业所处的发展阶段以及承担风险的能力。HAIER 在 20 世纪 90 年代初冰箱出口美国时采用的是 OEM(代工)方式，没有使用 HAIER 的品牌，因为当时 HAIER 刚刚开始尝试走出去，国外市场并不了解 HAIER。如果坚持使用自己的品牌，那么可能会失去出口的机会，也就失去了外国了解 HAIER 的机会。也就是说，企业创品牌可能首先是从不使用自己品牌开始的，先发展后创牌。这种创牌过程适用于多数中国企业。

HAIER 国际化的发展历程可分为 3 个阶段，即播种阶段、扎根阶段、结果阶段。

(1) 播种阶段。HAIER 认为必须在观念上转变传统出口的误区，出口是为了创名牌而不仅仅是创汇，用"HAIER——中国造"的著名品牌提升创汇目标。依靠质量让当地消费者认同 HAIER 的品牌，从而达到产品认知。

(2) 扎根阶段。HAIER 开拓国际市场的三个 1/3 目标，即国内生产国内销售 1/3、国内生产国外销售 1/3、海外生产海外销售 1/3。HAIER 在海外设立了 10 多个信息站、8 个产品设计中心，专门开发适合当地人消费特点的家电产品，以此提高产品的竞争能力。HAIER 先后在菲律宾、印度尼西亚、马来西亚、美国等地建立海外生产厂，1999 年 4 月份，HAIER 在美国南卡州的生产制造基地的奠基标志着 HAIER 在海外实施的第一个"三位一体"本土化战略的实现。

(3) 结果阶段。HAIER 实施国际化战略的目标是创出全球知名的品牌。要创名牌，仅有高质量是不够的，必须和当地消费者的需求紧密结合，而且要超前满足当地消费者的需求。融资、融智、融文化和创名牌相结合，使 HAIER 文化与当地文化融为一体，成为强有力的本土化名牌。

(资料来源：《海尔公司国际化战略》(wenku.baidu.com))

讨论： 请结合案例，谈谈 HAIER 的国际化战略给你了哪些启发。

实 践 练 习

选择一家从事国际化经营的企业，通过查阅文献、上网搜索等方式，收集并整理该企业的相关资料，然后分析、讨论该企业国际化经验的特点。

要求：

1. 任课教师按照课程实训方案的要求及时进行实训的安排，在实训过程中给予学生必要的指导，并认真批改课程实训报告，给出学生实训成绩，按优、良、及格与不及格四个等级打分。

2. 学生完成一份 1000 字左右的实训报告。

第九章　战略选择分析工具

 学习目标

(1) 掌握 SWOT 分析模型的内涵及应用。
(2) 掌握波士顿矩阵的内涵及应用。
(3) 掌握 GE 矩阵的内涵及应用。
(4) 了解战略选择的影响因素及陷阱。

引例

HW 的成功是战略的成功

HW(华为)能够不断抓住行业发展趋势并不断取得成功,其原因是什么呢? 可以大致总结为两个方面的内容: 第一是做正确的事, 这依赖于其强大的战略规划能力; 第二是把事做正确, 用符合业务发展的流程与组织进行保障。

HW 通过向 IBM 学习战略管理方法 BLM(Business Leadership Model), 首先是选择正确的战略。

通信技术的发展速度非常快, 一旦踩错节点, 公司就会陷入危险。2009 年初, 曾经排名全球前三的通信设备制造业巨头——北电网络公司宣告破产, 给世界通信设备制造业的发展敲响了警钟。纵观北电网络公司的发展历程, 公司内部管理模式的混乱, 尤其是在企业发展战略方面的盲目, 可以说是导致其破产的最根本原因。

HW 在成长过程中几个关键战略调整的节点上, 基本都及时选择了正确的战略方向:

(1) 中国从纵横制电话交换机升级到程控交换机的时候, HW 做了 C&C 08 程控交换机, 从农村包围城市。

(2) 传统程控交换机切换到下一代交换机, 从农村全面走向城市。

(3) 移动通信从第二代转向第三代。

(4) 产品向解决方案转型、服务。

HW 通过五年滚动战略规划, 时刻关注市场变化, 确保了成功转型。

HW 的五年滚动战略规划其实是一个体系, 是在产业、区域、客户群三个层面分别进行各自的五年滚动战略规划，而且相互之间为互锁关系，以此来管理 HW 全球 170 个国家和地区的 17 万员工与业务。

五年滚动战略规划保证了 HW 的大方向，同时短期也不会跑偏，比如在五年滚动战略规划和当年业务规划对锁的方法论下，HW 当年没有加入小灵通的市场竞争，持续投入资源到 3G 移动通信，取得在 3G 移动通信上的技术、市场全面领先地位。在五年滚动战略规划中，HW 对未来的判断通常会落实到几个场景里，然后对每个场景再组织专题研讨会。

(资料来源：《华为公司成功的因素》(wenku.baidu.com))

思考：如何选择战略？战略的选择工具有哪些？

第一节 差 距 分 析

在进行具体战略选择之前，首先需要进行差距分析。差距分析是指比较一家企业的最终目标与预期业绩之间的差距，并确定可以填补差距的方法。一个完整的差距分析，应该就规划期制定的目标与企业不改变经营战略的预期结果进行比较。

一、外部环境与经营战略的差距分析

1. 宏观环境与经营战略的差距分析

在确定可能存在的差距之前，首先要做的是列出影响行业未来增长率的趋势及影响趋势发展的重要因素，然后再评价企业现在的战略是否符合趋势。表 9-1 是拥有高增长率企业的宏观环境与经营战略的差距分析的实例。

表 9-1 拥有高增长率企业的宏观环境与经营战略的差距分析实例

要　素	关键性趋势	战略一致性
经济	预计缓慢增长	不一致
社会和文化	教育质量的提高以及大众对工作的态度	一致
人口	预计缓慢增长	不一致

从表 9-1 可以看出，该企业的战略不符合正在下滑的宏观经济。此外，由于人口增长放缓将导致市场规模增长缓慢，因此不利于企业战略目标的实现。

2. 行业环境与经营战略的差距分析

表 9-2 列出了某企业的行业环境与经营战略之间的差距，考察了行业环境的具体要素，给出了每个要素的水平，并且指出了企业现在的经营战略与这些要素的战略一致性。

表 9-2　　某企业的行业环境与经营战略的差距分析实例

行业环境	强度	具体要素	战略一致性
新进入者的威胁	高	整个行业的高增长	一致
行业对手	一般	高增长,不用细分目标	一致/不一致
供应商的议价能力	高	差异化产品	不一致
替代品	低	少量的替代品	一致

在表 9-2 这个例子中,企业的战略目标是实现高增长。分析表明,行业的增长带来更多新进入者的威胁,这与企业的战略目标一致。另外,由于原材料的独特性,供应商的议价能力高,企业的议价能力低,这有可能导致企业增加产品成本,而企业的经营战略并没有考虑到这一点。

通过对表 9-2 的分析表明,企业的经营战略和行业环境的诸多要素是不一致的,意味着企业需要考虑如何把握这些要素,从而缩小行业环境与经营战略的差距。这就要求企业调整自己的职能战略,如果行业环境不能改变,则企业要调整经营战略。

3. 行业竞争对手与经营战略的差距分析

不同于宏观环境和行业环境的差距分析,企业的另一种差距分析是考察行业竞争对手与经营战略的差距。这种方法使用了四个变量,即财务表现、市场地位、技术性能和服务质量,表 9-3 是某企业的行业竞争对手与经营战略的差距分析实例。

表 9-3　　行业竞争对手与经营战略的差距分析实例

行业竞争对手	财务表现	市场地位	技术性能	服务质量
企业 1	满意	15%	一般	好
企业 2	非常满意	27%	一般	下降
企业 3	满意	8%	优越	改善中但仍较低
企业 4	低于平均水平	14%	下降	好

从表 9-3 可以看出,企业 2 是主要行业竞争对手中市场份额最大的(27%)企业,拥有突出的财务业绩,但服务质量有所下降。另外,企业 3 虽然是主要行业竞争对手中市场份额最小的一家企业,但是它拥有先进的技术并且仍在不断提高服务质量,将会成为企业未来强劲的对手。

二、内部环境与经营战略的差距分析

在企业内部,经营战略需要符合企业的能力,还需要比较其业绩表现和主要利益相关者的期望,以确定在内部环境要素与当前战略之间是否存在差距。

1. 企业能力与经营战略的差距

表 9-4 用来评估企业能力和经营战略之间差距的。在此差距分析中，第一步要做的是，列出所有有利于企业主要经营活动的重要能力，包括为企业带来竞争优势的战略能力。第二步要做的是，评估企业在每个战略能力上的竞争地位，以确定企业是否已经拥有其所必需的能力。把企业的各项能力与其竞争对手进行比较，对衡量企业的相对表现很有帮助。典型的结果是，企业的部分能力优于竞争对手，但其他部分却低于平均水平，这时就会出现差距。

2. 企业业绩与经营战略的差距分析

评估内部环境与经营战略之间差距的另一个方面是确定企业业绩与经营战略之间的差距。首先，确定企业战略的关键要素。然后，依照设定的目标记录企业当前的负面差距。正面差距给企业提供了利用优势或者在该处撤出部分资源以弥补其他方面的机会。

表 9-4　企业能力与经营营战略的差距分析

企业能力		等级——相对于多数竞争对手的优势水平
有形资源	实物资源	
	财务资源	
无形资源	商标	
	信誉	
	客户口碑	
企业文化	价值观	
	变动管理	
	学习	
流程和系统	财务信息	
	控制信息	
	经营信息	
	激励系统	

3. 主要利益相关者的预期与经营战略的差距分析

在评论内部环境与经营战略的差距时，企业还需要考虑内部环境中的另一个要素，即主要利益相关者的预期。企业很少关注经营战略与主要利益相关者的预期之间的差距，然而做此差距分析是非常必要的。因为主要利益相关者的预期很可能会影响企业未来的战略决策。但是，主要利益相关者的预期通常掺杂着许多主观的判断，因此要分析以及衡量这些预期，了解利益相关者是如何看待企业战略和未来业绩的。对照预期值，得到企业的相对业绩是确定差距的重要方面，因为主要利益相关者是对照自己的预期来评价企业业绩表现的。

三、企业层面的差距分析

对于一家经营多种业务的大企业而言，战略的主要层面是业务层。对于该层面的每一项业务，都要进行上述外部环境与内部环境的差距分析。

但是，对于大企业，还需要进行企业层面的差距分析，即分析企业总体战略与企业能力之间的差距，以及企业总体战略与企业业绩之间的差距。表 9-5 是一个企业层面差距分析的简单例子。

表 9-5　企业层面的差距分析实例

企业 1 总体战略	企业能力	是否存在差距
打入中国市场，实施多元化战略	在中国仅经营零售业	存在差距
企业 2 总体战略	企业业绩	是否存在差距
利润以每年 10%的速度增长	过去三年，利润平均每年增长 7%	存在差距

第二节　战略选择的矩阵工具

一、SWOT 分析模型

1. 概述

SWOT 分析模型由美国旧金山大学教授韦里克于 20 世纪 80 年代提出，目前已经发展成为一个用于战略分析的非常重要的实用方法，该方法又称态势分析法，用来确定企业自身的优势、劣势、机会和威胁，从而将企业战略与企业内部资源、外部环境有机结合起来。SWOT 分析模型主要适用于分析市场环境、竞争对手，制定企业战略。

一种有效的战略应该能够最大限度地利用企业内部优势和外部环境机会，同时使企业的内部劣势和外部环境威胁降至最低限度。SWOT 分析矩阵是系统确认企业内部的优势(Strength)和劣势(Weakness)、机会(Opportunity)和威胁(Threat)，并据此提出企业战略的一种方法。SWOT 分析矩阵实际上是对企业内外部环境进行综合概括，使企业做到"知己知彼"，进而制定出适合企业的战略。

(1) 优势：能使企业获得战略领先并进行有效竞争，从而实现企业自身目标的某些强大的内部因素或特征，通常表现为企业的一种相对优势。例如，某煤炭企业拥有充足的资金来源、丰富的采掘或洗选经验、好煤质、市场领导地位、完善的服务系统、先进的工艺设备、极其低廉的产品成本、健全的营销网络等。

(2) 劣势：给企业带来不利，导致企业无法实现其目标的消极因素和内部的不可能性。例如，某煤炭企业缺乏明确的发展方向或战略导向，技术落后或设备陈旧，煤炭品种比较单一，产品线过窄，销售渠道不畅，管理经验和科学知识缺乏，内部管理混乱等。在多业务单位的企业，一个企业整体的劣势主要体现在不协同和不平衡上。

各种优势、劣势因素对企业经营的影响程度是不同的。其中，对企业的成功起着关键作用的因素，被称为关键的成功因素；强于竞争对手的因素，被称为核心竞争力，它是企业赖以战胜竞争对手的最有力武器；同样，也有一些因素对企业经营会造成致命的影响。不管是优势还是劣势因素，企业都要予以高度重视。

优势和劣势，好比战略平衡表的两个栏目，优势好比"资产"，劣势好比"负债"。对一个企业来说，"资产"越多，企业的竞争优势就越明显，制定战略的基础就越好。判定企业自身的优势和劣势，需要通过与同行业中最好的企业进行比较；通过比较来认清自身的优势和劣势，从而改进劣势，提升优势。

(3) 机会：能够不断地帮助企业实现或超过自身目标的外部因素和状况。企业面临的机会很多，比如，煤炭开采技术上有了重大突破，其他竞争对手出现了自满现象等。

机会有两种形式，即产业机会和企业机会。产业机会是某产业环境向所有企业提供的发展机会，产业机会对每个企业来说都是平等的。企业机会是某企业在经营环境中具有的有利于企业发展的因素和时机。但是，由于每一个企业的优势和劣势不同，抓住机会的能力也就不同。对于那些具备捕捉机会能力的企业来说，产业机会就容易被转化为现实的企业机会。

为准确把握机会，避免发生失误，企业在面对机会时应该考虑四个关键的问题：这个机会是否违背企业的宗旨？这个机会是否违背企业的既定战略？这个机会是否要求企业进入一个全新领域？这个机会是否符合企业财务上的要求？考虑到了以上四个问题，企业就可以避免制定错误的战略。

(4) 威胁(Threat)：对企业经营不利并导致企业无法实现既定目标的外部因素，是影响企业当前地位或其所希望的未来地位的主要障碍。例如，煤炭企业面临的威胁来自各个方面，主要有国外低价煤炭的压力、运力增长缓慢、替代品的销售额上升、市场增长速度趋缓、顾客讨价还价能力增强等。

2. SWOT 分析步骤

SWOT 分析步骤主要包括以下三步。

(1) 分析环境因素，获取信息。通过调查获取机会与威胁、优势与劣势等信息资料。

(2) 整理信息，构造 SWOT 分析表。将外部环境与内部资源归类列表，按重要程度将各因素罗列出来，形成 SWOT 矩阵。表 9-6 是某煤炭企业的 SWOT 矩阵。

(3) 分析信息，制订行动计划。通过对表格进行 SO、WO、ST、WT 分析，制定出适合组织发展的战略方案。

表 9-6　某煤炭企业的 SWOT 矩阵

	优　势	劣　势
内部资源	(1) 产品和品牌优势：煤层储存条件优越，煤质优良，产品品牌知名度高，在同行业竞争中业绩优良。 (2) 企业实力雄厚：有丰富的采掘或洗选经验。 (3) 企业管理优势：管理基础好，管理经验丰富，有一批出色的工程技术人员和职工队伍。 (4) 具有规模优势：全国最大的动力煤集团。 (5) 买主的良好印象：重信誉，合同兑现率高。 (6) 有足够的厂房和土地资源。 (7) 高岭土资源丰富。 (8) 当煤挥发分含量在 30%～34% 时，煤很容易被点燃，宜于制煤气，是加工转化成煤化工产品的好原料，且硬度高，运输方便	(1) 运输战线长，离用煤客户距离远。 (2) 煤炭品种比较单一，销售价格比较低，利润空间较小，煤炭储量逐步减少。 (3) 企业退休职工多，职工队伍庞大，企业负担比较重。 (4) 非煤产业发展缓慢，没有形成规模优势，缺乏生产经验及销售渠道，非煤专业人才短缺。 (5) 老矿井煤炭资源逐渐枯竭，资源分布与开采强度的矛盾日益突出。 (6) 设备陈旧，采掘深度不断加大，相应的管理难度和成本也在不断加大
	机　会	威　胁
外部环境	(1) 纵向一体化：坑口电厂的建设，制作生产甲醇、活性炭等。 (2) 环渤海湾的开发建设。 (3) 国家改革电力管理体制，为煤电联营和煤炭企业进入电力领域创造了条件。 (4) 国家继续加大结构调整力度，淘汰落后产能；实施高耗能、高污染行业的差别电价和水价政策；大力发展区域热电联产工程；鼓励节约和替代石油工程；鼓励发展坑口电站和低热值燃料电厂。 (5) 加强煤炭资源综合利用，推进清洁生产，发展循环经济，保护矿区环境的煤炭产业政策。 (6) 推进市场化改革，完善煤炭市场价格形成机制。 (7) 煤炭仍是我国主要的一次能源	(1) 市场增长较慢：基础建设放缓，电力集团的技术改造，高能耗的小水泥厂、小火电厂的关停等。 (2) 竞争压力增大：神华、中煤、伊泰等煤炭集团产量大增；内蒙古成为产煤第一大省；新疆煤炭的快速兴起等。 (3) 低碳经济的兴起，减少了对煤炭的需求。 (4) 不利的政府政策：环保要求越来越高等。 (5) 新竞争者进入行业：电力集团、化工集团开发煤矿。 (6) 替代品销售额上升：水能、核能、太阳能等的利用逐步增加。 (7) 用户议价能力增强：电力、化工集团的实力大增，自办煤矿。 (8) 交通运输的紧张，运力增长缓慢。 (9) 国外低价煤炭的压力。

当然，只列出企业外部环境和内部资源的各要素是不够的，还必须根据对各要素的分析，从优势、劣势、机会、威胁的可能组合中寻找出企业未来发展的战略大方向。简单说来，有四种可能的战略组合，如图 9-1 所示。

(1) 增长型战略(SO)。这种情况是环境中存在机会，而企业本身恰好具有这方面的优势，这是

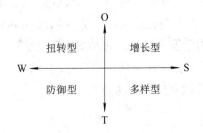

图 9-1　依据 SWOT 矩阵得出的战略组合

最理想的情况。在这种情况下,企业可以充分发挥内部资源的优势去利用外部环境中的机会,实现企业的快速增长,如一体化战略和多元化战略,甚至包括国际化战略。

(2) 扭转型战略(WO)。这种情况是环境中存在机会,但是企业在这方面存在劣势,力量不够。这就要求企业应致力于改变内部资源的劣势,采取扭转型战略,同时,有效地利用市场机会。

扭转型战略是防御型战略(收缩型战略)的一种,是指企业采取缩小产销规模、削减成本费用、重组等方式来扭转销售和盈利下降趋势的战略。实施该战略,对企业进行"瘦身",有利于企业整合资源,改进内部工作效率,加强独特竞争能力,是一种"以退为进"的战略。

(3) 防御型战略(WT)。这种情况是环境中存在威胁,且企业在这方面本身又具有劣势,这是最不理想的情况。在这种情况下,企业最好采取防御型战略。

(4) 多样化战略(ST)。这种情况是环境中存在威胁,但企业在这方面具有优势。针对这种情况,企业可以采取两种态度。一种是利用现有优势在其他产品或市场上建立长期机会,实行分散化或多样化战略,这是具有其他发展机会的企业通常采取的态度。例如,灰狗运输公司在城市之间的客运业务拥有优势,但由于政府放松管制,面临着航空空运的竞争和劳动力成本日益增加的威胁。采用 SWOT 分析后,该公司决定由客运改变为货运,这样既利用了公司业务上的优势,同时也避开了环境条件的威胁。另一种是采取与环境威胁直接正面斗争的态度。当然,这种做法通常只有在企业优势足以战胜环境威胁时才会被采用。

3. SWOT 分析模型的应用

某洗衣机厂的 SWOT 矩阵如表 9-7 所示。

表 9-7　某洗衣机厂的 SWOT 矩阵

外部环境	威　胁	机　会
	(1) 城市中洗衣机滞销; (2) 钢材价格上涨 40%; (3) 新增洗衣机厂家两家	(1) 郊区农民购买洗衣机者渐多; (2) 政府准备对进口洗衣机的数量加以限制; (3) 本厂 X 型号洗衣机有出口可能
	优　势	劣　势
内部资源	(1) 技术力量雄厚; (2) 产品质量稳步提高; (3) 管理基础工作较好; (4) 与协作企业和金融界有长期合作经验	(1) 设备陈旧; (2) 一线工人智力结构偏低; (3) 生产场地紧张; (4) 资金不足; (5) 销售渠道不能适应出口产品的需要

从表 9-7 中提供的信息来看,该厂面临着产品在城市中滞销的严峻形势,有必要采用改变产品结构,研发农村用和出口用洗衣机的战略。由于该厂具有技术力量雄厚、管理基础工作较好等优势,经过一番努力是可以实现这种战略的。而且,该厂的某些劣势也可以利用本厂的优势来加以克服或减轻,如资金不足,可加强与金融界的联系;生产场地紧张,可与别的企业发展横向经济联合等;也可用优势减少威胁,比如钢材涨价,可利用技术力量雄厚的优势研发新技术,采用新的廉价的材料等。

二、BCG 矩阵

1. 概述

BCG 矩阵即波士顿矩阵，也称市场增长率-相对市场份额矩阵。它是由美国企业管理咨询公司波士顿咨询集团(Boston Consulting Group)于 20 世纪 70 年代开发的一种战略选择的工具。BCG 矩阵将组织的每一个战略业务单元(SBU)标在二维矩阵图上，从而显示出哪个战略事业单元提供高额的潜在收益，以及哪个战略事业单元是组织资源的漏斗。BCG 矩阵的发明者、波士顿公司的创立者布鲁斯·亨德森认为，"公司若要取得成功，就必须拥有增长率和市场份额各不相同的产品组合。组合的构成取决于现金流量的平衡。" BCG 矩阵主要关注多元化企业的业务组合问题，是对企业的战略业务单元进行业务组合分析的管理模型，其理论基础是产品生命周期理论，实质是通过优化业务组合实现企业现金流量的平衡。

BCG 矩阵使用两个简单的指标作为分析坐标：

市场增长率作为纵坐标，代表企业某项业务的市场吸引力；相对市场份额作为横坐标，代表企业某项业务在同行业中所拥有的的实力。市场增长率和相对市场份额的计算方法为

$$市场增长率 = \frac{当期总销售额 - 上期总销售额}{上期总销售额} \times 100\%$$

$$相对市场份额 = \frac{企业某项业务本期销售额}{企业最强竞争对手该业务本期销售额}$$

相对市场份额是以倍数而不是以百分数表示的，这是因为各行业的集中程度不同，直接以百分数表示企业某项业务在同行业中的实力是不确切的。例如，10%的市场相对份额在一个高度分散的行业中很可能处于相当强的地位。

若相对市场份额为 2，则意味着企业某项业务的销售额是最强竞争对手的两倍；若相对市场份额为 0.5，则表示企业某项业务的销售额只有竞争对手的一半。一般情况下，相对市场份额以数值 1.0 作为分界线，以此反映企业在同行业中的实力。

通常认为，市场年增长率高于 10%属于比较高的增长率，因此以 10%作为分界线来划分市场增长率的高低，以此反映行业吸引力的情况，如图 9-2 所示。

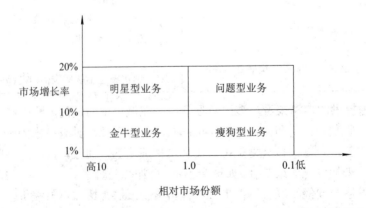

图 9-2　BCG 矩阵示意图

2. 依据 BCG 矩阵得出的战略组合图

由图 9-2 可以看出，根据相对市场份额和市场增长率，可以区分出四种业务选择不同的战略组合，如图 9-3 所示。

发展战略 新兴市场 相对竞争优势	选择性投资战略 利润率较低，所需资金不足，负债比率高
收获战略 销售量大，产品利润高，负债比率低	撤退战略 利润率低、处于保本或亏损状态，负债比率高

图 9-3 BCG 矩阵产品组合策略

(1) 问题型业务及其战略。问题型业务是市场占有率低、销售增长率高的业务。处在这个领域中的是一些投机性产品，这些产品可能利润率很高，但占有的市场份额很小。这通常是一个企业的新业务，为发展问题型业务，企业必须建立工厂，增加设备和人员，以便跟上迅速发展的市场，并超过竞争对手，这意味着大量的资金投入。"问题"非常贴切地描述了企业对待这类业务的态度，因为这时企业必须慎重回答"是否继续投资发展该业务？"。只有符合企业发展长远目标、能够增强企业核心竞争力的业务才能得到肯定的回答。得到肯定回答的问题型业务适合于采用战略框架中提到的发展战略，目的是扩大市场份额，甚至不惜放弃近期收入来达到这一目标，因为问题型业务要发展成为明星型业务，其市场份额必须有较大的增长。得到否定回答的问题型业务则适合采用撤退战略。

(2) 明星型业务及其战略。处在这个领域中的产品处于快速增长的市场中并且占有支配地位的市场份额，但也许会或也许不会产生正现金流量，这取决于新工厂、设备和产品开发对投资的需求量。明星型业务是由问题型业务继续投资发展起来的，可以视为高速成长市场中的领导者，它将成为公司未来的金牛型业务。但这并不意味着明星型业务一定可以给企业带来源源不断的现金流，因为市场还在高速增长，企业必须继续投资，以保持与市场同步增长，并击退竞争对手。企业如果没有明星型业务，就失去了希望，但群星闪烁也可能会闪花企业高层管理者的眼睛，导致其做出错误的决策。这时必须具备识别行星和恒星的能力，将企业有限的资源投入在能够发展成为金牛的恒星上。同样的，明星型业务要发展成为金牛型业务适合于采用发展战略。

(3) 金牛型业务及其战略。金牛型业务，即市场占有率高、销售增长率低的业务。处在这个领域中的产品能够为企业带来大量的现金，但未来的增长前景是有限的。这是成熟市场中的领导者，它是企业现金的来源。由于市场已经成熟，企业不必大量投资来扩展市场规模，同时作为市场中的领导者，该业务享有规模经济和高边际利润的优势，因而给企业带来大量现金流。企业往往用现金流业务带来的现金来支付账款并支持其他三种需要大量现金的业务的发展。金牛型业务适合采用战略框架中提到的收获战略，目的是保持稳定的市场份额。

(4) 瘦狗型业务及其战略。瘦狗型业务，即市场占有率低、销售增长率也低的业务。这个领域中的产品既不能产生大量的现金，也不需要投入大量现金。一般情况下，这类业务常常是微利甚至是亏损的，瘦狗型业务存在的原因更多的是感情上的因素，虽然一直微利经营，但不忍放弃。其实，瘦狗型业务通常要占用很多资源，如资金、管理部门的时间等，多数时候是得不偿失的。瘦狗型业务适合采用战略框架中提到的撤退战略，目的在于出售或清算业务，以便把资源转移到更有利的领域。

3. 产品生命周期理论与 BCG 矩阵的组合

事实上，产品生命周期理论与 BCG 矩阵之间有着天然的联系，引入阶段的产品属于问题型业务，成长阶段的产品属于明星型业务，成熟阶段的产品属于金牛型业务，衰退阶段的产品属于瘦狗型业务。

(1) 引入阶段。引入阶段指产品从设计投产直到投入市场进入测试阶段。新产品投入市场，便进入到引入阶段。此时产品品种少，顾客对产品还不了解，除少数追求新奇的顾客外，几乎无人购买该产品。生产者为了扩大销路，不得不投入大量的促销费用，对产品进行宣传推广。该阶段由于生产技术方面的限制，产品生产批量小，制造成本高，广告费用大，产品销售价格偏高，销售量极为有限，企业通常不能获利或获利较小。

问题型业务对应产品生命周期的引入阶段。问题型业务一般表现为新产品刚刚进入市场时的特征，尽管在入市之前做了充分的市场调研，但是环境的变化还是使企业的新产品业务面临比较艰难的处境，前景有时并不明朗。

(2) 成长阶段。当产品销售取得成功之后，便进入到成长阶段。成长阶段是指产品通过试销，效果良好，购买者逐渐接受该产品，产品在市场上站住脚并且打开了销路。此阶段是需求增长阶段，需求量和销售额迅速上升，生产成本大幅度下降，利润迅速增长。

明星型业务对应产品生命周期的成长阶段。企业的战略目标是争取最大市场份额，并坚持到成熟阶段的到来。如果以较小的市场份额进入成熟阶段，则在开拓市场方面的投资很难得到补偿。成长阶段的主要战略路径是市场营销，此时是改变价格形象和质量形象的好时机。

成长阶段的经营风险有所下降，主要是因为产品本身的不确定性在降低。但是，经营风险仍然维持在较高水平，其主要原因是竞争激烈，市场的不确定性增加。这些风险主要与产品的市场份额以及该份额能否保持到成熟阶段有关。

(3) 成熟阶段。成熟阶段指产品开始大批量生产并稳定地进入市场销售，经过成长阶段之后，随着购买产品人数的增多，市场需求趋于饱和。此时，产品普及并日趋标准化，成本低而产量大。成熟阶段开始的标志是竞争者之间出现挑衅性的价格竞争。成熟阶段虽然市场巨大，但是已经基本饱和；新的顾客减少，主要靠老顾客的重复购买支撑；产品逐步标准化，差异不明显，技术和质量改进缓慢；产品生产稳定，局部生产能力过剩；产品价格开始下降，毛利率和净利润下降，利润空间适中。

金牛型业务对应产品生命周期的成熟阶段。由于整个产业销售额达到前所未有的规模，并且比较稳定，任何竞争者想要扩大市场份额都会遇到对手的顽强抵抗，并引发价格竞争。扩大市场份额变得很艰难，企业经营战略的重点转向在巩固市场份额的同时提高投资报酬率。成熟阶段的主要战略路径是提高效率，降低成本。

(4) 衰退阶段。衰退阶段指产品进入淘汰阶段。随着科技的发展，以及消费习惯的改变等原因，产品的销售量和利润持续下降，产品已经不能适应市场需求，市场上已经有其他性能更好、价格更低的新产品，足以满足消费者的需求。

瘦狗型业务对应产品生命周期的衰退阶段。由于新产品不断出现、竞争者的加入、消费者购买兴趣的转移等多种原因，产品市场销量下降，市场占有率和市场增长率下降。在衰退阶段应控制成本，采用退却战略，尽早退出。

三、GE 矩阵

1. 概述

GE 矩阵又称通用电器公司法、麦肯锡矩阵、九盒矩阵、行业吸引力矩阵，是由美国通用电气公司(GE)于 20 世纪 70 年代开发的投资组合分析方法，该方法对企业进行业务选择和定位具有重要的价值和意义。

说到 GE 矩阵，就一定要与 BCG 矩阵一起比较讨论，因为 GE 矩阵可以说是为了克服 BCG 矩阵的缺点所开发出来的。BCG 矩阵用市场增长率来衡量行业吸引力，用相对市场份额来衡量业务实力。但 GE 矩阵在评价各经营单位时，除了要考虑市场增长率和相对市场份额以外，还要考虑其他许多因素。因此，GE 矩阵使用数量更多的因素来衡量这两个变量，纵轴用多个指标反映"行业吸引力"，包括市场大小、市场增长率、历史利润率、竞争强度、技术要求、对于通货膨胀的耐受性、外部环境影响等；横轴用多个指标反映"业务实力"，包括市场占有率、市场占有增长率、业务质量、品牌信誉、商业网络、促销力量、生产能力、生产效率、单位成本、原料供应、研究开发、业务及管理人员等。

GE 矩阵相比 BCG 矩阵，基本假设和很多局限性都和 BCG 矩阵相同，最大的改善在于用了更多的指标来衡量两个维度。由于 GE 矩阵使用多个因素，可以通过增减某些因素或改变它们的重点所在，很容易地使 GE 矩阵适应企业管理者的具体意向或某产业特殊性的要求。如图 9-4 所示，GE 矩阵按行业吸引力和业务实力(竞争力)两个维度评估现有业务(或事业单元)，每个维度分三级，分成九个格以表示两个维度上不同级别的组合。

图 9-4　GE 矩阵示意图

确认每一项业务的行业吸引力和业务实力大小，可以针对不同的业务，首先分析其行业吸引力和业务实力的构成要素，然后给予这些构成要素一定的权重，并进行打分，最后计算出加权平均分，即得到行业吸引力和业务实力的大小，表 9-8 是评价某项业务的行业吸引力和业务实力的一个例子。

表9-8　评价某项业务的行业吸引力和业务实力

评估变量	构成要素	权数W	分值J(1-5)	评估值=权数W×分值J
行业吸引力	总体市场规模	0.20	4.00	0.80
	年市场增长率	0.20	5.00	1.00
	历史毛利率	0.15	4.00	0.60
	竞争程度	0.15	2.00	0.30
	技术要求	0.15	4.00	0.60
	通货膨胀	0.05	3.00	0.15
	能源要求	0.05	2.00	0.1
	环境影响	0.05	3.00	0.15
	总分	1.00		3.70
业务实力	市场份额	0.10	4.00	0.40
	市场份额增长	0.15	2.00	0.30
	产品质量	0.10	4.00	0.40
	品牌知名度	0.10	5.00	0.50
	分销网	0.05	4.00	0.30
	促销效率	0.05	3.00	0.15
	生产能力	0.05	3.00	0.15
	生产效率	0.05	2.00	0.10
	单位成本	0.15	3.00	0.45
	物资供应	0.05	5.00	0.25
	研发能力	0.10	3.00	0.30
	管理人员	0.05	4.00	0.20
	总分	1.00		3.40

需要指出的是，对行业吸引力和业务实力的打分方法都是五级评分。对行业吸引力各因素而言，1表示毫无吸引力，2表示没有吸引力，3表示中性影响，4表示有吸引力，5表示极有吸引力；对业务实力各因素而言，1表示极度竞争优势，2表示竞争劣势，3表示同竞争对手持平，4表示竞争优势，5表示极度竞争优势。

2. 依据GE矩阵得出的战略组合

从图9-4可以看出，第一行的三格所代表的三项业务一般处于行业吸引力较大、竞争力较强的境地，不仅行业有发展前景，而且自身还有经营实力，一般可采取优先投资战略，以促进其进一步发展，为企业创造更多的收益。

第三行的三格所代表的三项业务处于行业吸引力低且竞争力不强甚至很差的境地，一般应采取不投资战略。对还有利润的业务，应采取逐步回收资金的抽资转向战略。对不盈利又占资金的业务，应采用放弃或清算战略。

左下角到右上角这条对角线上的三格所代表的三项业务总的形势处于中间。有的行业吸引力不大，处于成熟或饱和阶段甚至衰退阶段，但实力在同行中却很强；有的在同行中实力不强或很弱，但所处的行业却有前景或吸引力；有的所处行业吸引力及在行业中实力皆处于中间状态。对这三类业务应有分析、有选择地进行投资，作为次优投资对象；对于经过分析确定能为企业带来收益的业务应投资扶持；其余的应抽资转向或退出。

图9-5是针对GE矩阵中每个模块企业可以对相应产品作出处理的方法和建议。当然，每一个企业都有自身所面临的具体环境，在分析的时候需要灵活调整，这样才能够帮助企业自身得到长期的发展。

业务实力

	强	中	弱
大	尽量扩大投资谋求主导地位	市场细分以追求主导地位	专门化，采取购并策略
中	选择细分市场大力投入	选择细分市场专门化	专门化，谋求小块市场份额
小	维持地位	减少投资	集中于竞争对手盈利业务，或放弃

（行业吸引力）

图9-5 依据GE矩阵得出的战略组合

第三节 战略选择的注意事项

一、战略选择的影响因素

战略选择会对企业的未来产生重大的影响，因而这一决策必须是非常慎重的。在实际工作中，企业管理者往往在对各项可能的战略进行全面评价以后，发现有多种方案都是可以选择的，在这种情况下，一些因素会对最后的决策产生影响，这些因素在不同的企业和不同的环境中的影响作用是不同的，了解这些因素对企业管理者制定合适的战略方案来说是非常必要的。总的来说，战略选择的影响因素有以下六种。

1. 企业过去的战略

对大多数企业来说，过去的战略常常被当成战略选择过程的起点，但结果是，进入考虑范围的战略数量会受到企业过去战略的限制。由于企业管理者是过去战略的制定者和执行者，因此，他们常常不倾向于改动这些既定的战略，这就要求企业在必要时撤换某些管理人员，以削弱失败的战略对企业未来战略的影响。

2. 企业管理者对风险的态度

企业管理者对风险的态度影响着企业战略态势的选择。风险承担者一般采取进攻性的战略，以便在被迫对环境的变化作出反应之前作出主动的反应。风险回避者一般采取一种防御性战略，只有环境迫使他们作出反应时才不得不这样做。风险回避者相对来说更注重过去的战略，而风险承担者则有更为广泛的选择。

3. 企业对外部环境的依赖性

企业的生存总是会受到股东、竞争者、客户、政府、行业协会和社会的影响。企业对这些环境力量中的一个或多个因素的依赖程度也影响着企业战略的选择。对环境的较高的依赖程度通常会减少企业在其战略选择过程中的灵活性。此外，当企业对外部环境的依赖性特别大时，企业通常不得不邀请外部环境中的代表参加企业战略的选择。

4. 企业文化和内部权势关系

任何企业都存在着或强或弱的文化。企业文化和战略选择是一个动态平衡、相互影响的过程。企业在选择战略时，不可避免地要受到企业文化的影响。企业未来战略的选择以及能否成功实施都需要充分考虑现有企业文化和未来预期的企业文化之间能否相互包容和相互促进。另一方面，企业中总存在着一些非正式的组织。由于种种原因，某些组织成员会支持某些战略，反对另一些战略。这些成员的看法有时甚至能够影响战略的选择，因此在现实的企业中，战略的决策或多或少都会打上企业文化的烙印。

5. 时期性

时期性指进行战略选择前的时间限制。时间限制的压力不仅减少了能够考虑的战略方案的数量，而且也限制了可以用于评价的方案的信息和数量。有研究表明，在时间限制的压力下，人们倾向于把否定的因素看得比肯定的因素更重要，因而往往采取更加具有防御性的战略。时期性还包括战略规划期的长短，即战略的时期着眼点。战略规划期长，则外界环境的预测相对复杂，因而在进行战略选择时的不确定性因素更多，这会使战略方案决策的复杂性大大增加。

6. 竞争者的反应

企业在进行战略选择时，还必须分析和预计竞争对手对本企业不同战略方案的反应，企业必须对竞争对手的反击能力作出恰当的估计。在寡头垄断的市场结构中，或者市场上存在着一个极为强大的竞争者时，竞争者的反应对战略选择的影响更为重要。

二、战略选择的标准

战略选择的标准主要有适用性、可行性和可接受性三个。它们之间有密切的联系，也有一定的区别。

1. 适用性

所谓适用性，用来评估所提出的战略对企业所处环境的适应程度以及与其自身资源的匹配性，以及它能否保持或加强企业的竞争地位。换句话说，一个适用的企业战略应该保持企业目标、内部资源与外部环境的一致性，这种一致性是战略选择时的首要标准。

2. 可行性

可行性指企业有能力实施既定战略。可行性战略的特征，是企业依靠当前的资源和能力就可实施且能达到既定目标。在评价战略的可行性时，需要注意以下问题：是否有足够的物力和财力支持实施该战略？是否具有有效竞争的技术和手段？是否能够保证获得所需要的管理能力？是否有能力达到所要求的经营水平？是否能够取得所需要的相对竞争地位？是否有能力处理竞争性活动？当环境突然变化时，是否有能力处理危机事件？

3. 可接受性

可接受性指战略目标和途径，与企业成员和利益相关者的期望能够较好地衔接。由于企业成员的利益差异，一些人认为可接受的战略，对另外一些人可能是不可接受的，尤其是在两者期望相矛盾的情况下，会导致冲突，使战略无法实施。在评估战略的可接受性时，要充分考虑企业各个利益相关者的态度。

三、战略选择的陷阱

1. 对竞争环境的错误判断

许多企业会错误地认识和判断竞争环境中所发生的变化。尽管它们中有不少曾占据行业领先地位，但它们忽视或误解了竞争环境中变化的征兆，最后导致自身的竞争优势遭受严重侵蚀。企业要避免误判竞争环境，首先需要培育一种对环境变化敏感的企业文化。正如葛洛夫所言，这是一个"只有偏执狂者才能生存"的年代。在对竞争环境分析时，必须正确定义企业的竞争空间，不能只局限于现有竞争者，必须将潜在和新生的竞争者纳入视野。另外，必须构建一个行之有效的竞争信息系统，保证相关信息在组织内部的畅通，并使其能得到妥善的处置，能为经营战略的正确制定提供可靠有效的信息平台。

2. 有失偏颇的假设前提

有些企业将自己的战略建立在一系列错误的前提条件之上，或者没有随着环境条件的变化而更新战略决策的前提假设。人们常言的"好药看错病"指的就是此类现象。企业要摆脱这种困境，必须时时对自己习以为常的一些假设、前提和理念进行缜密验证。一些被认为理所当然的前提假设往往不经推敲便被采用，由此而来的企业经营策略潜藏着极大的风险。另外，所有的前提假设应该有很强的一致性，在总体战略框架内彼此能相互印证。同时，可以按照对于企业经营战略的重要性的差异，将不同的前提假设分门别类地加以区分。对于各种前提假设，随着时间的推移和环境的演变，一定要重新界定以确保它们的有效性。

3. 竞争优势的自我削弱

采用一成不变的企业战略，或者用静止的观点来看待战略，会导致企业不能适应外部环境的变化，企业一时的强势不能成功地转化为可持续的竞争优势，在市场竞争中难免落后。对此，企业管理者必须树立一种全局和动态的意识，把企业活动建立在流程的基础上，注意力集中在企业的价值链上，拓展企业活动的范畴，对于企业价值链的每个环节相对于竞争对手的优劣，必须洞若观火，并围绕价值链以多种形式创造价值。企业管理者还应该整合企业的各种增值活动，注重竞争环境的动态进程，以创新方式为企业增添独特价值。只有这样，企业才能在市场上保有可持续的竞争优势。

4. 盲目扩张自损价值

企业盲目进入一些自己并不擅长的业务领域，所造成的结果经常是得不偿失的，反而削减了企业的价值基础。要使多元化经营有所建树，必须时刻紧扣企业的核心竞争能力。企业的核心竞争能力是企业在市场中的立足之本，是企业竞争优势的源泉。所以在企业多元化的进程中，务必使新的业务领域得到企业核心竞争能力的有力支持，并在市场上转化为相应的竞争优势，这样才能获取多元化经营中的协同效应。从企业价值链的角度出发，新的业务能否成为整个企业现有价值链的自然延伸或有效补充，应该成为多元化经营决策时的重要砝码。

5. 受制于组织结构

在传统的企业组织中，不同部门间泾渭分明，承担不同的职能和责任，而在企业战略的实施过程中，组织结构上的条块分割往往演变为难于逾越的障碍。因此，在传统的组织框架下，要跨越各个不同的职能部门，进而营建有效的协调整合体系，主导核心流程，几近蜀道之难。企业若要突破此类困境，需要对传统的组织结构进行脱胎换骨的改造，营造新颖的无边界的组织形态。在这里，同样需要沿用业务流程和价值链的概念和方法。首先要界定战略氛围，找出战略涉及的关键对象以及它们之间的相互关系，接着要设计相对应的组织结构，再就是在同一组织内和不同组织间实现协调和整合。只有树立明确的目标，进行有效沟通，并利用跨职能部门的组织机构，才能突破藩篱，使组织的各个部门运转自如。

6. 失控

企业失控通常有两个起因：一是企业盲目追求某些武断而刻板的目标；二是企业战略控制体系失衡，无法在企业文化、激励系统和行为规范三者之间达成平衡。传统的战略监控流程由三部分组成：制定战略并确定具体目标；实施战略；以既定目标为基准评估实际业绩。

失控会造成在战略制定和战略控制之间的时间延迟。企业通常可以应付一个较为平稳的竞争环境，而在一个多变的环境中就显得捉襟见肘，甚至失控。要使战略实施处于受控状态，企业必须使用"双环路"的监控体系，对目标本身也要进行实时评估。企业要在战略制定和战略控制间通过信息，在战略实施和战略控制间通过行为来完成整个战略的控制体系，并且要营建与企业战略目标一致的企业文化，完善相应的激励机制并建立行为准则。同时，企业必须要促使战略制定、战略实施和战略控制三者间保持协调一致，并确保它们能随着时间的推移适应外部环境的变化，由此保持组织在变革环境中不可或缺的灵活性。

7. 领导失效

在企业战略的实施过程中，强有力的领导对最终的成功起着至关重要的作用。不少企业的高层管理者要么刚愎自用，要么优柔寡断，对一些基本原则置若罔闻，无法提供在企业实现战略规划时亟需的强有力的领导才干，使企业往往陷于束手无策的尴尬境地，企业的战略规划也往往成为可望而不可即的空中楼阁。若要成功地领导企业达成企业战略目标，企业管理者必须在组织中创造变革的紧迫感，并果断地采取行动；必须塑造和传达企业的愿景规划，以及达成愿景规划的具体行动计划；同时要设定企业的奋斗目标，广泛授权给一线员工，使他们为实现企业战略目标奋力争先；另外，必须不断总结战略实施过程中的得失,使已经发生的有益变化制度化。只用这样,才能使企业上下同心同德,朝着既定的战略方向稳步迈进。

小 结

差距分析是指比较一家企业的最终目标与预期业绩之间的差距,并确定可以填补差距的方法。

SWOT 分析模型是用来确定企业自身的优势、劣势、机会和威胁,从而将企业战略与企业内部资源、外部环境有机结合起来。SWOT 分析模型主要适用于分析市场环境、竞争对手,制定企业战略。

BCG 矩阵主要关注多元化企业的业务组合问题,是对企业的战略业务单元进行业务组合分析的管理模型,其理论基础是产品生命周期理论,实质是通过优化业务组合实现企业现金流量的平衡。

GE 矩阵又称通用电器公司法、麦肯锡矩阵、九盒矩阵、行业吸引力矩阵,是由美国通用电气公司(GE)于 20 世纪 70 年代开发的投资组合分析方法。

练 习 题

一、单项选择题

1. 对企业外部环境和内部资源进行分析,从而找出二者最佳可行战略组合的一种分析工具是( )。

A. 阵政策指导矩阵   B. SWOT 分析模型

C. 优劣势分析   D. 波士顿矩阵

2. 在波士顿矩阵中,金牛型业务是指那些相对市场份额较( )而市场增长率较( )的业务。

A. 高、低   B. 高、高   C. 低、高   D. 低、低

3. 在 BCG 矩阵中,企业对瘦狗型业务实行的战略是( )。

A. 发展战略   B. 选择性投资战略

C. 撤退战略   D. 收获战略

二、简答题

1. 简述 SWOT 分析模型。

2. 简述 BCG 矩阵。

3. 简述 GE 矩阵。

三、案例分析

某一酒类经销公司经营 A、B、C、D、E、F、G 七个品牌的酒品,公司可用资金 50 万元。经对前半年的市场销售统计分析,发现:

(1) A、B 品牌业务量为总业务量的 70%,两个品牌的利润占到总利润的 75%,在本

地市场占主导地位。但这两个品牌是经营了几年的老品牌，从去年开始市场销售增长率已呈下降趋势，前半年甚至只能维持原来的业务量。

(2) C、D、E 三个品牌是新开辟的品牌。其中 C、D 两个品牌前半年表现抢眼，C 品牌销售额增长了 20%，D 品牌销售额增长了 18%，且在本区域内尚是独家经营。E 品牌是高档产品，利润率高，销售额增长也超过了 10%，但在本地竞争激烈，该品牌其他两家主要竞争对手所占市场率达到 70%，而该公司只占到 10%左右。

(3) F、G 两个品牌市场销售额下降严重，有被 C、D 品牌替代的趋势，且在竞争中处于下风，并出现了滞销和亏损现象。

讨论：结合波士顿矩阵，为该公司的经营业务单元提出相应的战略解决方案。

实 践 练 习

寻找一个你所了解的企业，尝试为其建立 SWOT 分析模型。

以小组为单位，搜集该企业的外部环境因素和内部资源因素，分析并建立 SWOT 分析模型。

要求：

1. 任课教师按照课程实训方案的要求及时进行实训的安排，在实训过程中给予学生必要的指导，并认真批改课程实训报告，给出学生实训成绩，按优、良、及格与不及格四个等级打分。

2. 各小组建立 SWOT 分析模型，尝试进行分析，并完成一份实训报告。

第四篇　战略实施与控制

天者，阴阳、寒暑、时制也；地者，远近、险易、广狭、死生也；将者，智、信、仁、勇、严也；法者，曲制、官道、主用也。

激水之疾，至于漂石者，势也；鸷鸟之疾，至于毁折者，节也。

——孙子兵法

穷则变，变则通，通则久。

——《周易·系辞下》

世易时移，变法宜矣。

——《吕氏春秋·察今》

第十章　企业战略实施与控制

 学习目标

(1) 理解战略实施的内涵。
(2) 理解战略实施的过程、原则、工作任务与模式。
(3) 理解企业战略变革的动因。
(4) 掌握企业战略变革的分类。

引例

惠普战略实施之变

随着网络经济时代的到来，人们的工作和生活方式发生了巨大的变化。全新、虚拟的网络世界，让许多传统的实体企业陷入迷茫。在互联网浪潮的冲击下，企业纷纷"触网"，急于披上互联网的外衣，令大部分传统企业无所适从。

面对新时代、新挑战，企业在互联网化转变过程中如何保留和发展独有的竞争优势？正在由 IT 企业向互联网化企业转变的惠普公司可谓是这方面的佼佼者。惠普大中国区经理孙振耀指出："互联网企业和传统企业的不同主要体现在创新、速度、弹性、执行能力这四个方面。其中以速度和弹性方面的差异最为明显。如果以 1～10 为评分标准，那么传统企业在速度和弹性方面的得分在 4～5 分之间，而互联网企业则可以取得 8～9 分。"

孙振耀解释说："当互联网本身成为企业工具的时候，可以带动企业在速度和弹性方面前进。我们认为互联网企业在速度和弹性方面比传统企业做得更好。因此，惠普改革理念的重点主要是放在速度和弹性方面，在创新和执行能力方面没有做出改变。"惠普希望通过改革开发惠普的潜能并光大惠普的传统，使公司具备处于当今市场所需的速度和弹性。

确立发展主轴

朝着这个改革方向，惠普公司提出了电子化服务战略，并以此为核心，调整和改革企业组织结构及工作程序、考核方式及奖励办法、公司文化及行为准则等三个方面。

"电子化服务的简单定义，"孙振耀讲道，"就是在网上的所有事物以及人们每天的工作流程都可以透过网络变成一种服务。这个服务可以帮助公司创造新的收入或降低成本。"电子化服务和电子商务主要的不同点在于：电子商务是把传统的业务用网络这种工具更有效地执行;而电子化服务则强调产生一种新的服务，创造新的收入。

孙振耀说："从战略上面来讲，我们认为过去我们在速度和弹性方面相对比较缓慢的原因是对整个互联网没有框架，使惠普战略呈发散型，客户没有整体观念。所以我们提出电子化服务战略，它主要强调给客户三个东西：不停运转的信息基础设施、在信息基础设施上不断创新和提供多样化的服务、设计制造生产享用这些服务的信息化终端。电子化服务的战略就是说这三个东西必须结合在一起，这个力量才会产生出来，惠普公司在过去是每一块都做得非常好，但因为没有一个框架把三部分结合起来，从而发挥不出这三大块的真正力量及优势。"

电子化服务战略是惠普的核心战略，同时也成为惠普发展的主轴，惠普将以这个概念来整合现有的产品线。以打印服务为例，孙振耀说："如果我们今天只是拿打印机到网上去卖，也许增加不了多少生意。它还是产品，主要只是方便了客户。但如果我不单单把它想作一个产品，而把它想作一种服务，就不一样了。假如你到南京出差，很想看北京的晚报，如果酒店里有一台惠普打印机，上面有 20 种各地报纸，你选择北京晚报，它就帮你印出一份和北京晚报一模一样的报纸。这就是打印服务。从这个服务观点来看，惠普公司全球市场占有率只有 3%，还有 97% 的市场仍然没有做。"而这种打印服务就是惠普将图像打印处理技术、开放式计算机系统、服务客户的方法这三项核心能力相结合的产物之一，不但有利于提升惠普的核心能力，还利于开辟新的市场。

打造竞争优势

核心能力是一个企业获得非凡业绩并促使企业不断成长的内在因素。它也是缔造企业竞争能力和竞争优势的基础。从总体上来看，孙振耀认为：创新、质量、管理是惠普的核心能力，尤其是惠普的创新文化。"随着互联网时代的到来，公司在这一段时间的研究里发现，我们最缺乏的就是把这些核心东西结合在一起，形成我们的竞争优势，"孙振耀说，"单打独斗还不足以让我们在市场上具有一定地位。我们希望通过电子化服务的观念，将所有核心能力结合在一起，形成新的竞争优势。"

惠普提出电子化服务战略就是要进一步发掘其核心能力，增进与战略合作伙伴的关系，从而推出开放实用的解决方案，通过建立扩展型企业，协助用户创造收益、提高生产率并增强自己的竞争能力。被称为互联网之王的思科和著名的信息技术企业甲骨文公司先后与惠普达成了金牌伙伴合作的关系，并对惠普的电子化战略给予了充分肯定。

在由 IT 企业向互联网企业转变的过程中，孙振耀最关注的是组织结构及工作程序、公司文化及行为准则。他认为改革的关键是要保留最佳部分，改革其余部分。就像惠普前总裁 Carly Fiorina 所说："保留惠普的精髓，就是我们的创造力、我们的核心价值观以及车库准则的精神，并对其余部分再创造。"她认为使互联网能够为人类服务的核心问题不是技术而是公司文化。

孙振耀在进一步阐述 Carly Fiorina 的观点时说："企业使用互联网技术所带来的最大冲击是信息管理问题。"科技的发展缩短了时空的距离，企业如果想通过计算机、通过网络实现对信息的跨时空、跨地域管理，要靠统一的价值观、统一的精神。孙振耀说："一个公司改革的过程会遇到各种困难，员工是否愿意跟着公司一起走过这段艰苦历程，使改革获得成功。文化本身非常重要。"

一直以拥有独特企业文化为傲的惠普，在实施互联网化改革过程中，如何让惠普之道焕发活力，为惠普在互联网速度竞争时代奠定成功的基石，是惠普改革中最引人注目的一项。

新的车库准则

惠普的企业文化，又称惠普之道，是由核心价值观、企业目标、经营策略和管理方式三部分构成。孙振耀指出：在改革的过程中惠普的核心价值观和企业目标没有发生变化。也就是说，惠普在改革其企业文化的过程中没有触动惠普之道这棵大树的树根和树干。

孙振耀说："我们提出一个新的要求，有 11 条新的行为准则，叫车库准则，这个准则也是惠普之道新的实现方法。"新的车库准则由惠普行政小组编写，它将新惠普与惠普创始人的精神和初衷结合在一起。

为了进一步阐明，孙振耀以惠普核心价值观第一条信任和尊重为例，说道："互相信任和互相尊重这是一个非常好的价值观。但如果这个价值观变为个人行为的一部分，如果做得不好，会产生一个负面。就是说，我做什么决定希望你也同意我也同意我们才做。如果你不同意的话，虽然我同意可是你不同意，这样我们就需要多花时间不断地讨论和沟通，致使决策速度变得很慢。所以，信任和尊重应该变成这样，不再是你同意我同意才可以做，而是说我相信你的专业能力。你做了决定我们就跟随你。我们相信别人可以做一个好的决定。这是一个新的行为准则，这也是惠普刚刚成立的时候，两位创始人所强调的东西。"这个新的实现方式有助于惠普在以速度竞争的网络经济时代里，对市场变化作出快速反应，避免因追求共识导致决策周期过长，错失市场良机。

倡导新型领导

当"新经济"在走一条全然不同于"旧经济"的道路时，企业的经营战略需要对应时代的变迁作出改变。在实施互联网化改革的过程中，惠普必须倡导新的领导方式进入互联网时代。

孙振耀说："过去掌握信息是一种权力，今天的企业真正进入互联网是把信息是一种权力转变成为信息是一种工具。如果你的组织结构和管理方法是建立在管理信息、掌握信息之上，将导致领导能力和方式发生很大转变。过去的领导方式是我掌握的信息比你多，所以我告诉你怎么去做。现在你知道的我也知道，我该怎么领导你？所以领导的能力和方式要做很大的改变。新一代的领导方式不再是掌握信息。信息只是一种工具每个人都可以享用。"因此，惠普倡导一种新的领导方式，这就是订立一个框架让员工自由发挥，在这个空间内员工想怎么发挥都可以，但不可以逾越这个空间。订立框架的实质性内容包括对员工的授权程度、资源支持度和评估员工表现的方式。

面对挑战和机遇并存的互联网化改革，员工的反应也有两方面：一方面惠普员工觉得自己被授权，负责空间、发挥空间变大。这是员工提高和发挥自身能力的很好机遇。但相对地，员工负责的产品内容和同事间的协调能力大幅提高。他们需要掌握新的技术、新的工作方法及新工具为客户提供更好的产品、服务和解决方案。孙振耀说："员工们希望公司设计新的业务流程，提高各部门的协作与支持，以便向客户提供好的整体解决方案。"

突破思维方式

针对中国传统企业向互联网化的发展，中国传统企业进入互联网之前必须要考虑以下两个问题：

(1) 互联网对提升企业竞争力有什么样的帮助？

(2) 互联网对公司内部管理和作业流程有什么样的影响？

孙振耀在和国内多家企业探讨的过程中发现，许多中国传统企业"触网"，仅仅是将自己的产品拿到互联网上去卖，并没有考虑到对企业竞争生存的环境做改善。互联网不仅仅可以做电子商务，在互联网上卖产品。中国的企业家应该不断尝试新领域，不断延伸和扩展服务的范围和内容。

和国外传统企业相比，中国传统企业文化在互联网化过程中有优势也有劣势。从优势上来看，孙振耀认为创业精神和管理弹性是中国传统企业在企业文化上的优势。另一方面，中国传统企业文化也有它的劣势和不足。孙振耀说："当利用互联网技术时候，相对来讲，中国企业的视野不够宽。更多的是看到别人在做，所以自己才去做，没有系统化的思考。没有思考怎么做得更好，别人怎么做，我就怎么做。"

企业如何审时度势，结合实际情况向互联网企业转变，是企业未来在互联网竞争中获得竞争优势的关键。相对于那些在互联网化中云中漫步的企业，惠普结合传统，发扬企业文化，提升核心能力的互联网化改革显然有走在地上的踏实感。

(资料来源：《惠普转变之道》(wenku.baidu.com))

思考：惠普战略实施的支撑条件有哪些？为什么要变革？

第一节　企业战略实施

一、战略实施的内涵

战略思想只有转化为战略行动，才能发挥其作用和价值。企业在制定并选择战略之后，战略管理就进入到另一个重要的环节——战略实施。战略实施是指为实现战略目标，将制定出来的战略计划或战略方案付诸于实际行动的过程。

战略实施是为实现企业战略目标而对战略方案的落实。企业在明晰战略目标后，就必须专注于如何将其落实转化为实际的行为并确保实现。成功的战略制定并不能保证战略的成功执行，实际上战略实施要比战略制定面临的不确定性因素和困难更多。

战略实施是一个自上而下的动态管理过程。"自上而下"主要是指战略目标在公司高层达成一致后，再向中下层传达，并在各项工作中得以分解、落实。"动态"主要是指战略实施的过程中，常常需要在"分析—决策—执行—反馈—再分析—再决策—再执行"的不断循环中达成战略目标。

战略实施是一个有机的过程。战略实施需要在企业组织架构下，通过组织协作，发挥"1+1>2"的协同效应，从而更有效地实现企业的战略意图。企业战略意图的实现，需要技术研发、生产、营销、财务、人力资源等各个职能部门之间的密切配合，在企业内部价值链进行强有力地整合，并与外部的产业价值链保持高度一致性。

二、战略实施的过程

经营战略在尚未执行之前只是纸上的或人们头脑中的东西，而企业战略的执行是战略管理过程的行动阶段，因此，它比战略的制定更加重要。战略实施的过程可以划分为四个相互联系的阶段。

1. 战略发动阶段

在这一阶段，企业的领导人要研究如何将企业战略的理想变为企业大多数员工的实际行动，调动起大多数员工实现新战略的积极性和主动性。这就要求对企业管理人员和员工进行培训，向他们灌输新的思想、新的观念，提出新的口号和新的概念，消除一些不利于战略实施的旧观念和旧思想，使大多数人逐步接受这种新的战略。对于一个新的战略，在开始执行时，相当多的人会产生各种疑虑，而一个新战略往往要将人们引入一个全新的境界，如果员工们对新战略没有充分地认识和理解，就不会得到大多数员工的充分拥护和支持。因此，战略的执行是一个发动广大员工的过程，要向广大员工讲清楚企业内外环境的变化给企业带来的机遇和挑战；旧战略存在的各种弊端；新战略的优点以及存在的风险等，使大多数员工能够认清形势，认识到战略实施的必要性和迫切性，树立信心，打消疑虑，为实现新战略的美好前途而努力奋斗。在发动员工的过程中，要努力争取战略关键执行人员的理解和支持，企业的领导人要考虑机构和人员的认识调整问题，以扫清战略实施的障碍。

2. 战略计划阶段

在这一阶段，企业将经营战略分解为若干个战略实施阶段，每个战略实施阶段都有分阶段的目标、政策措施、部门策略以及相应的方针等；要制定出分阶段目标的时间表；要对各分阶段目标进行统筹规划、全面安排，并注意各个阶段之间的衔接，对于远期阶段的目标方针可以概括一些，但是对于近期阶段的目标方针则应尽量详细一些。在战略实施的第一阶段，新战略与旧战略应该有很好的衔接，以减少阻力和摩擦，第一阶段的分目标及计划应该更加具体化和可操作化，应该制定年度目标、部门策略、方针与沟通等措施，使战略最大限度地具体化，并且使其可变成企业各个部门可以具体操作的业务。

3. 战略运作阶段

企业战略的执行运作主要与下面六项因素有关，即各级领导人员的素质和价值观念；企业的组织机构；企业文化；资源结构与分配；信息沟通；控制及激励制度。企业通过分析这六项因素使战略真正进入到企业的日常生产经营活动中去，成为制度化的工作内容。

4. 战略控制与评估阶段

战略是在变化的环境中实践的，企业只有加强对战略实施过程的控制与评价，才能适应环境的变化，完成战略任务。这一阶段主要是通过建立控制系统监控绩效、评估偏差制和及纠正偏差三个方面。

三、战略实施的原则

企业在战略的执行过程中，常常会遇到许多在战略制定时没估计到或者不可能完全估计到的问题，为了保证战略的有效执行，以下三个基本原则可以作为企业战略实施的基本依据。

1. 合理性原则

由于认知能力和各种资源的限制，企业所采取的战略决策方案往往不是最优的，而是满意即可。在战略实施的过程中，企业外部环境及内部条件的变化较大，情况比较复杂。因此，只要在主要的战略目标上基本达到了预定的目标，就认为这一战略的制定及实施是成功的。战略的实施过程不是一个简单、机械的执行过程，而是一个需要执行人员根据当时、当地情况进行合理革新、积极创造的过程。

此外，企业的经营目标总是要通过一定的组织机构分工实施，把庞大而复杂的总体战略分解为具体的、较为简单的、易于管理和控制的分战略，由企业内部各部门、各基层组织分工去贯彻和实施。组织结构是为适应企业经营战略的需要而建立的，一个组织的建立不可避免地要形成自己所关注的利益，这种利益在各组织之间以及企业整体利益之间时常会发生一些冲突，企业的高层管理者要做的工作是解决这些冲突，保证组织的协调运行。只要不损害总体目标和战略的实现，适度的妥协和忍让是可以接受的，即在战略实施中要遵循适度的合理性原则。

2. 统一领导原则

企业的高层管理者深刻了解企业的经营战略，他们掌握的信息更全面，对战略资源的关系了解更多，因此，战略的实施应当由高层管理者统一领导、统一指挥。这样，资源的分配、组织结构的调整以及信息的沟通等各方面才能相互协调，企业的战略目标才可以有成效地实现。

统一领导原则要求企业的每个部门只接受一个直线上司的命令。在战略实施中遇到问题，若能在小范围、低层次解决，就不要放到更大范围、更高层次去解决。这样做所付出的代价最小，因为越高的层次涉及的需要调整的方面越多，关系也越复杂。

3. 权变原则

企业战略的制定是基于对一定的宏观和微观环境条件的假设，因而在战略实施过程中环境的变化与假定的情况不一致是很常见的，权变原则就是应对这一问题而提出的。对于可控环境的变化，战略的调整要及时；对于不可控的环境变化，甚至需要重新考虑战略的方案。在可控的范围时，企业战略的实施方案应该随着环境的变化而进行相应调整。

权变原则应当贯穿于战略实施的全过程。从战略的制定到战略的实施，权变原则要求识别出战略实施中的关键变量，并对它作出灵敏度分析，根据关键变量的变化范围调整战略，并准备相应的替代方案。

四、战略实施的工作任务

尽管每个企业的具体情况不同，企业战略实施的方法措施也各异，但是，一般而言，企业战略实施所涉及的各项基础性工作任务和步骤大同小异，主要体现以下八个方面。

(1) 建立一个高效率的与战略相适应的组织结构。

(2) 合理预算和规划资源，保证企业价值活动各个环节有充足的资源投入。

(3) 建立适应战略实施的各种政策和程序。

(4) 不断提高价值链各个环节的运营水平。

(5) 建立有效的信息交流、处理系统，使各级管理者能恰当地承担战略实施中的角色。

(6) 建立符合战略目标和促进战略实施的绩效管理制度和薪酬体系。

(7) 创造一种有利于战略推进的企业文化氛围。

(8) 发挥领导作用，努力提高战略实施水平。

以上战略实施的八项主要任务如图 10-1 所示。

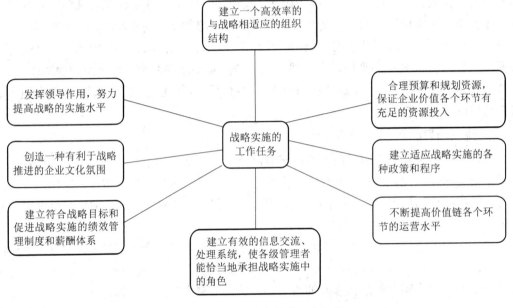

图 10-1　企业战略实施的工作任务

五、战略实施的模式

1. 指挥型

在这种模式下，企业总经理考虑的是如何制定一个最佳战略的问题。在实践中，计划人员要向企业总经理提交企业经营战略的报告，企业总经理看后给出结论，确定战略之后，向高层管理人员宣布企业战略，下层管理人员执行战略。

这种模式的运用主要有以下约束条件：

(1) 企业总经理富有较高的权威，通过发布各种指令来推动战略的实施。

(2) 只能在战略比较容易执行的条件下运用。这就要求战略制定者与战略实施者的目标较为一致，战略对企业现行运作系统不会构成威胁；企业组织结构一般都是高度集权的体制，企业环境稳定，能够集中大量的信息，多种经营程度较低，企业处于强有力的竞争地位，资源较为宽松。

(3) 要求企业能够准确有效地收集信息并能及时汇总到企业总经理的手中。因此，这种模式对信息条件要求较高，不适应高速变化的环境。

(4) 要有较为客观的规划人员。因为在权力分散的企业中，各事业部常常因为强调自身的利益而影响企业总体战略的合理性。因此，企业需要配备一定数量的有全局眼光的规划人员来协调各事业部的计划，使其更加符合企业的总体要求。

这种模式的缺点是把战略制定者与执行者分开，即高层管理人员制定战略，下层管理人员执行战略。因此，下层管理人员缺少执行战略的动力和创造精神，甚至会拒绝执行战略。

2. 变革型

在这种模式下，企业总经理考虑的是如何执行企业战略。在战略实施中，企业总经理本人或在其他方面的帮助下需要对企业进行系列的变革，如建立新的组织机构、新的信息系统，变更人事，甚至是兼并或合并经营业务，采用激励手段和控制系统以促进战略的执行等。为进一步增强战略成功的机会，企业战略领导者往往采用以下三种方法：

(1) 利用新的组织机构和参谋人员向全体员工传递新战略。

(2) 建立战略规划系统、效益评价系统，采用各项激励政策以便支持战略的执行。

(3) 充分调动企业内部人员的积极性，争取各部分人员对战略的支持，以此来保证企业战略的执行。

这种模式在许多企业中比指挥型更加有效，但这种模式并没有解决指挥型存在的如何获得准确的信息，各事业单位及个人利益对战略实施的动力等问题，而且还产生了新的问题，即企业通过建立新的组织机构及控制系统来支持战略实施的同时，一定程度上也造成了战略的刚性，在外界环境变化时使战略的变化更为困难，从长远观点来看，环境存在不确定性的企业应该避免采用变革型模式。

3. 合作型

在这种模式下，企业总经理考虑的是如何让其他高层管理人员从战略实施开始就承担有关的战略责任。企业总经理要和企业其他高层管理人员一起对企业战略问题进行充分的讨论，形成较为一致的意见，制定出相应的战略，再进一步落实和贯彻战略，使每个高层管理者都能够在战略制定及执行的过程中做出各自的贡献。

协调高层管理人员的形式多种多样，如有的企业成立有各职能部门领导参加的"战略研究小组"，专门收集在战略问题上的不同观点，并进行研究分析，在统一认识的基础上制定出战略实施的具体措施等。企业总经理的任务是要组织好一支合格胜任的制定及执行战略的管理人员队伍，并使他们能够很好地合作。

合作型模式克服了指挥型模式及变革型模式存在的两大局限性，即企业总经理能够接近一线管理人员，从而获得比较准确的信息；同时，由于战略的制定是建立在集体考虑的基础上的，从而提高了战略实施成功的可能性。

该模式的缺点是由于战略是不同观点、不同目的的参与者相互协商折中的产物，有可能会使战略的经济合理性有所下降，同时，仍然存在战略制定者与战略执行者的区别，不能充分体现全体管理人员的智慧和积极性。

4. 文化型

在这种模式下，企业总经理考虑的是如何动员全体员工都参与战略实施的活动，即企业总经理运用企业文化的手段，不断向企业全体成员灌输战略思想，建立共同的价值观和行为准则，使所有成员在共同的文化基础上参与战略的执行活动。由于这种模式打破了战略制定者与战略执行者的界限，力图使每一个员工都参与制定和执行企业战略，因此，使企业各部分人员都在共同的战略目标下工作，使企业战略实施迅速、风险小，行业发展迅速。

文化型模式也有局限性，具体表现在以下三个方面：

(1) 这种模式是建立在企业职工都是有学识的假设基础上的，但在实践中，企业职工很难达到这种学识程度，受文化程度及素质的限制，一般职工(尤其在劳动密集型企业中的职工)对企业战略制定的参与程度受到限制。

(2) 极为强烈的企业文化，可能会掩饰企业中存在的某些问题，企业也要为此付出代价。

(3) 采用这种模式需要耗费较多的人力和时间，而且还可能因为企业高层管理者不愿意放弃其控制权，从而使企业职工参与战略的制定及执行流于形式。

5. 民主型

在这种模式下，企业总经理考虑的是如何激励下层管理人员制定、执行战略的积极性及主动性，为实现企业战略目标而奋斗，即企业总经理要认真对待下层管理人员提出的一切有利企业发展的方案，只要方案基本可行，符合企业战略发展方向，在与下层管理人员探讨解决方案中的具体问题后，应及时批准，以鼓励员工的首创精神。采用这种模式，企业战略不是自上而下的推行，而是自下而上的产生，因此，企业总经理应该具有以下的认识：

(1) 企业总经理不可能控制所有的重大机会和威胁，有必要给下层管理人员以宽松的环境，鼓励他们集中精力从事有利于企业发展的经营决策。

(2) 企业总经理只有在充分调动下层管理人员工作积极性的前提下，才能正确地制定和执行战略，一个稍微逊色的但能够得到人们广泛支持的战略，要比"最佳"却根本得不到员工热心支持的战略有价值得多。

(3) 企业战略是集体智慧的结晶，依靠某一个人很难制定出正确的战略。因此，企业总经理应该坚持发挥集体智慧的作用，并努力减少集体决策的各种不利因素。

在 20 世纪 60 年代以前，企业界认为管理需要绝对的权威，这种情况下，指挥型模式是必要的。20 世纪 60 年代，钱德勒的研究结果指出，为了有效地执行战略，需要调整企业组织结构，这样就出现了变革型模式。合作型、文化型及民主型三种模式出现较晚，但从这三种模式中可以看出，战略的执行充满了矛盾和问题，在战略实施过程中只有调动各种积极因素，才能使战略获得成功。

上述五种战略实施模式在制定和执行战略上的侧重点不同，指挥型和合作型模式更侧重于战略的制定，而把战略实施作为事后行为，而文化型及民主型模式则更多地考虑战略实施问题。实际上，在企业中，上述五种模式往往是交叉或交错使用的。

在实践中，美国学者提出了 7-S 模型，如图 10-2 所示。7-S 模型强调在战略实施的过程中，要考虑企业整个系统的状况，既要考虑企业的战略、结构和体制三个硬要素，又要考虑作风、人员、技能和共同的价值观四个软要素，企业只有协调好这七个要素相互之间的关系，企业战略才能够获得成功。

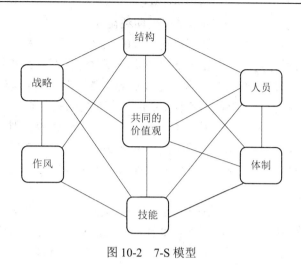

图 10-2　7-S 模型

第二节　企业战略控制

一、战略控制的含义及特征

1. 战略控制的含义

战略控制是指在战略实施过程中，根据企业内外部环境的变化，检查企业战略的根据与基础，检查企业为达到目标所进行的各项活动的进展情况，评估战略实施后企业的绩效，把它与预定的战略目标和绩效标准相比较，发现战略差距，纠正偏差，使企业战略的实施更好地与企业当前所处的内外环境、企业目标协调一致，使企业战略得以实现。

2. 战略控制的特征

战略控制是战略实施过程中的关键环节，其特征主要表现为对战略控制的一些基本要求，具体如下。

(1) 适宜性。判断企业战略是否适宜，首先要看这个战略是否具有实现企业既定的财务和其他目标的良好的前景。因此，适宜的战略应处于企业希望经营的领域，必须具有与企业哲学相协调的文化，如果可能的话，必须建立在企业优势的基础上，或者以某种人们可能确认的方式弥补企业现有的缺陷。

(2) 可行性。可行性是指企业一旦选定了战略，就必须认真考虑企业能否成功的实施企业战略，企业是否具有足够的财力、人力或者其他资源、技能、技术、诀窍和组织优势。换言之，企业是否具有有效实施战略的核心能力。如果在可行性上存在疑问，企业需要将战略研究的范围扩大，通过与能够提供所缺乏的资源或能力的其他公司或者金融机构合并等方式达到可行的目的。特别是企业管理层必须确定实施战略要采取的初始的实际步骤。

(3) 可接受性。可接受性强调与企业利害相关的人员，是否对推荐的战略非常满意，并且给予支持。一般来说，企业越大，对企业有利害关系的人员就越多。要得到所有的利害相关者的支持是不可能的，所推荐的战略必须经过最主要的利害相关者的同意，而在战略被采纳之前，必须充分考虑其他利害相关者的反对意见。

(4) 整体利益和局部利益、长期利益和短期利益的不一致性。企业的整体是由局部构成的。从理论上讲，整体利益和局部利益是一致的，但在具体问题上，整体利益和局部利益可能存在着一定的不一致性。企业战略控制就是要对这些不一致性的冲突进行调节，如果把战略控制仅仅看作是种单纯的技术、管理业务工作，就不可能取得预期的控制效果。

(5) 多样性和不确定性。战略具有不确定性。企业战略只是一个方向，其目的是明确而具体的，但其过程可能是完全没有规律、没有效率和不合理的。因此，战略就具有多样性。同时，虽然经营战略是明确的、稳定的、具有权威的，但在实施过程中由于环境变化，战略必须适时地调整和修正，必须因时因地地提出具体控制措施，这就是说战略控制具有多样性和不确定性。

(6) 弹性和伸缩性。战略控制中如果过度控制，频繁干预，容易引起消极反应。针对各种矛盾和问题，战略控制有时需要认真处理，严格控制，有时则需要适度的、弹性的控制。只要能保持与战略目标的一致性，就可以有较大的回旋的余地，因而战略具有伸缩性。所以，在战略控制中只要能保持正确的战略方向，尽可能减少干预，尽可能多地授权下属在自己的范围内解决问题，对小范围、低层次的问题不要在大范围、高层次上解决，反而能够取得有效的控制。

二、战略控制层次

1. 战略控制层次

战略控制层次是指由于制定各种战略，控制人员在企业中处于不同位置而产生的战略控制分级。一般可以分为战略控制、战术控制与作业控制三个层次。

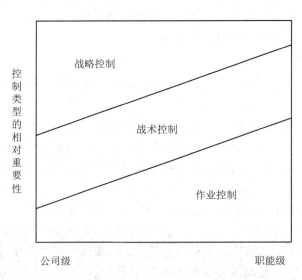

图 10-3　战略控制层次图

战略控制是指涉及企业内外部环境关系的基本战略方向的控制，它从企业总体考虑，着重于长期(1 年以上)业绩；战术控制主要处理战略规划实施过程中的局部、短期性问题，着重于短期(1 年以下)业绩；作业控制则是处理近期活动，考虑近期(如月度、季度)业绩，如日常的产品质量控制。

2. 战略控制与作业控制的联系与区别

1) 战略控制与作业控制的联系

作业控制对象是由战略落实而制定的年度计划乃至更短期的计划，这些计划的实现是战略实现的条件，所以两种控制的终极目标是一致的。在作业控制中，同样可能发现战略是否需要变革的问题，这就同战略控制结合进来了。

2) 战略控制与作业控制的区别

战略控制关注的是长远性的战略和目标能否实现，是否需要变革；作业控制则关注的是年度计划乃至更短期的季度、月度计划目标能否实现，是否需要变革。战略控制的目的是保证企业的基本方向和战略的适宜性，及时改变不适宜的战略；作业控制则是对企业生产经营、业务活动的控制，要求及时纠正不合理的活动。战略控制是对企业外部环境条件和内部环境条件的连续监测，主要由战略调研部门提供所需信息；作业控制则侧重对企业生产经营、业务活动的连续监测，主要由会计、统计等核算部门提供所需信息。

三、战略控制的分类

战略控制依照不同的分类标准，可以分为不同的类型。

1. 从控制时间分类

从控制时间来看，战略控制可以分为事前控制、事中控制和事后控制三类。

(1) 事前控制。在战略实施之前，要设计好正确有效的战略计划，该计划要得到企业高层领导者的批准后才能执行，其中有关重大的经营活动必须通过企业高层领导者的批准同意才能开始实施，所批准的内容往往也就成为考核经营活动绩效的控制标准，事前控制多用于重大问题的控制，如任命重要的人员、签订重大合同、购置重大设备等。

事前控制是在战略行动成果尚未实现之前，通过预测发现战略行动的结果可能会偏离既定的标准。因此，管理者必须对预测因素进行分析与研究。一般有三种类型的预测因素：① 投入因素，即战略实施投入因素的种类、数量和质量，将影响产出的结果；② 早期成果因素，即依据早期的成果，预见未来的结果；③ 外部环境和内部条件的变化，即对战略实施的控制因素。

(2) 事中控制。事中控制即过程控制，又可以称为随时控制，是指企业高层领导者要控制企业战略实施中的关键性的过程或全过程，随时采取控制措施，纠正实施中产生的偏差，引导企业沿着战略的方向进行经营，事中控制主要是对关键性的战略措施进行控制。

(3) 事后控制。这种控制方式发生在企业的经营活动之后。事后控制工作的重点是要明确战略控制的程序和标准，把日常的控制工作交由职能部门人员去做，即在战略计划部分实施之后，将实施结果与原计划标准相比较，由企业职能部门及各事业部定期将战略实施结果向企业高层领导者汇报，由领导者决定是否有必要采取纠正措施。

事后控制的具体操作主要有联系行为和目标导向等形式。

联系行为，即对员工战略行为的评价与控制直接同其工作行为联系挂钩。这种形式比较容易让员工接受，并能明确战略行动的努力方向，使个人的行动导向和企业经营战略导向接轨；同时，通过行动评价的反馈信息修正战略实施行动，使之更加符合战略的要求；通过行动评价实行合理的分配，从而强化员工的战略意识。

目标导向，即让员工参与战略行动目标的制定和工作业绩的评价，这样既可以看到个人行为对实现战略目标的作用和意义，又可以从工作业绩的评价中看到成绩与不足，从中得到肯定和鼓励，为战略推进增添动力。

2. 从控制主体的状态分类

从控制主体的状态来看，战略控制可以分为避免型控制和开关型控制。

(1) 避免型控制。采用适当的手段，使不适当的行为没有产生的机会，从而达到不需要控制的目的。如通过自动化使工作的稳定性得以保持，按照企业的目标正确地工作；通过与外部组织共担风险，减少控制；转移或放弃某项活动，以此来消除有关的控制活动。

(2) 开关型控制。开关型控制又称为事中控制或行与不行的控制。其原理是在战略实施的过程中，按照既定的标准检查战略行动，确定行与不行，类似于开关的开与止。

开关型控制的具体操作方式有三种。

① 直接领导。管理者对活动进行直接领导和指挥，发现差错及时纠正，使其行为符合既定标准。

② 自我调节。执行者通过非正式的、平等的沟通，按照既定的标准自行调节自己的行为，以便和协作者配合默契。

③ 共同愿景。组织成员对目标、战略宗旨认识一致，在战略行动中表现出一定的方向性、使命感，从而殊途同归，实现目标。

开关控制法一般适用于实施过程标准化的战略实施控制，或某些过程标准化的战略项目的实施控制。

3. 从控制的切入点分类

从控制的切入点来看，企业战略控制可以分为财务控制、生产控制、销售规模控制、质量控制和成本控制。

(1) 财务控制。财务控制覆盖面广，是用途极广的非常重要的控制方式，包括预算控制和成本控制。

(2) 生产控制。生产控制即对企业产品品种、数量、质量、成本、交货期及服务等方面的控制，可以分为产前控制、过程控制及产后控制等。

(3) 销售规模控制。销售规模太小会影响经济效益，太大会占用较多的资金，也影响经济效益，为此要对销售规模进行控制。

(4) 质量控制。质量控制包括对企业工作质量和产品质量的控制。企业工作质量不仅包括生产工作的质量，还包括领导工作、设计工作、信息工作等一系列非生产工作的质量。因此，质量控制的范围包括生产过程和非生产过程的其他一切控制过程。质量控制是动态的，着眼于事前和未来的质量控制，其难点在于全员质量意识的形成。

(5) 成本控制。企业一般通过成本控制使各项费用降低到最低水平，从而达到提高经济效益的目的。成本控制不仅包括对生产、销售、设计、储备等有形费用的控制，而且还包括对会议、领导、时间等无形费用的控制。在成本控制中，企业要建立各种费用的开支范围、开支标准并严格执行，要事先进行成本预算等工作。成本控制的难点在于企业中大多数部门和单位是非独立核算的，因此缺乏成本意识。

四、影响战略控制实施的主要因素

在制定和实施控制战略的过程中，必须同时考虑现有的定量分析因素、信息上的缺陷因素、不确定性因素、不可知的因素以及人类心理因素等。在这些因素中，有一些是企业内部的特点，正是这些特点才使同一行业中的各个公司有所差异。另一些因素由于受到行业性质和环境的制约，使一个行业中的企业战略较为相似。无论何种行业，尽管各种因素的影响力度不同，但影响战略控制的因素可以归为三类：需求和市场、资源和能力、组织和文化。这三类因素在现代企业中呈现如下趋势。

(1) 重视质量、价值和顾客满意。不同的需求驱动因素(如便利、地位、风格、属性、服务等)在不同的时间和地点扮演了不同的角色。现代的顾客在做出购买决策时更加重视产品的质量和价值。一些卓有成效的公司致力于提高产品质量，同时降低生产成本。这些公司的指导思想是持续不断地用更少的成本提供更多的东西。

(2) 重视关系建设和竞争导向。现代企业关注于培养顾客的忠诚度，它们从交易过程转向关系建设，和企业的关联者保持和谐融洽的关系。

(3) 重视业务流程管理和整合业务功能。现代企业通过组成跨部门的工作团体，从管理一系列各自为政的部门转向管理一系列的基本业务流程。

(4) 重视全球导向和区域规划。现代企业的边界日益扩张，无国界经营成为发展潮流。当企业进入国外市场时，必须转变传统风气去适应当地的影响力量。企业必须从全球化的角度进行战略思考，同时战略计划的实施要根据具体区域或本土化特点执行。

(5) 重视战略联盟和网络组织。企业全球化使其所面临的经营环境更加复杂，竞争更加激烈，原有的资源优势或能力也会出现缩水或失效的可能性。企业要认识到和其他组织进行合作的必要性和重要性，企业高层管理者要把越来越多的时间用于设计战略联盟和网络组织，以此形成竞争优势。

(6) 重视权势架构及其影响。任何组织都存在利用权势实现个人或集团利益的现象，在许多时候，企业的战略决策就是由权势决定的。现代企业面临的复杂环境决定了人们在目标、价值观念、利害关系、职责和认识上的分歧，同时彼此对对方有控制权，在某种程度上依赖对方。

五、企业经营战略实施控制的作用

企业经营战略实施的控制在战略管理中的作用主要表现在以下四个方面。

(1) 企业经营战略实施的控制是企业战略管理的重要环节，它能保证企业战略的有效实施。战略决策仅能决定哪些事情该做，哪些事情不该做，而战略实施的控制将直接影响企业战略决策实施的效果与效率。因此，企业战略实施的控制虽然处于战略决策的执行地位，但对战略管理是十分重要的，必不可少的。

(2) 企业经营战略实施的控制能力与效率的高低是战略决策的又一个重要制约因素，它决定了企业战略行为能力的大小。企业战略实施的控制能力强，控制效率高，则企业高层管理者可以做出较为大胆的、风险较大的战略决策，反之，则企业高层管理者只能做出较为稳妥的战略决策。

(3) 企业经营战略实施的控制可为战略决策提供重要的反馈，帮助战略决策者明确决策中哪些内容是符合实际的、是正确的，哪些是不正确的、不符合实际的，这对于提高战略决策的适应性和水平具有重要作用。

(4) 企业经营战略实施的控制可以促进企业文化等企业基础建设，为战略决策奠定良好的基础。

第三节　企业战略变革

一、企业战略变革概述

1. 企业战略变革的概念

企业战略变革是指企业为了获得可持续竞争优势，根据所处的环境、自身能力或资源整合与利用已经发生的变化，应对其自身整体能力进行评估，以及结合战略、管理与能力三者之间的动态协调性原则，改变企业战略内容的发起、实施、可持续化的系统性过程。

企业战略变革是指在原有的理念、制度、流程或产品组合上有所突破，彻底放弃老的信条和做法，突破旧有的战略管理模式，改变原有的流程，取得突破性的、根本性的变化。因此，企业战略变革是一种整体性、根本性的变革。

2. 变革与革新、转化的区别

为了便于理解和掌握企业战略变革的意义，首先要明确变革与革新、转化的区别。根据三者的定义，它们的区别主要表现在：

(1) 变革是企业基于某一目标、目的的实现，主动对原有状态、计划和概念进行改变，以适应新的企业内外部环境变化的过程。

(2) 革新是产生新的构想和概念，并把它付之于企业管理的过程。

(3) 转化是企业在经营过程中受动荡的外部环境影响而发生迅速、质变的过程。

二、企业战略变革的动因

1. 企业战略变革的一般原因

从成本效益的角度来看，战略变革之所以发生，是因为新的战略能给战略决策者和执行者带来更大的好处。但是，任何创新活动都是要付出成本的，战略变革也是如此。在一定条件下，过高的战略变革成本会使得战略变革本身成为"不合算"的事情。所以，战略变革实际发生的前提条件是新战略实施之后所能提供的净收益减去战略变革的成本大于原战略所提供的净收益。

从熊彼特的"创造性破坏"的观点来看，战略变革可以理解为是"创造性破坏"的过程。任何市场都存在相对静止的时期，此时形成了优于一般水平的产品、技术或者组织能力的企业将获得正的经济利润。当旧有的优势源泉被破坏并代之以新的源泉时，这些静止时期将由于基础性"冲击"或"不连续"而发生中断。能利用冲击创造机会的企业家，在下一个相对静止的时期能够获得正的利润。

2. 企业战略变革的具体原因

战略变革的具体原因根据企业内外部环境分为外部环境因素和企业内部因素。

(1) 外部环境因素。外部环境是企业无法控制的，但会严重影响企业的命运。在战略变革中，环境变化或许是企业所面临的最大挑战。如果企业面临的环境从不发生变化，那么管理者只需一次性设定计划，然后不遗余力地实施即可。然而，企业外部环境发生显著变化时，管理者就必须识别这些变化，理解变化对企业战略有什么影响，并相应调整企业战略和内部环境。

21世纪的企业经营背景与过去相比发生了很大的变化，环境呈现出复杂、动态性和非线性的不确定特征。如今，企业所处的环境的变化速度之快，超出人们的预料。随着知识经济的兴起，市场、技术、人才、空间、速度都在发生翻天覆地的变化，快速变化的环境改变着市场经济的游戏规则，对世界经济和企业竞争产生了深刻影响，给企业战略管理带来巨大的挑战。企业能否对各种变化作出正确而快速的反应，及时进行战略变革和产业创新，成为企业可持续发展的关键。

(2) 企业内部因素。企业内部因素包括企业直觉的变化和企业权利的变化。

企业直觉的变化是指企业渴望生存，渴望增加盈利，渴望成长或诸如高品质和创新等一些其他的目标。这些内部因素目标将形成战略变革的压力。如果企业觉察战略严重滞后，经斟酌，就可能采取全局性的、快速的变革行动即战略变革来适应。如果企业直觉难以察觉战略滞后，或者已经察觉，但斟酌后认为难以承受战略变革的物理成本和心理成本，这时战略变革的确需要发生，但不能发生，战略的路径依赖就继续发挥作用，战略变革难以进行，企业依然在原来的战略路径中运行。因此，企业直觉是战略变革的重要内因之一。

企业权利的变化也是影响战略变革的内部动因之一。战略变革是涉及全局的深层次的变革，要求企业从结构到文化上的全面变动，这种变动，如管理及工作关系的变化、企业结构和规模的变化、并购带来的变化等，无疑会影响到企业中人员的既有目标、期望和利益。此时，无论高层领导者还是基层员工都可能运用自己的权利和影响力以确保自己的实际利益不受或者少受损失。例如，企业内部权利变化时，个人、团体或其他股东可能竭力取得决策权，享受组织的利益。那些政治手段高明的人就能更有效地运用他们的权利，为自己和自己的利益集团谋利益。这时，企业的权利政治机制就启动了。如果战略变革增加主要权利政治的个人或集团的实际利益和心理利益的话，战略变革就容易发生。因此，权利政治机制是战略变革的另一个重要内因。

由此可见，战略变革是外部环境因素和企业内部因素共同作用的结果，同时内因和外因是密切联系的。如果内因和外因缺乏共振，战略变革就难以产生。如外部环境产生较大变化，而企业由于保持惯性直觉，用老眼光来解释新问题，实际上就察觉不到环境变化；或是权利政治的个人或集团已察觉，但不肯放弃自身的利益，采用拖延、抵制、破坏等策略来阻止变革发生，这些都使变革难以发生，企业战略还是回到原来惯性的老路上。只有在各方面影响足够大时，企业面临的变革压力也足够大，企业才有可能会突破原来的战略惯性，战略变革才可能发生。

三、企业战略变革的种类

按照不同的分类方法，企业战略变革可以分为不同的种类。

1. 从获取竞争优势的角度分类

从获取竞争优势的角度分类，企业战略变革可以分为技术变革、产品与服务变革、战略与结构变革、文化变革。

(1) 技术变革。技术变革是指企业生产过程的变革，包括其保证差异化竞争的知识、技能等的变革。这些变革的目的是提高生产效率，增加产量，从而增加利润。技术变革涉及产品的制造技术，包括工作方法的变换、设备更新、工作流程完善等。

(2) 产品与服务变革。产品与服务变革是指一个企业输出的产品或服务的变革。产品与服务变革包括对现有产品或服务的调整或开辟全新的产品或服务线。开发新产品或服务的目的通常是提高市场占有率或开发新市场、新顾客。

(3) 战略与结构变革。战略与结构变革是指企业管理领域的变革。管理领域涉及企业的很多方面，这类变革包括组织结构、战略管理、政策规定、薪酬体系、劳资关系、管理信息与控制系统、会计与预算系统等的变革。结构与系统变革通常是由上而下地进行，即由最高管理层下指令进行变革，如企业裁员减员、企业战略的调整或变革等。

(4) 文化变革。战略变革中的文化需要必要的规范予以确定，需要一定的企业战略予以制度化，尽可能及早明确战略变革后企业的愿景及对员工行为、绩效的期望，有助于员工明确自身目标，减轻心理压力，将可能的组织震荡降至最低，避免变革后组织中制度缺位的不利现象。文化变革涉及员工思考方式的改变，因此不同于技术、结构或产品外观上或具体事物的改变。

2. 以战略变革的演变态势分类

以战略变革的演变态势分类，企业战略变革可分为渐进式变革、激进式变革、混合式变革。

(1) 渐进式变革。渐进式变革的理论依据是：企业所处的环境是一个简单的、稳定的封闭系统，企业所采取的行动一般都会发生预期的结果，而不会受到来自外部事件的过多干扰；企业可以对其所处的环境进行充分的分析，并且能够依据这种分析制定出详尽的、可执行的战略方案；企业能够对自己所采取的每一个行动的可能结果有充分的了解，从而可以实现企业的发展与绩效的提高。

(2) 激进式变革。激进式变革是由企业危机引发的迅速而又剧烈的变革，是战略变革的极端情况，它打破了企业原有的框架，由不平衡变成一个新的平衡。它强调变革的不可预测和变化的本质，认为由于时间的压力与情景变量，成功的战略变革没有事先的规定，也不依赖于详细的计划与方案，而是靠对相关复杂事项的理解以及识别可选方案的范围实现。激进式变革的根本目的是通过不断地矫正企业成长的轨迹，使其朝着正确的方向努力，而不是推进企业在现有的模式下加速前进。

(3) 混合式变革。企业的变革方式并不是非此即彼的，渐进式变革与激进式变革也并不是截然分开的，二者都是企业为了适应环境与生存而实施的变革，只是在企业的不同发展阶段、不同的环境与压力情况下偏重点不同。渐进式变革是从复杂的最外沿来解决企业存在问题的方法，其变革是在企业本来已经复杂的系统中制定出更多的规则，希望能够通过一系列持续、稳步前进的变革使企业实现稳步前进，这种变革在实践中确实也取得了不少可喜的成果。但是随着公共进程的推进，复杂性会越来越大，问题也会越来越多，问题的解决也会越来越困难，当局部问题的解决已经不能再挽救企业时，企业也会转而采用激进式变革战略，即创造新的组织和管理流程，实现技术上的突破，生产新产品，开发新市场。所以说，企业战略变革往往是混合型的。

3. 以领导变革主体的行为方式分类

以领导变革主体的行为方式分类，可分为强制式变革、理性或自利式变革，教育或交流式变革。

(1) 强制式变革。强制式变革是靠实行强制手段来要求执行命令进行的变革，变革涉及者不参与变革方案的设计与制定。其主要手段是动用领导机构强制性权力强制实施，对企业中出现的危机或混乱状态进行迅速清理。强制式变革的优点是执行迅速，能够在短时间内处理现有混乱，理清企业现状；缺点是由于有关人员对变革的了解不足，会导致低责任心和高阻碍力，在常态下不受欢迎也不易成功。

(2) 理性或自利式变革。理性或自利式变革是基于人是理性且自利的基本假设，把自我利益当作最重要的激励手段而进行的一种变革。其主要方式是通过各种方法努力使人们确信变革会对他们个人有利。这种变革让员工参加到具体的变革过程中，参与可以使每一个人都能表达自己的观点，认为自己是变革的一部分，并能够明白变革将给他们带来的利益；而且在变革的过程中，每个人都乐于知道事情进展如何，以及取得了怎样的进步，愿意发出和接受反馈；同时还依赖于变革的领导者对整个变革过程进行权威性协调控制，对整个变革过程进行监控。理性或自利式变革的优点是可以提高决策质量，减少变革的员工障碍与风险，是较为理想的变革模式；缺点在于耗时长，存在因员工不理性而沟通不畅的风险。

(3) 教育或交流式变革。由于战略变革是全员性的工程，为此，在企业内部需要构建领导者与员工的相互信赖与合作的关系，通过通报信息，进行广泛而深入的沟通与交流，使人们确信变革的必要性。在此过程中，企业还应该避免信息沟通不畅，或者是信息缺乏和错误，而使企业的战略在贯彻实施时遇到障碍。教育或交流式变革的优点在于有关人员对变革有充分的思想和能力准备之后才开始实施变革方案，所以阻力较小；缺点是实施缓慢而困难，变革的方向和过程也常常不够清晰，且不能很好地解决企业的问题，但是与强制式变革相比，可以激发员工更强的责任心并减少阻力。

四、企业战略变革的目的

1. 调整企业理念

企业战略变革首选的理念应是得到社会普遍认同的、体现企业自身个性特征的、促使并保持企业正常运作以及长足发展而构建的反映整个企业经营意识的价值体系。它是企业统一化的可突出本企业与其他企业差异性的识别标志，包含企业使命、经营思想和行为准则三部分。调整企业理念，首先，确定企业使命，即企业应该依据怎样的使命开展各种经营活动，它是企业行动的原动力；其次，确立经营思想，指导企业经营活动的观念、态度和思想，给人以不同的企业形象；最后，靠行为准则约束和要求员工，使他们在企业经营活动中必须奉行一系列行为准则和规则。调整企业理念，给企业全新定位，这是一种企业适应社会经济发展的变革，只有在这种不断地演化、渐进变革中，才能够构建新的企业战略，企业才能重生，才能得到发展和壮大。在重新调整企业理念时，首先应与行业特征相吻合，其次在充分挖掘原有企业理念的基础上赋予其时代特色，最后企业理念和竞争对手应有所区别。

2. 重新定位企业战略

如何实施战略定位是企业战略变革的重要内容，根据迈克尔·波特的观点，帮助企业获得竞争优势而进行的战略定位实际上就是在价值链配置系统中，从产品、市场和企业价值系统三方面进行定位的选择过程。产品的重新定位，对于明星产品，企业竞争力和市场吸引力强，也是高速成长的市场领先者，对其要多投资，促进发展，扩大市场份额；对于"金牛"产品，具有规模经济和高利润优势，但有风险，对其可维持市场份额，尽可能多地获取市场利润；对于问题产品，虽然产品市场吸引力强，但由于要加大投资，因此主要考虑在尽可能短的时间内收回成本；对于"瘦狗"产品，企业应尽快地售出剩余产品然后转产。对于市场和企业价值系统的重新定位，由于企业作为一个独立的组织，其竞争优势来源于研发、生产、营销和服务等过程，来源于企业的价值链配置系统，就是这个系统在市场与企业之间不断地传递有关价格、质量、创新和价值的信息，从而为企业营造和保持新的竞争优势。

3. 重新设计企业的组织结构

在进行组织结构设计时，企业要围绕战略目标实现的路径来确定不同层级的管理跨度，管理跨度并没有一定的法则，一般是 3 至 15 人，在进行界定时可以依据管理层级的不同、人员的素质、沟通的渠道、职务的内容以及企业文化等因素；还要充分考虑企业各部门顺利完成各自目标的可能性，以及在此基础上的合作协调性、各自分工的平衡性及权责明确性、企业指挥的统一性、企业应变的弹性、企业成长的稳定性和效率性、企业的持续成长性；还要通过重新设计企业的组织结构，理清各部门的管理职责，改变指挥混乱和权责不对等的现象，从而提高管理效率。

小　　结

战略实施是一个自上而下的动态管理过程。"自上而下"主要是指战略目标在公司高层达成一致后，再向中下层传达，并在各项工作中得以分解、落实。

战略实施包含四个相互联系的阶段：战略发动阶段、战略计划阶段、战略运作阶段、战略控制与评估阶段。

战略实施的基本原则包括合理性原则、统一领导原则、权变原则。

战略实施的基本模式包括指挥型、变革型、合作型、文化型、民主型。

战略控制层次分为战略控制、战术控制与作业控制三个层次。

从控制时间来看，战略控制可以分为事前控制、事中控制、事后控制三类。

从控制主体的状态来看，战略控制可以分为两类：避免型控制、开关型控制。

战略控制的特征包括适宜性，可行性，可接受性，整体利益和局部利益、长期利益和短期利益的不一致性，多样性和不确定性，弹性和伸缩性。

企业战略变革的种类分为技术变革、产品和服务变革、战略与结构变革、文化变革。

<h1 style="text-align:center">练 习 题</h1>

一、单项选择题

1. 围绕企业是否应该变革以及该怎样变革，既有来自外部因素，也有来自主观因素，而企业战略变革问题的核心与关键是(　　)。

　A. 战略变革的动因　　　　　　B. 战略变革的类型

　C. 战略变革的主导思维逻辑　　D. 战略变革方式

2. "企业在短期内迅速地、大幅度地推进战略变革，同时它也是一种无法事前计划、不可确定的剧烈的变革"。这句话所描述的是(　　)种战略变革方式。

　A. 战略渐变式　　　　　　　　B. 战略连变式

　C. 战略突变式　　　　　　　　D. 战略跳变式

3. 下列不属于渐进式变革优点的是(　　)。

　A. 有利于维持组织的稳定性　　B. 进度容易控制

　C. 不会遇到太大阻力　　　　　D. 能够以较快的速度达到目的

4. 战略实施的过程可以划分为四个相互联系的阶段，以下(　　)不是战略的控制与评估阶段。

　A. 战略策划阶段　　　　　　　B. 战略发动阶段

　C. 战略计划阶段　　　　　　　D. 战略运作阶段

5. 以下(　　)不是企业战略与资源的关系的表述。

　A. 资源对战略的保证作用

　B. 战略促使资源的有效利用

　C. 战略可有效促使资源效用的发挥

　D. 战略可促使资源的有效储备

6. 将既定的战略目标与绩效标准相比较，发现战略差距，分析产生偏差的原因并纠正偏差的过程是(　　)。

　A. 战略分析　　B. 战略控制　　C. 战略选择　　D. 战略变革

7. 从控制主体状态来看，战略控制可分为避免型控制和(　　)。

　A. 事前控制　　　　　　　　　B. 事中控制

　C. 开关型控制　　　　　　　　D. 事后控制

8. 对企业产品品种、数量、质量、成本、交货期及服务等方面的控制属于(　　)。

　A. 生产控制　　B. 财务控制　　C. 营销控制　　D. 人力控制

二、简述题

1. 简述战略实施的任务。
2. 试分析战略控制和作业控制的异同。
3. 企业经营战略实施的控制的作用有哪些？
4. 简述企业变革的目的。

三、案例分析

案例 1

KD破产、FS逆生长胶卷巨头演绎不同结局

在数码相机、智能手机的连番冲击下，胶卷已如明日黄花、日落西山。曾经在各大景区横行的"KD黄""FS绿"，早已不见了身影。但让人讶异的是，胶卷厂商两大巨头在冲击之下却有截然不同的宿命。KD(柯达)于2012年申请破产保护，逐渐淡出大众视野，而FS(富士)却"二度"创业，不仅依旧活着，甚至还活出"别人家孩子"的兴盛势头。

脱胎换骨的FS，掀起追逐新兴业务的自我革新。

FS曾经也落魄过。2000年左右，数码技术的冲击让整个胶卷行业面临被倾覆的危机。2000年起，世界彩色胶片市场以每年20%~30%的速度下滑。而FS的感光材料业务在四五年的时间内就出现巨亏，胶卷业务收缩至仅有当初的四分之一。但就在主营业务成断崖式暴跌的状态下，FS却迎来一场脱胎换骨般的革新。

FS重新崛起的转折点是古森重隆在2003年担任CEO，并展开大刀阔斧的改革。他没有"迷恋"胶卷业务过去的辉煌，甚至还在这一业务大幅裁员5000人，与过去彻底说再见。随后，FS开始了"二次创业"。

古森重隆制定了"四象限战略"——用现有技术巩固现有市场；开发新技术应用于现有市场；将现有技术应用于新市场；研究新技术开拓新市场。依托于既有技术，FS最终选择生物医药、化妆品、高性能材料等成长可能性较大的领域，并在数码影像行业、光学元器件行业、高性能材料行业、印刷系统行业、文件处理行业、医疗生命科学等行业转型或开拓。

比如FS最核心的胶卷膜技术，就被应用于化妆品上，并取得巨大成功。在不断涉足更多领域后，FS如今已成为一家多元化的技术导向型创新企业，防晒霜、抗病毒药、阿尔茨海默药、内窥镜、彩超机等诸多产品，甚至都已成为不同行业的中坚力量。

同样是胶卷厂商，相比FS如今的风光，KD却始终黯然沉寂。上一次KD引起业界的广泛兴趣，或许还要追溯到2018年一月举行的CES展会上。当时KD借助数字货币的浪潮，推出自家基于区块链技术的"KD币"，初衷是用于摄影师保护照片版权与方便交易。

但在随后的时间中，"KD币"却迅速消失无声，没有掀起丝毫风浪。这样追逐新潮流却只是"玩票"的尝鲜举措，是KD在胶卷业务沉沦后难以崛起的原因。比如此前KD也曾探索跨界转型，但终究没有置之死地而后生的决心。瞻前顾后的KD，留恋过去的技术与辉煌，总是想躺在"成绩簿"上吃老本。这样守成的做法固然不会犯错，却也丧失了更

进一步的可能。相较之下，同样背水一战的 FS 壮士断腕，行动果断迅速。在既有技术的基础上，FS 坚定创新、跨界，最终在"废墟"上盖起让 KD 羡慕不已的"新城堡"。

成为"反面教材"的 KD 和已成二次创业代表的 FS，在以鲜活的案例证明了：落魄巨头就应该对自己狠一点。否则，只会被后起之秀"啃噬"地一干二净。

(资料来源：《胶卷已死背后：柯达破产，富士缘何活成巨头的样子？》(wenku.baidu.com))

讨论：KD 和 FS 为何会出现不同结局？

案例2

HW 的狼性文化

HW(华为)于 1987 年成立于中国深圳，全球第二大通信设备供应商，全球第三大智能手机厂商，也是全球领先的信息与通信解决方案供应商。HW 的产品主要涉及通信网络中的交换网络、传输网络、无线及有线固定接入网络和数据通信网络及无线终端产品，为世界各地通信运营商及专业网络拥有者提供硬件设备、软件、服务和解决方案。目前，HW 的产品和解决方案已经应用于 140 多个国家，服务全球 1/3 的人口。全球排名前 50 名的电信运营商中，已有 45 家使用 HW 的产品和服务。

HW 非常崇尚"狼"，认为狼是企业学习的榜样，要向狼学习"狼性"，狼性永远不会过时。任正非说：发展中的企业犹如一只饥饿的野狼。狼有最显著的三大特性：一是敏锐的嗅觉；二是不屈不挠、奋不顾身、永不疲倦的进攻精神；三是群体奋斗、团队合作的意识。同样，一个企业要想扩张，要想在危难面前不被击垮，甚至逆势增长也必须具备狼的这三个特性。

2008 年美国次贷危机波及全球，中国也没能幸免。或多或少受到了一些影响。2009年金融危机带来的冲击逐渐渗透到包括电信业在内的各个行业。很多企业因此倒闭，而HW 却创造了属于自己的奇迹。2008 年，HW 的海外收入占总收入的 75%，全年合同销售额达 233 亿美元，总收入增长速度之快让 HW 自己都难以置信。2009 年，HW 全球销售收入 1491 亿元人民币(约合 218 亿美元)，同比增长 19%。营业利润率 14.1%，净利润 183 亿元人民币，净利润率 12.2%。2009 年的净利润增幅超过 100%。尽管 2008 年的国际金融危机让整体经济形势更加复杂，但 HW 的经营性现金流达到 217 亿元人民币，同比增长 237%。能够在恶劣的经济形势下，仍然保有如此规模的现金流，实在令人惊叹，而如此成就的取得与 HW 以"狼文化"为主的企业文化的引导密不可分。

敏锐的嗅觉在 HW 表现的是对市场变化作出的快速反应和对危机的特别警觉。任正非说过，"冬天一定会来临。但只要我们做好了准备，有了厚实的棉衣，相信再冷的冬天，我们仍然感觉是暖洋洋的！只要大家有危机感，能够提前预防，采取措施，不断完善，相信我们能够走得更加远，做得更好。"从中可见，HW 的迅速发展，与 HW 人保持着高度的警惕和对市场的敏锐有着重要的关系。

勇往直前，永不疲倦是 HW 人的奋斗精神。任正非把国家的民族文化、政治文化融入企业文化当中，把实现先辈的繁荣梦想、民族的振兴希望、时代的革新精神，作为 HW 人义不容辞的责任，铸造 HW 人的品格，从而使得员工有着乐于奉献的精神，并为着国家，企业的目标长期规划而不断努力着。这样，就把远大的追求与员工的切身利益有机地结合，把"造势与做实"紧密地结合。从根本上提高了员工们的积极性和效率，这对企业发展无疑是有利的。在这种大氛围下，塑造了 HW 精神：艰苦奋斗、吃苦耐劳、敬业奉献。HW 的"垫子文化"则充分体现了 HW 精神：在创业的八年间，几乎每个 HW 人都备有一张床垫，午休的时候，席地而卧。晚上很多人却不回宿舍，就这一张床垫，累了睡，醒了再爬起来干。可以说一张床垫半个家。可正是这样的吃苦耐劳精神让 HW 人走过 8 年创业的艰辛与卓越。当然，在建立整个企业乐于奉献，为国际企业而奋斗的氛围下，满足员工的物质需求(高工资、高待遇)，公司为员工的努力工作设下了这两方面的保障。

团队合作，共享成果。军队中特别重要的一个特点是"团队精神"，而 HW 就十分强调"集体"这个概念，没有个人的失误，没有个人的成就，有的只是集体努力的成功，集体的失败。自强不息，荣辱与共，胜则举杯同庆，败则拼死相救的团结协作精神。这样的精神让员工们形成了很好的关系，而良好的关系是良好的工作氛围的一个很重要的组成，也更容易形成 1+1>2 的效果。任何个人的利益都必须服从集体的利益，将个人努力融入集体奋斗之中，在 HW 得到了充分体现。

狼性文化的运用使得小企业在大型企业的夹缝中生存下来，也显现出我国企业对竞争力的渴望，但其本身所带有的局限和负面作用也逐渐扩展开来。

一位工商管理教授在授课的时候向学生们提出一个问题：在市场经济中，我们应该选择做"狼"还是做"羊"呢？结果大部分学生选择做"狼"，其余学生选择做"羊"。教授最后说：我们既不该选择做"狼"，也不该选择做"羊"，我们应该选择做"人"。

在现代社会上，在企业管理方面，我们需要借鉴狼的智慧，尤其是头狼的管理智慧。实践证明，狼的智慧、狼的韬略以及狼的团结协作精神对于指导企业的运营和发展起到了极大的推动作用。狼性文化已被众多企业认同并引入到经营管理体制上来。然而，任何事物都是一把"双刃剑"。企业在充分利用狼性文化优点的同时，绝对不可忽视其所存在的弊端以及带来的危害。

众所周知，"狼性文化"是一种强调进攻的企业文化，它以"消灭"对手为目的，因此 HW 的文化中处处表现出强烈的攻击性，这一点从 HW 的内部刊物《管理优化报》中文章的标题就可以看出，例如"我们还能丢什么？""核武器的按钮能随便按吗？"等，全是极具攻击性的字眼。在外人眼里，HW 是危险的竞争对手，而 HW 的内部也是"硝烟四起"，充满"决斗"和"血腥"的气氛。HW 在内部员工之间的也提倡竞争，这种"弱肉强食、适者生存"的规则，加之企业严格的管理制度和超强的劳动强度使得 HW 人始终处于高度紧张的状态。同时，HW 还通过"狼性"机制大量网罗人才，随时替换那些表现不佳的员工。在这样的氛围之下，HW 的内部员工的压力无疑也为之大增。

目前，HW 人也已开始认识到"狼性文化"的"两面性"，但是，HW 人是将狼性中的另一面——协作、配合、集体行动的精神更好的焕发出来，继续强化"狼性文化"还是改变文化的核心内涵，创造出新的文化理念，这将是摆在 HW 人面前需要认真思考并解决的问题。

(资料来源：《华为企业文化案例分析》(wenku.so.com))

讨论：你怎么看待 HW 的狼性文化？

实 践 练 习

以小组为单位，在实际中(或在网络上)调查或访谈一家企业，分析该企业战略变革的历程，然后小组讨论、交流。

要求：

1. 任课教师按照课程实训方案的要求及时进行实训的安排，在实训过程中给予学生必要的指导，并认真批改课程实训报告，给出学生实训成绩，按优、良、及格与不及格四个等级打分。

2. 学生完成一份1000字左右的实训报告。

参 考 文 献

[1]　波特. 竞争战略[M]. 北京：华夏出版社，1997.

[2]　波特. 国家竞争优势[M]. 北京：华夏出版社，2002.

[3]　明茨伯格. 组织战略计划：大败局的分析[M]. 张艳，叶西平，贾立平，等译. 昆明：云南大学出版社，2002.

[4]　汤姆森，斯迪克兰德. 战略管理：概念与案例[M]. 10 版. 段盛华，王智慧，徐二明，译. 北京：北京大学出版社，2000.

[5]　巴泽尔，盖尔. 战略与绩效：PIMS 原则[M]. 北京：华夏出版社，2000.

[6]　MINTZBERG H, MCHUGH A. Strategy formation in an adhocracy[J]. Administrative Science Quarterly，1985, 30(2):160-197.

[7]　LEONARD-BARTON D. Core capabilities and core rigidities: a paradox in managing new productdevelopment[J]. Strategic Management Journal，1992, 13:111-125.

[8]　ANSOFF H I. Strategies for diversification[J]. Harvard Business Review，1957, 35(5):113-124.

[9]　希特，爱尔兰，霍斯基森，等. 战略管理：竞争与全球化[M]. 10 版. 赵宏霞，张利强，译. 北京：机械工业出版社，2014.

[10]　项保华. 战略管理：艺术与实务[M]. 北京：华夏出版社，2001.

[11]　尤建新，蔡文珺，尤筱玥. 基于质量改善视角的业务流程优化研究[J]. 工业工程与管理，2017(6):162-163.

[12]　杨锡怀，王江. 企业战略管理：理论与案例[M]. 北京：高等教育出版社，2010.

[13]　刘立钢. 战略管理：可持续发展观点[M]. 沈阳：辽宁人民出版社，2010.

[14]　米勒. 战略管理[M]. 3 版. 何瑛，史晓峰，孙慧凌，等译. 北京：清华大学出版社，2011.

[15]　陈继祥，王家宝. 企业战略管理[M]. 北京：清华大学出版社，2015.

[16]　胡恩华. 企业战略管理[M]. 版. 北京：科学出版社，2017.

[17]　朱伟民，李玉辉，牛海树. 战略管理[M]. 大连：东北财经大学出版社，2013.

[18]　刘英骥. 企业战略管理教程[M]. 北京：经济管理出版社，2006.

[19]　蓝海林. 企业战略管理[M]. 北京：科学出版社，2018.

[20]　雷西尔弗. 价值链[M]. 北京：经济管理出版社，2004.

[21]　明茨伯格，阿尔斯特兰德，兰佩尔，等. 战略历程：纵览战略管理学派[M]. 北京：机械工业出版社，2001.

[22]　徐大勇. 企业战略管理[M]. 北京：清华大学出版社，2015.

[23]　李维刚. 企业战略管理[M]. 北京：科学出版社，2010.

[24]　圣吉. 第五项修炼:学习型组织的艺术与实践[M]. 扩充修订版. 北京:中信出版社,2017.

[25]　希尔，琼斯. 战略管理：概念与案例[M]. 薛有志，李国栋，译. 北京：机械工业出版社，2017.

[26]　JOHNSON G, SCHOLES K. 公司战略教程[M]. 北京：华夏出版社，1998.

[27]　康荣平. 中国企业战略 20 年[N]. 经济观察报，2004-08-10.

[28]　波特. 什么是战略[J]. 哈佛商业评论，2004(1):20.

[29]　陈继祥. 战略管理[M]. 上海：上海人民出版社，2004.

[30]　彭罗斯. 企业成长理论[M]. 赵晓，译. 上海：上海人民出版社，2007.

[31]　卡洛克，沃德. 家族组织战略计划[M]. 梁卿，译. 北京：中信出版社，2002.

[32]　林建煌. 战略管理[M]. 北京：中国人民大学出版社，2005.

[33]　赵光洲. 企业战略管理[M]. 北京：高等教育出版社，2011.

[34]　徐飞. 战略管理[M]. 3 版. 北京：中国人民大学出版社，2016.

[35]　张新国. 企业战略管理[M]. 北京：高等教育出版社，2010.